불교 佛敎

연기 緣起

논쟁 論爭

불교 佛敎
緣起 연기
논쟁 論爭

연기,
그 본질에 관한 질문들

미야자키 테츠야 著
이태승·이명숙 譯

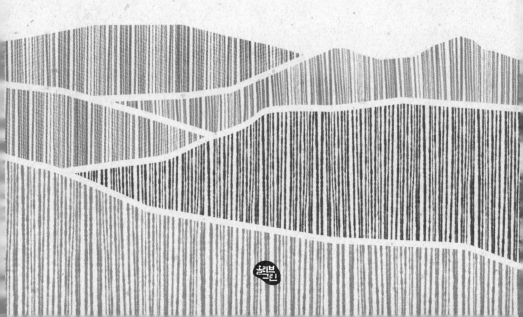

올리브
그린

차례

제1장 '연기'라는 미궁

제2장 피상적인 논쟁 이해 _ 제1차 연기 논쟁의 해부(상)

제3장 피진정한 대립점으로 _ 제1차 연기 논쟁의 해부(하)

제4장 불교학자들의 논전 _ 제2차 연기 논쟁의 심층

제5장 생명주의와 포스트모던 _ 불교의 일본 근대와 그 후

'연기'라는 미궁

01
—
불교의 시점

연기緣起란 무엇일까?

우리말에서는 한마디로 '연기'라고 말해버리지만, 본래 산스크리트어에서는 '프라티트야 삼우트파다pratītya-samutpāda'라고 한다. 소리를 내어 보면 '연기'와는 다르고, 복잡한 어감이 입 속에 남는다. 또 다른 원어 팔리어에서 '파티차 삼우파다paṭicca-samuppāda'이다. 이것도 꽤 복잡하게 들린다.

또한 인도에서 직접 전해진 불교의 경전은 주로 팔리어와 산스크리트어로 쓰여져 있다. 크게 나눠보면 〈니카야〉, 〈아가마〉 등으로 불리는 원시경전·초기불전은 팔리어로, 대승불전은 산스크리트로 기록되어 있는 경우가 많다. 이하 처음 나오는 산스크리트의 끝에는 /s를, 팔리어 끝에 /p를, 공통되는 경우에는 /s/p를 붙인다. 따라서 프라티트야 삼우트파다/s, 파티차 삼우파다/p가 된다.

본래의 어감이 복잡한 것은 당연하고, 원어는 복합어이며, 산스크리트어를 예로 들면 프라티트야와 삼우트파다의 두 요소가 합쳐져 이루어졌다. 프라티트야는 '의존하여' 혹은 '연에 의해서'이며, 삼우트파다는 '생기하는 것' 또는 '생기한 것'의 뜻이다. 따라서 연기 본래의 어의는 '연에 의해 생기하는 것' 또는 '의존해 생기하는 것' 혹은 '의존하여 생기한 것'이라고 하는 것이다.

그렇게 말해도 불교 내지는 불교학에 익숙한 사람이 아니면 이것이 무엇을 의미하는지 도무지 모르겠다는 것이 솔직한 심정일 것이다. 하물며 이것이야말로 '불교 교리의 핵심이다'라고 설하는 것도 감이 오지 않을 것이 틀림없다.

'연에 의해 생기한다' 또는 '의존해 생기한다'는 것은 무엇에 의해 무엇이 생기는 것인가? '의존하여 생기한 것'이라고 하지만, 무엇에 의존하여 무엇이 생긴다는 것인가? 아니 그 이전에 무엇인가의 연에 의해 생기고, 무엇인가에 의존하여 발생한다는 것이 있다고 하더라도 이것이 사상적으로 종교적으로 어떤 의미를 지니는가? 우리들의 삶의 모습과 어떻게 관계되는 것일까?

더군다나 아무리 보아도 단순하기 짝이 없는 것처럼 보이는 법칙의 발견이 2500년의 역사를 자랑하는 불교의 시점에 해당된다고 말할 수 있을까.

연기설은 불교의 외부로부터 예를 들면 비교 사상적인 관점에서 다음과 같이 평가되기도 한다.

> "불교에서 말하는 법法, dharma은 자연계에서도 인간계에서도 현실적으로 타당한 구성으로, 실체가 아니라 현상이다. 즉 찰나에서 무상한 감성적 소여所與이다. 불교는 소박한 실재론에 대한 비판이라는 점에서 장족의 진보를 이루었지만, 실로 이 점에 불교의 철학적인 독창성이 있다. 불교에서 말하는 '연기설'은 인도 사

상을 일거에 혁신적 18세기 유럽 사상과 같은 수준으로 만들어 버린다. 불교의 관념론은 원래 출발점이 흄의 단계에 있는 것이어서 버클리의 단계 이전이 아니라 이후의 단계에 있다.”

_ 폴 맛송 우루셀,《요가》白水社, 文庫クセジュ

저자 맛송 우루셀은 프랑스를 대표하는 동양학자이다. 여기에서는 바라문교·우파니샤드 철학·힌두교의 실체론을 부정하여 흥기한 불교의 연기설이 근대 서양 철학사에서의 혁신에 빗되고 있다. 데이비드 흄 등의 현상주의에 의한 데카르트의 실재설 비판이 그것이다. 이 인용문에는 “불교는 연기설의 정립에서 근대철학보다 2천년 이상이나 앞서 있다”라는 취지가 담겨 있다. 하지만 이러한 비교는 정당한 것일까?

다음은 소설에서 예를 들어보자. 아미타성阿彌陀聖 쿠우야空也의 허상과 실상의 생애를 교묘히 짜 맞춘 아즈사와 카나메梓澤要의 《버리는 것이야 말로 공이다捨ててこそ 空也》에 토키와 마루常葉丸라고 자칭하던 젊은 날의 쿠우야가 오와리尾張의 원흥사願興寺의 승방僧坊에 동숙한 연장자인 주지승에게 연기의 이치를 배우는 장면이 나온다. 주지승은 연기를 이렇게 설한다.

“모든 것은 인연에 의해 생긴다. 다른 것에 의존하고 그 연에 의해 일어나는 것을 말하는 것으로 연기라고도 하지만, 모든 존재와 사물은 그 자신으로부터 또 다른 것으로부터 또한 자신과 타자 쌍방으로부터 또한 원인 없이 발생하는 것으로서 존재하는 일은 없다. 어떠한 시간에도 어떤 장소에도 존재하지 않는다. 그것이 공이라고 하는 것이다."

"공이라고 하면 아무것도 없거나 허무로 생각하지만, 그것은 잘못된 생각이다. 공이란 영원히 변하지 않는 고유한 실체 따위는 없다고 하는 것이다. 모든 것은 그것이 사물이든 인간이든 현상이든 인과 연이 서로 관계하는 것으로, 끊임없이 변화한다. 생기고, 머물고, 변화하고, 소멸한다. 생·주·이·멸이라고 하여, 극단적으로 말하면, 매순간 변화하고 있다. 그것을 연기라고 하고, 인연이라고 하고, 인과라고도 하지만, 모두 같은 것이다."

_ 梓澤, 前揭書

이것은 연기와 공을 불가분의 것으로 보는 대승불교의 연기관의, 간단하고 요점이 담긴 해설이다. 적어도 '8종宗의 조祖'로 꼽히는 나가르주나Nāgārjuna, ca.150~250, 龍樹 이후 대승불교가 이와 같이 연기를 이해한 것은 틀림없다. 하지만 이 연기설은 연기 일반의 정의로 타당한 것일까? 또 이 연기관을 초기불교로 거슬러 올라가 찾는 일은 가능할까.

그 정도로 연기는 현대에도 다양하게 설해지지만, 이것이 옛날부터 불교도에게 매우 중시되어 온 것만은 의심할 수 없다.

02
——

보편성의 강조 – 초기불교의 연기관

초기경전에는 "연기를 보는 자는 법을 본다. 법을 보는 자는 연기를 본다"《象跡喩大經》,《맛지마 니카야》所收라는 붓다의 말씀이 기록되어 있다. 또 다른 초기경전 《상응부》《상유타 니카야》의 《연緣》이라는 경에서는 이렇게도 말하고 있다.

"비구들이여, 연기란 무엇일까? 비구들이여 생에 의해 노사가 있다. 여래가 출현하든 여래가 출현하지 않든 이것은 확립된 것이다. 즉 법으로 확립된 것이며 법으로 결정된 것이며, [이것이] 이것을 연으로 하는 것이다.* 그것을 여래는 깨닫고 이해하신 것이

---

* 참고로 위 번역문 중 '[이것이] 이것을 인연으로 하는 것'이라고 굳이 축어적으로 번역한 곳은 일반적으로 '차연성此緣性'이라는 말로 표현된다. '차연성'의 원어는 이다파차야타idapaccayatā/p 이담프라티트야타idaṃpratityatā/s이다. 직역으로는 확실히 '이것을 연으로 하는 것'의 뜻이지만, 이대로는 원뜻을 알기 어렵다. '차연성'이 의미하는 것은 "이것이 있을 때 그것이 있다. 이것이 생기기 때문에 그것이 생긴다"는 구절에서 단적으로 나타난다. 이 정형구에 대해서는 뒤에서 자세히 설명한다.

팔리어 경전을 단독으로 완역을 시도하고 있는 가타야마 이치로片山一良는 전승된 주석서, 복주서에 기초하여, 이다파차야타의 끝의 '타'를 '모임', '집합'으로 해석하여, '이 연의 집합'이라고 번역하고 있다.片山譯,《パーリ佛典 第3期3/相應部(サンユッタニカーヤ) 因緣篇I》大藏出版 그러나 입수하기 쉬운 마스다니 후미오增谷文의 《阿含經典 1》ちくま学芸文庫에서는, 이것을 '상의성相依性'이라고 번역하고 있

다. 깨닫고 이해한 뒤에 설시하고 교시하고 상설하고 개시하고 구분하여 분명하게 '너희들도 [이것을] 보라'고 하신 것이다."

_ 並川孝儀,《構築された佛敎思想/ゴータマ ブッダ》佼成出版社

이 경문에서 연기는 담마/p, 즉 법 그 자체라고 단정된다. 여래^{부처}가 세상에 나오든 나오지 않든, 마치 자연 법칙과 같이 자기와 세계를 관통하는 보편적인 법, 원리라고 설하고 있다.

....

다. 이것은 근대 불교학의 태두인 우이 하쿠주宇井伯에 유래하는 것이다. 이 번역이 혼란을 일으킨 것은 뒤에서 서술한다. 또한 본서에는 '차연성'을 채용한다.

범천권청의 연기관

앞에서 인용한 경문이 연기의 보편성, 항상성을 강조하고 있는
것에 대하여 범천권청梵天勸請의 설화에서는 특수성과 무상성이 강조되
고 있다.

범부는 이해할 수 없는 도리로서 연기가 거론되고 있는 것이다.
원시불교의 대가 마스다니 후미오의 번역을 보기로 하자.

"내가 깨달은 이 법은 매우 깊고 보기 어렵고 깨닫기 어렵다. 적
정, 미묘하여 사유의 영역을 초월하고, 뛰어난 지자智者 만이 각지
覺知할 수 있는 것이다. 그런데, 이 세상의 사람들은 단지 욕망을
즐기고, 욕망을 기뻐하고, 욕망에 따른다. 욕망을 즐기고, 욕망을
기뻐하고, 욕망에 따르는 자들은 이 이치는 도저히 알기 어렵다.
이 이치란, 모든 것은 상의성으로서 연조건이 있어서 일어난다는
것이고, 또 그것에 반하여 모든 알음알이를 멈추고, 모든 소의所依
를 버리면, 갈애가 다하고 욕심을 떠나 멸이 다해 열반에 이르는
것이다."

　　　　　_〈성스런 추구 그 두 번째〉增谷文雄編譯《阿含經典 3》ちくま学芸文庫

　　　　　　　　　　　　　　　　　　　　　| 불교 연기 논쟁 |

    그 '이치'가 연기인 것이다. 마스다니 역에서는 '모든 것은 상의성으로서 연조전이 있어 생기는 것'이라고 되어 있지만, 이 '상의성'은 지금 말한 것처럼 이다파챠야타를 원어로 하기 때문에 '차연성'의 쪽이 적절하다. 또한 문장 중의 '연조전이 있어 일어나는 것'의 원어는 파티차 삼우파다인 까닭에 '연기'라고 해도 좋다. 따라서 '이것은 연으로 하는 것, 즉 연기'라고 번역하는 것은 적당하다. 즉 이 경에서 연기는 붓다가 증득한 당체當體인 것이다.

    그리고 '사유의 영역'을 초월한 연기설은 '세상의 사람들'이 도저히 이해할 수 없다. 연기는 보편적으로 타당한 것이 아니고, 만인에게 통용되는 원리도 아니라고 분명히 말하고 있다. 그것은 항상 위기적이며 손상될 가능성이 있는 '진리'인 것이다. 그런 까닭에 범천의 간청懇請에도 불구하고 붓다는 그것을 가르침으로 공포하고 유포하는 것을 주저했다.宮崎·佐々木閑《ごまかさない佛敎(속이지 않는 불교)》新潮選書

04
—

연기법송에 대한 신앙

더군다나 연기가 얼마나 불교 세계에서 존중되어 왔는지를 단적으로 나타내는 예로 자주 거론되는 것이 '연기법송緣起法頌'이다. 연기라는 개념 자체가 신앙의 대상이 된 것이다.

팔리어 '율장'의 《대품大品, 마하밧가》의 처음 부분에 붓다의 생애가 담긴 부분이 있다. 가장 오래된 불전으로 알려져 있고, 거기에서 최초의 불제자인 다섯 비구 중 한 사람인 앗사지Assaji/p가 다음과 같은 게송시의 형태의 가르침을 읊고 있다.

"제법은 원인에서 생긴다. 여래는 그것들의 원인을 설한다. 또 그것들의 소멸도 [설한다]. 위대한 사문은 이렇게 설한다."

이 게송을 '연기법송'이라고 부른다. 위대한 사문이란 물론 붓다이다. 매우 간단한 인연을 설하는 이 시송을 들은 것이 나중에 중추적인 불제자로서 활약하는 사리풋타사리불와 목갈라나목련가 붓다에게 귀의하는 계기가 되었다고 《대품》은 전한다.

'연기법송'은 '법신게法身偈'라고도 불리며, 이 가르침의 언어가 법의 가현假現, 법신 혹은 남겨진 법의 골수骨髓, 法舍利로 간주되고, 나아가 붓다 그 자체의 상징으로서 신앙의 대상이 된다. 동남아시아에서는 불탑에 이 게송을 새긴 석판과 진흙으로 만든 판을 넣고, 또 여래상이나 보살상의 대좌에 기록하기도 했다.

진리法를 나타내는 개념이 숭배 대상이 되고, 나아가 초자연적인 힘을 갖는 말로써 가지加持나 병의 치유 등의 기도에 사용되었다.

고도의 교리로서는 물론 불가사의한 영험을 구하는 소박한 신심의 면에서도 연기가 '붓다가 설한 진리'로서 다루어진 것을 알 수 있다.

끝없는 물음

그렇지만 실은 앞에서와 같은 의문, "어떤 연에 의해서 무엇이 생기는 것인가?"와 "그 '법'에는 어떤 의미가 있는가?"에 대하여 불교는 단적인 답을 가지고 있지 않다. 불교 내부의 종파와 학파마다 정설 따위는 있어도 불교 전체적으로 "이것이 연기다!"라고 확답을 낸 것은 아니다. 놀랍게도 연기라는 핵심 개념은 불교 내부에서 결코 웰-디파인well-defined, 잘 정의된된 것은 아니다.

오히려 반대로 그 답을 찾기 위한 탐문이 계속되는 가운데 불교의 사상사가 형성되었다고 말할 수 있을지도 모른다. "연기란 무엇인가?"를 둘러싸고 오간 논쟁이 불교 교리의 역사를 움직였다고 하더라도 틀린 말이 아니다.

예를 들어 초기경전니카야에는 지금 본 것처럼 "연기가 중요하다"고 쓰여져 있으나 "연기란 무엇인가?"의 명확한 정의는 기록되어 있지 않다. 연기는 심묘하여, 좀처럼 이해가 쉽지 않은 것으로, 이 말이 가리키는 것은 분명치 않다. 그리하여 불교도 사이에서 연기의 해석을 둘러싼 탐구와 논쟁이 오랜 시간동안 지속되었다. 이것의 의의에 대해서는 본 장의 끝에서 다시 한 번 다루기로 한다.

또한 본서에서는 대승불교 흥기 이전의 불교를 여러 명칭으로 나타낸다. 우선 붓다 재세 시부터 약 100년을 거치기까지의 불교는 '원시불교'라 호칭한다. 이어 붓다의 교단이 제2회의 결집의 근본분열 이후 더욱 세분화한 불교를 '부파불교' 또는 '아비달마불교'라고 부른다. 그리고 원시불교와 부파불교^{아비달마불교}를 일괄하여 '초기불교'라 쓴다.

논쟁해서는 안 된다

여기에서 한 가지 미리 말해 둘 것은, 불교는 논쟁 자체를 권장하고 있는 것은 아니다. 초기경전의 붓다의 교설을 보면 분명하듯, 논쟁과 토론의 무익함은 설해지더라도, 표현상 그것들이 장려되는 일은 없다. 그 뿐만 아니라 최초기의 경전에서 논쟁은 금지되어 있다.

나카무라 하지메中村元에 따르면 그 배경에는 "불교가 다른 사상과는 차원을 달리하는 높은 입장에 선 사상이며, 모든 사상을 포용하는 것으로, 실로 그 때문에 다른 사람과 다투는 일은 없어진다"《中村元選集[決定版]第15卷/原始佛教の思想Ⅰ 原始佛教Ⅴ》〈제3장 유화적 성격〉春秋社고 하는 근본 신조가 있었다고 한다. 예를 들면《숫타니파타》제4장의 894, 895에는 이런 것이 있다.

"일방적으로 결정된 입장에 서서 스스로 생각하면서 더욱이 그는 세상에서 논쟁에 이른다. 일체의 [철학적] 단정을 버린다면, 사람은 세상에서 고집을 일으키는 일은 없다."

_ 中村元譯,《ブッダのことば》岩波文庫

"이러한 편견에 집착하여 '이것만이 진리이다'라고 주장하는 사람들은 모두 다른 사람의 비난을 초래한다. 또한 그것에 대해 [일부의 사람들로부터] 칭찬을 받을 뿐이다."

_ 中村, 前揭書

그리하여 붓다는 계속되는 게896에서 '논쟁해서는 안 된다'고 설하는 것이다.

"[가령 칭찬을 얻었다 해도] 그것은 극히 일부분의 것으로, 평안을 얻을 수는 없다. 논쟁의 결과는 [칭찬과 비난의] 두 가지 뿐이라고 나는 설한다. 이 도리를 보고, 너희들은 논쟁이 없는 경지를 안온安穩으로 보고, 논쟁을 해서는 안 된다."

_ 中村, 前揭書

07
—

규명하는 붓다

그러나 한편으로 초기경전에는 붓다가 다른 종교의 신도나 제자들과 함께 문답을 하고 있는 모습이 빈번하게 그려져 있다. 상대방의 사견을 따지는 일도 드물지는 않다. 경우에 따라서는 엄격한 힐난에 이르는 것조차 있다.

예를 들어 《맛지마 니카야》의 제38경 《대애진경大愛盡經》에, 제자 사티의 사견邪見을 갈파하는 장면이 나온다. 사티는 "이 식은 유전하고 윤회하고 동일 불변하다"라는 가르침을 붓다가 설하였다고 오해했다. 분명히 사티는 '식빈냐냐/p'을 영혼이라고 간주하고, 윤회를 실재로 간주하는 과오에 빠져 있다. 게다가 그것을 붓다의 교설로 믿고 있다. 거기서 붓다는 사티를 불러 이렇게 물었다.

"사티여, 그대에게 '나는 세존이 이렇게 법을 설하였다고 이해한다. 즉 이 식은 유전하고 윤회하고 동일불변하다'라는 이러한 악견을 일으켰다고 하는데 정말인가?"
"확실히 그대로입니다. 존귀한 스승이시여, 나는 세존이 이렇게 법을 설하였다고 이해합니다. 즉 '이 식은 유전하고 윤회하고 동일불변하다'라고."

"사티여, 그 식은 무엇인가?"

"존귀한 스승이시여, 그것은 말하는 것, 감수하는 것이고, 각각의 의지처에서 여러 가지 선악업의 과보를 받는 것입니다."

"어리석은 사람아, 그대는 도대체 누구를 위해 내가 그렇게 법을 말한 것으로 이해하는가? 어리석은 사람아, 나는 많은 근거를 가지고 연으로부터 생기는 식에 대해 말해오지 않았는가? '연이 없으면 식의 생기는 없다'라고. 그러나 어리석은 사람아, 그대는 자신의 잘못된 파악에 의해 우리들을 헐뜯고 또한 자신도 상처받고, 많은 죄를 짓고 있다. 어리석은 사람아, 그것은 그대에게 있어서 오랫동안 불이익이 되고, 고통이 될 것입니다'라고."

_ 片山一良譯,《パーリ佛典 第1期2/中部(マッジマニカーヤ)
根本50經篇 Ⅱ》大藏出版)

이 '식'의 오해에 대한 스승의 규명은 연기설을 해석하는데 있어서도 아주 중요한 열쇠가 된다. 최근에는 불교학자조차 사티와 마찬가지로, 식을 영혼이나 윤회의 주체로 파악하는 과오를 유통시키고 있어, 빈냐나/p, 비쥬냐나/s의 어원을 거슬러 올라가 그 의미하는 바를 다시 한 번 확인할 필요가 있다. 이 점에 관해서는 나중에 논한다.

단순히 설법을 하는 것만이 아니라, 문답과 토론을 통해 가르침의 이해를 깊게 하고, 정착시켜 가는 방식은 붓다의 커뮤니케이션의 기본이다.

08

대론·논쟁·비판

또 가르침의 내용을 명확히 하기 위해 일부러 문답과 논쟁의 형식을 채용하는 일도 있다. 나가르주나의 저서로 간주되는 책에 《회쟁론廻諍論, 비그라하 비야바르타니/s》이 있지만, 이 제목에 있는 '회쟁'은 '논쟁을 회피하다'라는 정도의 의미이다. 가지야마 유이치梶山雄一는 이 논서의 번역을 '중앙공론사'당시의 《세계의 명저》에 넣을 때 《논쟁의 초월》이라고 붙였다. '논쟁의 초월'은 바로 앞서 《숫타니파타》 제4장의 붓다의 '논쟁을 해서는 안 된다'라는 교설의 본질이다.

그런데 나가르주나를 조사祖師로 하는 중관파는 "《중론송》 하나를 보더라도 실로 대론·논쟁·비판을 자기의 임무로 하고 있는 감이 있다."江島惠敎, 〈중관학파에 있어 대론의 의의〉《佛敎思想史3 〈佛敎內部における對論〉 インド》平樂寺書店

지금 거론한 《회쟁론》을 비롯한 중관파의 저술에서는 철두철미한 논쟁과 설파의 연속이다. 힌두교 6파철학의 하나인 니야야 학파나 불교 내부 아비달마의 실재론자를 논적으로 설정하고, 그들이 중관논자에 퍼붓는 논란을 하나하나 논파하는 구성으로 되어 있다.

물론 실제 논의의 기록이 아니라 '어떤 물음或問'의 형태의 비판일 것이다. 어떤 물음이란 '어떤 사람이 묻는다'는 뜻이며, 임의로 설정된 어떤 사람의 질문에 답하는 모습으로 자기의 설을 기술하거나 타인의 설을 논박하는 논술법이다. 《중론》에도 반대자의 게시 형식의 교 설가 다수 포함되어 부분적으로는 '어떤 물음'의 형식이 받아들여지고 있다.

중관파는 언어에 의한 개념 설정과 논리 전개의 지멸止滅을 승의로 하기 때문에 붓다와 동일하게 문답 또는 논의에 본질적인 의의를 인정하지는 않지만, 언어에 의해 허구된 세간세속에 있어서는 그 수준에 맞게 쟁론을 적극적으로 행한다. 여기에서는 《회쟁론》이나 중관파의 논법이 테마가 아니기 때문에 오해를 두려워하지 않고, 후대의 중관파 논사 찬드라키르티의 비유를 빌려 단평해 두면 "꿈속의 불을 꿈속의 물로 끈다"는 것과 같은 시도로 생각된다.

마틴 렛푸·이노우에 요시유키井上善幸 편 《문답과 논쟁의 불교》法藏館의 〈서〉에 따르면 불교에는 커뮤니케이션의 기본 형식이 적어도 네 개 있다고 한다.

> "제1로, 석존의 교화 방법은 구도자들과 넓은 의미에서의 대화를 통해 이루어졌다. 이것은 교화와 문답이라는 형식이라고 볼수 있다. 제2는 석존은 비신자非信者 즉 바라문과 자이나교도들과 생각을 나누고 있다. 이와 같은 변명적 토론은 후에 종론宗論이나 논쟁이라는 형식으로 전개해 나간다. 제3은 석존의 입멸 후 교단은 석존의 교리에 보이는 상호 일치하지 않는 부분이나 미해결 문제에 직면했다. 이것을 해결하기 위해 승려들이 행하였던 교

리논쟁은 논의論義라는 형식으로 발달했다. 이러한 커뮤니케이션은 구전의 전승과 문자에 의해 기록된다. 제4는 기록된 논의는 승려의 교육 기관에서 행하여진 교육 시스템예를 들어, 학업이나 시험에서, 혹은 또 불교의례법회에 있어서 정식의 작법에 따라 사용되어 왔다."

〈논쟁이 불교사상사를 움직여왔다〉라고 하는 제목은 이러한 역사성을 가지고 기능해 왔다는 것을 잊지 말아야 한다.

09
—

일상어로서의 연기

이상의 예비적 고찰을 바탕으로 드디어 불교의 연기설로 들어간다. 우선 단서로서, 불교잡학의 책에 자주 나오는 '불교 유래의 일상어'로부터 접근해 보기로 한다.

이 말은 일상어의 경우 '연이 좋다'라든가 '연이 나쁘다'든가 또는 '미신에 사로잡히다', '재수없다'라는 용법으로 쓰인다. 이 연기의 의미는 길흉의 전조이다. 어떠한 일이 경사나 흉사의 예시로 간주될 경우, 예를 들면 차 줄기가 뜨면 '좋은 징조'라 하고, 검은 고양이가 앞을 지나가면 '나쁜 징조'라고 말하는 것이다.

또 '닭酉의 도시에서 파는 곰의 발'이란 의미로서 '연기물緣起物'이라 부르는 경우도 있다. 여기의 연기는 오로지 좋은 일의 조짐만을 상정하고 있지 않고, 단순히 '좋은 징조가 되는 물건'을 뜻한다.

이들은 연기라고 하는 한자어를 구성하는 '연'과 '기'의 글자가 본래 나타내는 바 즉 '인연'이나 '생기'의 의미를 확장하여 적용한 방식일 것이다. 전자의 인연을 더 분석하면 '인'은 직접적 원인, 주원인主原因이며 '연'은 보조인, 종인從因 또는 조건을 나타내는 경우도 있다. '생기'는 물론 결과가 생기는 것이다.

나쁜 인연으로 불행한 결과가 생기하고 착한 인연으로 행복한 결과가 생기한다는 이치가 있다. 인과응보라고 불리는 아주 간단한 이치이다. 아마 그것을 확대 해석하여 어떤 징조가 뭔가 기쁜 사태의 발생을, 또 다른 징조가 좋지 않은 사태의 도래를 예시하는 것으로 간주한 것이다.

인과응보는 그 알기 쉬움 때문에 연기^{인연}와 동일시되는 일이 자주 있다. 사실 그것은 업^{카르마·카르만/s}을 연기와 같은 것으로 표현한 것이다. 착한 행위의 과보로 좋은 결과가 생기고^{善因樂果}, 악한 행위의 과보로서 혐오스러운 결과가 생긴다^{惡因苦果}고 하는 업에 근거한 운명의 과보에 대한 설명 즉 '업보설'은 종종 연기설과 밀접한 형태로 설시되어 왔다. 그러나 업이라는 개념이 지시하는 현상과 연기설이 해명하는 현상의 사이에는 약간의 차이가 있다. 이 차이에는 주의할 필요가 있다.

혹은 사찰 유래, 연혁 등을 기록한 문서가 '연기'라는 이름으로 불리기도 한다. 예를 들면 중요문화재로 지정되어 있는《기타노 천신연기^{北野天神緣起}》라는 두루마리가 있다. 이것은 참언^{讒言}으로 치쿠지^{筑紫}의 다자이후^{大宰府}에 좌천되어 유배지에서 실의 속에 생애를 마감한 스가와라 미치자네^{菅原道眞}를 천신으로 모시는 기타노 천만궁^{天滿宮}의 창건의 유래와 영험담을 그린 것이다. 여기에서 말하는 '연기'는 신사^{神社}, 불각^{佛閣}의 창건의 유래와 연혁을 그린 두루마리를 가리킨다.

둘 다 언뜻 보면 불교의 연기관과는 매우 다른 것처럼 보이지만, 조금이라 해도 원뜻에 인과 관계의 의미가 담겨져 있는 것을 알 수 있다.

불교의 인과 관계

　　불교의 연기설에 있어 연기는 인과 관계를 첫 번째 의미로 삼는다. 인과라고 해도 바로 인과응보를 가리키는 것은 아니다. 인과응보에는 일종의 윤리적 가치 판단이 내재하고 있지만, 불교의 인과 관계는 '자기라는 현상現象' 혹은 '자기라는 환상幻想' 또는 '존재라는 현상', '존재라는 환상'의 성격이나 성질을 나타낸다. 요컨대 '이 나'의 존재방식 '이 세상, 이 세속'의 사상事象이라는 것은 인과 관계에 의해 모든 것을 기술할 수 있고, 세밀하게 설명을 할 수 있다고 하는 것이 연기설의 근본 뜻이다.

　　인과 관계란 통상 하나의 원인이 있으면 하나의 결과가 있다는 관계를 나타낸다. 일인일과一因一果이다.

　　그러나 앞에서도 언급했듯이 불교는 인=직접적 원인·주인主因, 연=간접적 원인·종인從因으로 삼는 입장도 있다. 이 연기관은 자주 식물의 비유로 설명된다. 즉 뿌려진 종자를 인=직접적 원인, 주인, 요인과 물과 태양광, 비료 등을 연=간접적 원인, 보조원인, 조건으로 하는 것이다. 이렇게 요인과 조건이 갖추어져 비로소 발아하는 결과가 생긴다고 하는 것이다.

이렇게 해석할 수 있다면 주인과 종인, 요인과 조건 등 복수의 원인으로부터 하나의 결과가 생기는 것多因一果을 포함한 표현으로도 보인다. 또한 더욱 부연하면 다수의 원인으로부터 다수의 결과가 생긴다多因多果고 하는 이해도 나타난다.

인과 연의 분리

그렇지만 불교가 원래 이렇게 인과 연을 나누어 생각했는가는 의문이다. 초기불교의 가르침을 전하는 팔리어 경전에는 인혜투/p과 연파차야/p의 구별을 두지 않는다. 모두 '원인'을 의미한다. 연을 원인이 결과를 생기게 할 때의 조건으로 구분하게 된 것은 훨씬 후의 아비달마불교 이후이다.

그러나 부파불교아비달마불교의 흐름을 이어받은 테라바다불교, 상좌불교를 일본에 전도한 알루보물레 수마나사라Alubomulle Sumanasara는, 붓다의 시대에는 인과 연 사이에 구별은 없었다고 추정하고 있다.

"인과 연은 팔리어로 hetu인과 paccaya연의 두 가지이지만, 경전에는 hetupaccaya라는 말은 거의 동의어로 언제나 함께 사용합니다."
"부처님의 시대에는 인과 연을 전혀 구별하지 않았다고 생각하는 것이 좋을 것입니다."

_《ブッダの實踐心理學 第6卷 緣起の分析》サンガ

예를 들어 바로 다음에 나오는 대표적인 연기설인 '12지연기'
는 '무명에 의해 행이 생긴다'라는 명제에서 시작하지만 이 '에 의해'
부분의 팔리어 원문에는 연, 즉 paccaya파차야의 단어가 나타난다. 그
런데 '에 의해'는 여기에서는 원인을 바로 나타내고 있다. 파차야는
조건이라기보다는 단지 하나의 원인이라는 의미로 쓰이고 있다.

그런데 부파불교, 아비달마의 시대가 되면, 인과 연을 분리하
여 생각하게 된다. 아비달마불교는 경전이 아니라 논서를 중심으로
발전하지만, 그 변화 속에서 '에 의해'가 복잡해 진다. 예를 들면 앞서
의 12지연기의 최초의 명제는 '무명에 의해 행이 있다'에서 '어떤 원
인헤투이 어떤 조건파차야에 의해 어떤 결과가 생겨난다'로 바꿔져 버
린다. 앞의 12지연기의 시작 부분을 예로 들자면 '무명이라는 원인因,
헤투이 어떤 조건緣, 파차야에 의해서 행이 생긴다'는 것이 된다. 원래의
'에 의해'가 원인因과 결과緣로 분리되어 버린 것이 시대가 내려옴에
따라 연기 해석상의 여러 가지 문제를 생기게 한 것이다.

예를 들어 상좌불교테라바다불교를 대표하는 대주석가인 붓다고
사Buddhaghosa, 5세기경의 《청정도론淸淨道論》에서는 일인일과도 일인다
과도 배척되고 다인다과설이 채택되고 있다. 12지연기 등에서 일인일
과가 설해지고 있는 것처럼 보이는 것은 편의적·형식적인 것에 불과
하다는 것이다.

그것들 후대의 전개를 생각해 보아도 역시 오리지날 불교에서
의 연기란, 다인보다는 일인, 다과보다도 일과, 즉 하나의 원인에서 하
나의 결과가 생긴다는 직선적인 인과 관계에 가까웠다고 짐작할 수
있다.

일인일과인가 다인다과인가

일인일과인가 다인다과인가. 현재 적지 않은 불교인들이 후자를 지지하고 있다. 예를 들면 우이 하쿠주는 "불교에서는 일인생一因生을 주장하는 설은 사설邪說로 간주되지만, 고래로부터의 법칙으로 간주된다"〈원시불교자료론〉《印度哲學研究 第2》岩波書店로 단언하며, 이것을 이어받아 불교계의 중진 히라카와 아키라平川彰도 "하나의 원인에서 사물이 생긴다는 것은 불교에서는 말하지 않는 것으로, 그것은 불가능하다"《平川彰著作集 第1卷法と緣起》春秋社라고 말하고 있다.

또 자주 "다수의 인과 연이 그물눈과 같이 관계하여 과가 생기는 것을 설하기 때문에 업과의 교설은 숙명론이 아니다" 등의 설명도 이루어진다. 일인일과의 법칙이 결정적이라면 마치 기계의 작동처럼 인간의 자유의사가 개재介在할 틈이 없게 된다. 다인다과라면 교차하는 인과의 틈새에 자유의사가 들어갈 여지가 보인다고 하는 것이다.

하지만 이러한 설명에서는 몇 가지 의문점이 남는다.

① 앞에서 본 〈니카야〉에서의 기술 문제인과 연은 구별 없이 원인을 의미한다.

② 본래 다인다과에서 인과 관계가 성립한다고 할 수 있을까. 그렇다면 인과응보선인락과, 악인악과는 어떻게 되어버리는 것인가?

③ 일인일과는 숙명론인가. 하나의 원인이 이루어지든 지지 않든 그 시점에 자유가 있다면 그 후의 과정이 결정적이었다고 해도 숙명론이라고는 할 수 없지 않을까? 예를 들어 사람을 죽이면 지옥에 떨어지는 것이 확정된다 하더라도 사람을 죽일 것인가 말 것인가에 대해 선택의 여지가 있었다면 숙명론이라고는 할 수 없는 것이 아닌가.

이것은 연기를 생각하는데 있어서 매우 중요한 논점이다.

13

12지연기에 반하는 다인다과론

    하지만 다인다과론에는 더욱 큰 난점이 있어 불교의 기본 교리로 어떤 개설서 및 입문서에서도 반드시 설명하는 '12지연기'와 차이를 보이고 있다. 이 연기설은 적어도 원시경전의 시점에서는 일인일과의 연결 관계로 생존고두카/p의 발생을 설명하고 있다. 생존고를 멸하는 방법도 일인일과의 법칙에 따라 분명히 밝히고 있다.

    '12지연기'의 해석은 본서의 테마인 연기 논쟁의 주요 논점이어서 나중에 자세히 논하지만, 여기에서는 원전을 확인하며 개관하기로 한다.

    일부의 초기경전의 기록에 따르면 붓다는 우루벨라 촌의 네란자라 강변에 있는 앗삿타 나무보리수 아래에서 7일 동안 결가부좌한 자세로 성도하고, 그 과정에서 내관한 것이 12지연기라고 한다.

    《우다나감흥게, 자설경》라는 팔리 경전의 《소부쿠다카 니카야》에 실려있는 초기경전에는 다음과 같이 적혀있다.

    먼저 초경, 즉 오후 7시부터 9시까지의 사이에 이루어진 관찰에 대해 붓다는 이렇게 말한다.

〈12지연기A: 초저녁의 순관생기문〉

"이렇듯, 이것이 존재하고 있을 때 이것이 있다. 이것이 생기하기 때문에 이것이 생기한다.

즉 이 무명無明: 무지이라는 연에서 갖가지 형성 [작용]제행: 의지·충동이 [발생한다].

갖가지 형성 [작용]이라는 연에서 식지識知 [작용]식: 인식 작용이 [발생한다].

식지 [작용]이라는 연에서 이름과 형태명색: 마음과 신체가 [발생한다].

이름과 형태라는 연에서 여섯 가지 [인식의] 장소육처가 [발생한다].

여섯 가지의 [인식의] 장소라는 연에서 접촉촉이 [발생한다].

접촉이라는 연에서 감수수가 [발생한다].

감수라는 연에서 갈애애가 [발생한다].

갈애라는 연에서 집취취가 [발생한다].

집취라는 연에서 생존유이 [발생한다].

생존이라는 연에서 생생이 [발생한다].

생이라는 연에서 노와 사노사가 [발생하고], 근심과 탄식과 실의와 갈등愁悲苦憂惱이 발생한다.

이와 같이 이 모든 고통의 범주고온의 집기集起가 있다."

_《小部經典-正田大觀翻譯集 ブッダの福音》第1卷, Evolving

14
—
생존고의 발생 순서

열 두 개의 항목은 ①무명근원적 무지, 근본번뇌 ②행제행 ③식식별작용 ④명색이름과 형태, 나중에는 심리작용과 물질 ⑤육처눈, 귀 등의 여섯 인식 기관 및 기능 ⑥촉인식 대상과의 접촉 ⑦수고락 등의 감수 ⑧애갈애 ⑨취집착 ⑩유존재 ⑪생생존 ⑫노사로서, 이 각각의 항목을 '지분' 또는 '연기지'라 부른다.

이 열 두 항목의 연결은 인간의 생존에 얽힌 고통 즉 노사의 고통과 근심, 슬픔, 걱정, 실의, 오뇌懊惱; 老死, 愁悲苦憂惱가 어떠한 과정으로 발생했는지를 밝히고 있다.

초기불교부터 대승불교까지 이어지는 '혹', '업', '고' 구분에서는 ①무명 ⑧애 ⑨취의 세 지분이 '혹번뇌'의 카테고리에 분류되고, ②행 ⑩유의 두 지분이 '업행위'에, ③식 ④명색 ⑤육근 ⑥촉 ⑦수 ⑪생 ⑫노사의 일곱 지분이 '고'로 분류된다. 각 지분의 의미와 배열의 의의에 대해서는 나중에 검토한다.

12지의 '지'란 산스크리트, 팔리어의 앙가/s/p의 번역으로 부분, 요소라는 의미이다. 원래는 나무의 가지나 몸의 사지四肢를 가리킨다.

최초로 근원적 무지, 근본적 생존 욕망인 무명이 있어, '그것을 연으로서' 행, 즉 의지 작용이 일어난다……라는 식으로 각 지분을 '연으로서' 다음의 지분이 일어난다. 여기에서 '연으로서'란 이미 기술한 대로 '원인으로서'와 같은 뜻인 까닭에 일인일과의 연쇄가 최후의 연기지, 즉 노사까지 계속된다. 그렇게 하여 수비고우뇌근심, 탄식, 고통, 실의, 갈등 즉 생의 고통 모두가 발생한다.

이 인과 관계를 정식화한 것이 시작 부분의 "이와 같이, 이것이 존재할 때 이것이 있다. 이것의 생기가 있기 때문에 이것이 생기한다"의 구절이다. 팔리어의 원문에는 마사다正田 번역처럼 앞 구절도 뒷 구절도 주어가 '이것'이 되어 있지만 편의적으로 '이것'은 '그것'으로 번역해 나누는 것이 관례이다. 그래서 다시 쓰면 "이것이 있을 때 그것이 있다. 이것이 생기기 때문에 그것이 생긴다"가 된다. 이 문구는 12지연기를 해명하는 데 아주 중요한 열쇠이므로 기억해 두어야 한다.

그러므로 인용한 《우다나》의 부분에서 붓다는, 불교가 생존고의 발생 순서를 순차적으로 찾아가는 형태로 말하고 있다. 이를 '순관' 또는 '생기문'이라고 부른다. 본서에서는 오로지 '순관'의 호칭을 사용한다. 하지만 생존고를 깨트리고 소멸시키는 것은 불교의 궁극의 목적으로, 해탈 또는 깨달음이라고 하는 것의 요점은 생존고가 완전히 없어져 '걱정, 탄식, 고통, 실의, 갈등수비고우뇌'으로부터 완전히 해방된 적정의 경지에 도달하는 것이다. 사제네 가지 진리도 12지연기도 고를 소멸한다는 주제에서 공통된다. 따라서 이 생기의 순서가 밝혀진 것만으로는 아직 완전치 않다.

한밤중의 역관

그래서 《우다나》에서는 이제 밤이 깊어진 한밤중에 붓다가 깨달은 것을 다음과 같이 말하고 있다.

〈12지연기B: 한밤중의 역관환멸문〉

"이와 같이 이것이 존재하지 않을 때 이것이 있는 일은 없다. 이것의 지멸止滅이 있는 것으로부터 이것이 지멸한다.

즉 이 무명無明:무지의 지멸이 있는 것으로부터 갖가지 형성 [작용]제행: 의지·충동의 지멸이 있다.

갖가지 형성 [작용]의 지멸이 있는 것으로부터 식지 [작용]식: 인식 작용의 지멸이 있다.

식지 [작용]의 지멸이 있는 것으로부터 이름과 형태명색: 마음과 신체의 지멸이 있다.

이름과 형태의 지멸이 있는 것으로부터 여섯의 [인식의] 장소육처의 지멸이 있다.

여섯의 [인식의] 장소의 지멸이 있는 것으로부터 접촉촉의 지멸이 있다.

접촉의 지멸이 있는 것으로부터 감수수의 지멸이 있다.

감수의 지멸이 있는 것으로부터 갈애애의 지멸이 있다.

갈애의 지멸이 있는 것으로부터 집취취의 지멸이 있다.

집취의 지멸이 있는 것으로부터 생존유의 지멸이 있다.

생존의 지멸이 있는 것으로부터 생생의지멸이 있다.

생의 지멸이 있는 것으로부터 노와 사노사가 [지멸하고], 근심과

한탄과 고통과 실의와 갈등수비고우뇌가 지멸한다.

이와 같이 이 모든 고통의 범주고온의 지멸이 있다."

_《小部經典-正田大觀翻譯集 ブッダの福音》第1卷, Evolving

심야 이전의 관찰에서는 고의 생기가 간파되었다. 이것을 십이
지연기의 '순관'이라 불렀다. 그리고 한밤중에는 고의 멸이 관찰되고
있다. 무명의 멸로부터 시작하여, 도미노가 쓰러지는 식으로 노사의
멸에 이른다. 무명의 멸 → 행제행의 멸 →식식별의 멸 → 명색의 멸 →
육처의 멸 → 촉접촉의 멸 → 수감수의 멸→ 애갈애의 멸→ 집집착의 멸
→ 유존재의 멸→ 생생존의 멸 → 노사의 멸로 이어지고 그리고 '수비고
우뇌'의 모든 고가 지멸한다. 이것을 '역관' 또는 '환멸문'이라고 부른
다. 본서에서는 오로지 '역관'을 이용한다.

역시 첫머리에 "이와 같이 이것이 존재하지 않을 때, 이것이 있
는 일은 없다. 이것의 지멸이 있는 것으로부터 이것이 지멸한다"라는
정형구가 놓여져 있다. '순관'의 경우와 같이 평이하게 다시 쓰면, "이
것이 없을 때 그것은 없다. 이것이 멸하기 때문에 그것이 멸한다"가
된다. 이것도 기억해 두어야 한다.

앞서 불교의 목적이 고를 멸하는 것에 있고, 깨달음의 경지란 그 상태라고 했다. 한밤중에 관찰된 십이지분의 멸의 연접은 바로 인간의 생존에 얽힌 고 즉 노사의 고통과 걱정, 슬픔, 고충, 실의, 오뇌懊惱: 노사, 수비고우뇌의 지멸 과정을 나타내고 있다. 어떻게 생존고를 멸진할 수 있을까에 대한 이정표인 것이다.

16

12지연기는 붓다의 깨달음인가

다시 《우다나》에는 새벽의 사색에서 초저녁 시간의 관찰 〈12
지연기A〉와 한밤중의 성찰 〈12지연기B〉가 정리되어 있다.

우선 초저녁의 관찰 〈A〉가 반복된다.

"이와 같이 이것이 존재하고 있을 때 이것이 있다. 이것이 생기
하는 것으로부터 이것이 생긴다. 즉, 이 무명이라는 연에서 갖가
지 형성 [작용]이 [발생한다]……."

게다가 한밤중의 역관 〈B〉가 재차 확인된다.

"실로 그런데 무명의 남김없는 이탐離貪과 지멸이 있는 것으로부
터 갖가지 형성 [작용]의 지멸이 있다. 갖가지 형성 [작용]의 지
멸로부터 식지 [작용]의 지멸이 있다……."

그리고 붓다는 다음과 같은 감흥의 시게송를 불렀다고 한다.

"열정 있는 자에게, [항상] 명상하는 바라문에게, 실로 갖가지 법

성질이 분명해진다. 그 때 [그는] 악마의 군단을 부수면서 [세상

에] 머문다.-태양이 공중을 비추는 것처럼."

_ 正田譯 前揭書

게송의 처음에 나오는 '열정 있는 자', '[항상] 명상하는 바라

문'이라는 것은 열심히 수행에 힘쓰고 있는 불교인 정도로 해석하면

좋겠다.

이렇게 보면 12지연기=증지知의 내용이라고 생각해도 좋을 것

이다. 하지만 현대 불교학의 원조인 나카무라 하지메는 이를 명백히

부정했다.

"티벳의 《율장》 및 한역 《유부율파승사》에 따르면 석존은 이미

깨달은 후, 잠시 뒤부터 12인연을 관하는 것으로, 연기설과 깨달

음의 사이에는 본질적인 관련은 존재하지 않는다."

_ 中村元, 《ゴータマ ブッダ 普及版》上, 春秋社

마찬가지로 불교학자의 다수가 12지연기를 붓다의 깨달음의

내용으로 하는 것에는 부정적이다.

이 배경에는 팔리 경전에 12지연기의 성도 기사 자체가 조금밖

에 보이지 않는다는 사정도 관련된다. 붓다가 12지연기를 증득함으로

써 깨달았다고 하는 것은 앞서 인용한 《우다나》, 팔리 율장의 《마하밧

가대품》 그리고 《상유타 니카야상응부 경전》 에 수록된 《대석가모니구담

위대한 석가족의 모니인 고타마 붓다》 정도의 경전이다.

　　나카무라 하지메의 제자인 사이구사 미츠요시三枝充悳는 "'석존 =고타마·붓다'가 보리수 아래에서 12지연기12인연의 이법을 깨달았다는 식의 글은, 비록 그것이 《우다나》 1-1~3의 자료에 실려 있다고 하더라도, '불교학자-불교학 연구자' 사이에서는 불식되지 않으면 안 된다. 앞의 기술은 자료론을 포함한 문헌학의 무지를 스스로 고백하는 것이며, 따라서 처음부터 불교학 자체를 거부하는 것이다. 단지 학문이나 연구를 떠나 한 사람의 불교자로서 자신은 그렇게 믿고 싶은 것이라면 '아무쪼록 좋을 대로'라고 불교학은 대답할 것이다"《緣起の思想》法藏館라고까지 극언하고 있다. 사이구사 미츠요시는 '제2차 연기 논쟁'을 선도하는 연구자로서 그의 연기관은 제4장에서 다룬다.

17

팔리어 경전의 신고

　　여기에서는 여담에 속하지만, 팔리 경전의 신고新古의 문제를 언급하기로 한다. 스리랑카, 미얀마, 타이, 캄보디아, 라오스에 퍼져 정착한 원시불교부터 부파불교까지의 가르침을 전승하고 있는 불교를 상좌불교라고 한다. 예전에는 '소승'이라 폄칭되었지만, 이것은 대승불교 쪽에서의 부정적인 성격을 띤 호칭이기 때문에 현재는 사용하지 않는다. 상좌불교는 대승불교와 달리 정전正典이 확정되어 있다. 이것이 팔리삼장이나 팔리성전 등으로 불리는 것으로, 그 중에서도 경전 즉 붓다의 직설을 담은 가르침을 팔리어로 기록한 전적의 집성을 '경장' 숫타 피타카/p라고 한다. 삼장티 피타카/p은 이 '경장'과 초기불교를 형성한 승단상가/p의 운영 규범과 출가자의 생활 규칙을 기록한 문서의 집성인 '율장비나야 피타카/p' 붓다 교설의 강목을 모아 해설하거나 부연하거나 석의한 논서의 집성인 '논장아비담마 피타카/p'으로 구성된다.

　　'경장'에 포함된 경전이 팔리 경전이다. 팔리 경전은 5부로 나누어져 《디가 니카야장부》, 《맛지마 니카야중부》, 《상윳다 니카야상응부》, 《앙구타라 니카야증지부》, 《쿠다카 니카야소부》가 있다. 〈니카야〉

란 경전을 모았다는 의미이고, 5부 팔리 경전 전체를 〈니카야〉라 부르는 경우도 있다.

예를 들면 앞에서 인용한 《우다나》나, 원시불전으로 잘 알려진 《숫타니파타》, 《담마파다》는 팔리 5부의 《쿠다카 니카야》의 부에 수록되어 있다.

반면, 《반야심경》과 《법화경》, 《화엄경》과 《유마경》 등은 산스크리트어로 쓰인 대승경전이므로, 당연히 팔리 경전에는 포함되지 않는다. 오히려 상좌불교에는 이들 대승경전은 붓다가 설한 가르침을 기록한 전적典籍인 경으로 인정하지 않는다. 덧붙여 본서에서는 지금까지 그렇게 해온 것처럼 팔리어로 쓰여진 고형古形의 경을 〈니카야〉, 초기경전, 팔리 경전 등으로 총칭한다.

단지 초기경전이라고 해도 성립 시기에는 차이가 있다. 예를 들면, 《쿠다카 니카야小部》 수록의 《숫타니파타》의, 특히 제4장과 제5장은 가장 오래된 층의 경전으로 알려진다. 최고라는 것은 단지 쓰여지고 나서 가장 오랜 시간이 지났다는 것만이 아니라 붓다의 직설直說에 가장 가까운 것이라는 의미도 포함된다.

지금까지도 〈니카야〉의 신고를 확정하기 위해 다양한 방법론이 고안되어 왔지만, 최근의 운율·어형·의미용법·어휘의 변천에 주목한 언어 과학적 연구에 의하면, 가장 오래된 경전의 성립 시기는 아쇼카 왕 시기 이전까지 올라갈 수 있고, 역시 《숫타니파타》의 4장 5장 등이 최고로 추정된다. 또 이들 최고층의 경과 최신층의 경 사이에는 무려 300년 정도의 차이가 있다고 한다.中谷英明〈붓다의 혼론(魂論)〉《論集·古典の世界像》〈고전학의 재구축〉연구 성과 보고집V, 同〈洞窟 八詩篇 譯注-팔송품의

연구〉《奧田聖應先生頌壽記念インド學佛教學論集》成出版社 본서에서는 〈니카야〉

등의 신고의 분류에 대하여 나카타니 히데아키中谷英明의 3층 5부의

추정을 기본으로 한다.

나카타니 히데아키의 추정에 의한 《숫타니파타》와 다른 팔리 경전의 성립 시기 구분		
《숫타니파타》의 제목 등은 나카무라 하지메 《ブッダのことば, スッタニパッタ》(岩波文庫)에 의거		
제1층 - 최고층		
1부	《숫타니파타》 제4장 〈여덟 시구의 장〉	766偈~975偈
2부	《숫타니파타》 제1장 〈뱀의 장〉 3 〈코뿔소의 뿔〉	35偈~75偈
	《숫타니파타》 제5장 〈피안에 이르는 길의 장〉	1. 서문을 제외, 1032偈~1149偈
제2층 - 고층		
3부	《숫타니파타》 제1장 〈뱀의 장〉(3 〈코뿔소의 뿔〉을 제외)	
	《숫타니파타》 제2장 〈작은 장〉(11 〈라후라〉 서문의 시는 제외)	
	《숫타니파타》 제3장 〈위대한 장〉(11 〈나라카〉 서문은 제외)	
	《담마빠다》,《상윳타 니카야》,《테라가타》,《테리가타》 등의 운문 부분	
제3층 - 신층		
4부	《숫타니파타》 제2장 〈작은 장〉 11 〈라후라〉 서문의 시	335偈, 336偈
	《숫타니파타》 제3장 〈위대한 장〉 11 〈나라카〉 서문	679偈~698偈
	《숫타니파타》 제5장 〈피안에 이르는 길의 장〉 1 서문	976偈~1031偈
5부	《숫타니파타》 제1장·2장·3장에 흩어져 있는 산문 부분, 다른 대부분의 니카야, 비나야(율)의 산문 부분	

다양한 유지연기설

본론으로 돌아간다.

12지연기와 같이 지분^{연기지}을 세우는 연기설을 '유지연기^{有支}^{緣起}'라고 한다. 팔리 경전에 보이는 각지 연기에는, 세는 방법에 따라 대략 2지·3지·4지·5지·8지·9지·10지 그리고 12지가 있다.

왜 이처럼 다양한 유지연기설이 성립했는지에 대해서는, 최초에는 지분이 적은 단순한 형태였던 연기설이 시대가 지남에 따라 연기지가 점차 증가하고 복잡해져 최종적으로 12지로서 완성되었다고하는 설도 있고, 먼저 12지연기설이 있었고, 거기에서 점차 생략된 형태가 나왔다는 설도 있다. 후자는 소수의 설이지만 예를 들어 후나바시 잇사이^{舟橋一哉}는 이 입장에 의거하고 있다.

본서 제2장, 제3장의 주제인 〈제1차 연기 논쟁〉에서는 유지연기의 다양성을 어떻게 이해할 것인가가 하나의 쟁점이 되었다. 각각의 입장을 간단히 기술하면, 기무라 타이켄^{木村泰賢}은 식, 명색 등 일부 연기지의 연속이 붓다에 의해 최초로 설해지고, 만년에 12지연기에 이르렀다고 추정한다. 아카누마 치젠^{赤沼智善}은 12지연기 혹은 10지연기라는 '정계^{正系}'가 본래 있고, 다른 유지연기설은 그것을 보완하는 설명에 지나지 않는다는 견해를 채택했다. 와츠지 테츠로和辻哲郎는 다양한 연기 계열은 각각 내적 필연성을 가지고 순서화되고 있다고 하고, 그 특수성을 내장하면서 점차적 발전을 인정했다. 우이 하쿠주宇井伯寿는 12지연기의 근본적 의의를 '상의성 연기설'이라고 한 위에 이것을 경우나 상대에 따라 다양한 형태로 분명히 하려고 했기 때문에, 다양한 형태의 유지연기가 생긴 것이라고 설명했다.

　　하지만 설사 12지연기가 후대의 부가 내지 증광의 결과라 하더라도, 붓다의 깨달음의 내관이 12지연기가 나타내는 순관·역관의 계열과 유사한 경로를 걸었으리라는 것은 상상하기 어렵지 않다. 조금 앞서 사견을 더한다면, 이 문제를 해결하는 데는 지분의 수에 구애받지 말고, 12지연기에 이르는 유지연기설의 변천과 성질, 기제機制를 고찰할 필요가 있다. 그것이 무엇을 문제로 하고, 무엇을 해명하려고 하고 있는가를 음미하는 것이 중요할 것이다. 그리고 12지연기 성립까지의 유지연기의 기제를 세밀히 보는 것은 다름 아닌 붓다가 증득한 진리의 본질을 살피는 수단이라 생각된다.

　　12지연기의 성립을 추정하는데 더욱 중요한 점이 있다. 〈니카야〉에는 지금까지 보아온 순관·역관과는 전혀 다른 관점의 12지연기의 패턴이 나타난다. 이것과 이것에 따르는 몇 가지 문제에 대해서는 다음 장에서 검토한다.

19

12지연기를 부정하는 《반야심경》

먼저 〈니카야〉와 대승경전의 차이를 설명했지만, 12지연기를 둘러싼 문제로서 한층 더 번거로운 것은 대승불교가 이것을 인정하고 있는가 혹은 배척하고 있는가가 분명치 않는다는 점일 것이다.

예를 들면 《반야심경》을 읽어보자. 가장 사람들 입에 회자膾炙된 대승경전이고 한역의 전문이 300자로 짧다고 하는 간결함으로 인해 암송을 시도하거나 사경에 힘쓰는 사람도 많다. 사실 이 경은 12지연기설을 총체적으로 부정하고 있다.

《반야심경》에 익숙한 사람들은 알겠지만, 경 가운데에는 '무무명 역무무명진 내지 무노사 역무노사진無無明 亦無無明盡 乃至 無老死 亦無老死盡'이라는 구절이 있다. "무명은 존재하지 아니하고 또한 무명이 다 하는 일도 없다. 또 노사는 존재하지 않고, 동시에 노사가 다하는 일도 없다"라고 번역하지만, 말할 필요도 없이 무명은 12지연기의 발단이고 노사는 이것의 귀결이다. 시작과 끝의 양 끝단이 부정되고 있는 것은 이것의 중간과정에 있는 10지분 모두가 부정되고 있는 것이다.

그러나 무명과 노사의 존재가 부정되고 있을 뿐만 아니라 '다하는 일도 없다'라고 그것들의 멸진도 부정되고 있다. 이것을 문자 그 대로 읽으면 모순을 내포하는 설시로 밖에는 보이지 않는다. 무명에 대해서 앞단에서 '무명은 없다無無明'고 명언하면서 뒤에서는 '무명은 다하는 일이 없다無無明盡'라고 한다. 노사에 대해서도 앞단에서 '무노 사'라고 설하면서 뒤에서는 '무노사진'이라고 설한다. 본래 '없다'고 한다면, 그것이 다하는 것인지 아닌지의 설명 자체가 무의미한 것이 지만,《반야심경》은 그것을 일부러 세트로서 말하고 있다.

그렇지만 이것을 기존의 12지연기의 설 전체를 대상으로 한 부 정이라고 읽으면 모순 없이 일치한다. 즉 12지 존립의 차제를 기술한 순관과 그것들 지분의 멸진의 차제를 설하는 역관을 둘 다 부인한 것 이라면 이해가 된다.

테라바다불교의 장로인 알루보물레 수마나사라는 분명히《반 야심경》은 "무명을 부정하고 무명이 없어지는 것도 부정하여 요컨대 12인연을 전부 부정하고 있다"수마나사라《般若心經は間違い?》寶島 SUGOI文庫 고 단정하여, 이 태도를 비판하고 있다.

수마나사라에게 있어 불교의 12인연12지연기의 가르침은 '나 자 신의 생의 괴로움을 설명한 것'이며, 동시에 '나라는 존재가 고통의 세계에서 벗어나서 해탈에 도달하는 길을 밝히는' 것이다.수마나사라 前 揭書

그렇다면,《반야심경》은 불교 본래의 현상 인식과 목적을 방기 하고 있는 것일까?

《반야심경》이 생존고라는 문제와 생존고로부터의 해방이라는 과제를 배척했다고는 생각할 수 없다. 만약 그것까지 배척한다면, 불교일 수 없게 되기 때문이다. 그럼 왜 12지연기를 부인할 필요가 있었을까? 이것은 상좌부까지의 초기불교와 대승불교의 차이에도 깊이 관계한 중대한 논점이다.

한편 초기경전의 전승을 근거로서 12지를 비롯한 유지연기설에 설해진 각 지분의 연쇄적인 생기의 관찰즉 순관과 그것에 의거한 지멸의 법의 발견즉 역관이야말로 깨달음의 내용이라고 하는 설도 유력하다.

불교학자의 대다수가 깨달음의 내용이라는 것에 부정적임에도 불구하고 12지연기를 기본 교리로서 소개한 입문서는 많고, 물론 수마나사라로 대표되는 현대의 상좌부도 '12지연기는 불교의 심수心髓'로서 중시한다.

중관파의 12지연기관

또 상좌부뿐만 아니라 대승불교의 근본 논서로 간주되는 나가르주나^{용수}의 주저 《중론》《근본중송》도 12지연기의 해설에 한 장을 할애하고 있다. 나가르주나는 《반야심경》과 같은 공사상에 입각한 '중관파'라는 학파, 교파를 연 대논사이며, 대승불교 최대의 사상가이다.

이 《중론》제26장 〈관십이인연품〉에서는 설일체유부^{이하 때로는 '유부'로 표기}의 '삼세양중설三世兩重說'에 극히 가까운 해석이 펼쳐지고 있다. 유부의 12지연기관에 대해서, 특히 삼세양중에 대해서는 바로 뒤에서 개설하지만, 《중론》전체에서 유부의 견해는 논파할 대상이 되고 있음에도 불구하고 이 26장만큼은 그 흐름이 다른 듯이 보인다.

그래서 구마라집에 의한 한역만이 전해지는 청목青目, Piṅgala의 오래된 주석에서는, 이 장을 '성문법聲聞法에 들어가는 제일의도第一義道'라고 해석하고 있다. 즉 제26장은 나가르주나 독자의 대승적 연기마하연법를 설하고 있는 것이 아니라 부파불교의 교법성문법에 의해 깨달음에 들어가는 것을 해설한 것이라고 하는 것이다. 《청목주》와 거의 비슷한 내용의 주석이 《무외론無畏論》에도 보인다. 《무외론》은 나가르주나 자신의 주일 가능성도 지적된, 《청목석》과 동일하게, 최초기 《중론》의 주석서이다.

　　또 중관파의 학장인 바비베카Bhāviveka, ca. 500-570가 《반야등론般若燈論》 제26장에 서술하듯이 "[이 장의 의의는] 언어 관습으로서 연기를 설하는데 있다"梶山雄一譯, 〈지혜의 등불 제26장〉《佛敎思想史3 〈佛敎內部における對論〉インド》所收 平樂寺書店라고도 해석할 수 있다. 앞에서처럼 《중론》 26장의 위치에 대해서는 오랜 기간 다양한 설이 제시되고, 교설 해석에서도 초점이 되어 왔다. 그리고 오늘날에도 결말을 보았다고 하기는 어렵다.

　　중관파귀류파를 정통 교리로 인정하는 티베트 불교는 이점을 어떻게 이해하고 있는 것일까? 티베트의 《반야심경》과 《중론》의 주석서인 달라이라마 14세의 설법 등을 참조하면 이제설二諦說, 聖俗二眞理論에 의해 이해되고 있는 것 같다. 즉 "12지연기는 어디까지나 세속의 진리세속제의 잠정적인 진리이며, 승의勝義, 최고의 진리에 있어서는 존립하지 않는다"고 해석한다.

　　"[《반야심경》의] '무명도 없고'라는 의미는 승의의 차원에서 무명이라는 번뇌가 성립하지 않는 것이다. 그러므로 무명을 출발점으로 하는 '역전逆轉의 순관'=순관도 승의의 차원에서는 성립될 수 없다", "동일하게 '무명이 다하는 일도 없다'는 의미는 무명이 성립하지 않으면 무명의 소멸도 성립하지 않는다는 것이다. 그러므로 무명의 소멸을 출발점으로 하는 '환멸還滅의 순관'=역관도 승의의 차원에서는 성립할 수 없다." 노사에 대해서도 또한 동일하다.

　　게다가 언외로 "무명과 노사뿐만 아니라, 행에서 생까지 각각의 그 소멸도 승의의 차원에서는 일체 성립하지 않는다"고 하고, "12

연기는 이 모두가 승의의 차원에서는 공성이라는 존재방식 밖에 찾아
낼 수 없다"는 것이 갈파되고 있다고 한다.게세 소남 갈첸 곤타·콘촉 시타루·
齋藤保高,《チベットの般若心經》, 春秋社

21

'언어라는 문제'의 도입

또한 중관파는 세속제를 언어_{언어적 분별}에 의해 성립하고 있는 세간_{로카/s/p}의 원리로 보기 때문에, 티베트의 12지연기관과 앞의 바비베카의 그것_{12지연기는 언어 관습에 의해 성립한다}과는 기본적으로는 같은 것을 말하고 있다.

세속이 자기완결적인 관계성의 체계인 언어에 의해 허구된 것이라는 인식은 중관파에 의해서만 주장된 것이 아니다. 중관파와 대치했던 유식파도 이 교리 기반은 공유했다. 대승불교의 2대 학파는 '언어라는 문제'의 도입에 의해 연기설의 새로운 국면을 연 것이다. 이 세계를 파악하는 방식에 대해서는 최고층, 고층의 팔리 경전_{예를 들어《숫타니파타》제4장, 제5장 등}에 몇 가지 사상적 맹아가 보이지만, 초기불교에서의 전면적인 전개는 없었다. 사이구사 미츠요시는 이 변천을 다음과 같이 정리하고 있다.

"연기하고 있는 여러 지에 대하여 그 사이의 관계성을 특히 예리하게 살펴서, 지 그 자체와 각각의 명칭_{즉 언어}의 실체시와 고정화를 깨트리고, 나아가 초기불교 이래의 무아, 공과 무상에 근거해 철저한 통찰력을 완성한 사람이 용수로서, 연기는 말하자면 상의상관으로 깊어지고, 각 지의 무자성무실체이 밝혀져, 공이라는 것=공성, 나아가 중도로 통하고 있다.”

_ '연기' 早島鏡正 監修, 高崎直道 編集代表《佛敎·インド思想辭典》春秋社

'언어라는 문제'는 중관·유식의 두 학파에서 무명·고·자성·윤회 등 세속의 성립허구에 관련된 이른바 대승에 있어 세계 인식의 핵심이라고 생각된다. 특히《중론》의 연기관에 대해서는 각 장에서 주제에 따라 살펴보지만, 대승불교 교리상의 창견創見; 창의적인 견해이라고 할 수 있는 언어 비판은 본서 전체를 관통하는 테마의 하나이다. 연기설의 또 하나의 뜻은 분별 즉 언어적 개념화를 가져오는 세계로카의 양태를 보고 그것들이 실제로 성립하지 않는 것 즉 허구임을 깨닫는 것에 있다.

12지연기는 붓다의 깨달음의 내용인가? 깨달음의 내용까지는 아니더라도 긍정적으로 파악해야 할 것인가? 아니면 희론·망분별로서 최종적으로는 배척해야 할 대상인가? 이것은 연기를 둘러싼 중대한 논점의 하나이며, 두 차례의 연기 논쟁에도 깊이 관련되어 있다.

여기에서 제1차 연기 논쟁 참가자들의 개략적인 평을 먼저 해본다면, 기무라 타이켄은 12지연기를 생명의 생성과 전개의 과정으로 파악하고 거기에서부터 긍정적인 여지를 도출했다. 이것에 대해 우이 하쿠주, 와츠지 테츠로는 12지연기를 최종적으로 부정하고, 소멸되어야 할것으로 간파했다. 특히 와츠지가 그려낸 무명에서 명으로의 전환 구조는 극적이기도 하고 자못 다이나믹하다.

22

'차연성'이란 무엇인가?

그런데 조금 전에 12지연기는 일인일과가 연쇄적으로 일어나는 인과 관계에 의해 성립한다고 말했다. 이것은 12지연기가 순관이든 역관이든 시간적 변화를 나타내는 것을 강하게 상기시킨다.

앞에서 거론한 《우다나》의 시작 부분에 이것을 간략하게 나타내는 정형구가 있다는 것을 이미 지적했다. 다시 인용해 보자.

"이것이 있을 때 그것이 있다. 이것이 생기기 때문에 그것이 생긴다."
"이것이 없을 때 그것은 없다. 이것이 소멸하기 때문에 그것이 소멸한다."

이 첫 구절을 '차연성'此緣性, idapaccayatā이라고 부른다. 또 일반적으로 두 구를 합쳐서 차연성에 상당하는 것으로 보는 경우도 많다. 곧 차연성이란 "'이것此'의 유무생멸에 '연'하여 그것의 유무생멸이 결정되는 '성'질"을 말한 것이다.

이 두 구는 12의 각 지분의 관계를 나타내는 식으로, 일종의 공식이라 이해하는 것도 타당하다. 예를 들면 '이것'에 '촉인식 대상과의 접촉'이라는 지분을 대입하고, '그것'에 '수고락 등의 감수'라는 지분을 대입시키면 "촉이 있을 때 '수'가 있다. '촉'이 생기는 까닭에 '수'가 생긴다", "'촉'이 없을 때 '수'는 없다. '촉'이 소멸하는 까닭에 '수'가 소멸한다"라고 12지연기의 일부가 성립한다.

기술한 바와 같이 우이 하쿠주가 이 차연성을 '상의성'으로 번역했고, 전후戰後 활약한 미야모토 쇼손宮本正尊과 한 시기의 후나바시 잇사이舟橋一哉 그리고 앞에서 인용한 마스다니 후미오增谷文雄 등 쟁쟁한 학자들이 이 말을 사용했기 때문에 혼란이 생겼다. 그러나 상의성에서는 마치 '이것'과 '그것'의 인과성이 가역적으로, 두 항이 서로 원인이 되기도 하고 결과가 되기도 하는 것 같이 보인다. 더욱 나아가 쌍방이 다른 원인이며, 동시에 다른 결과인 것 같은 상호의존적인 관계로도 보인다.

따라서 이 번역은 적당하지 않다. 차연성의 정형구에 있어 '이것'과 '그것'의 관계는 어디까지나 원인 → 결과의 인과 관계로 확정되어 있다. 원인과 결과의 사이에 시간이 개입되든 그렇지 않든 간에 일방향一方向인 것이다. 인과이시因果異時, 시간차 있음든 인과구시因果俱時, 시간차 없음이든 '이것'이 원인이고, '그것'이 결과가 있는 것에는 변함이 없다.

승려들이 인과구시를 설명할 때 자주 인용하는 것이 "연꽃은 꽃원인과 열매결과가 동시에 생긴다"는 '화실동시花實同時'의 비유이다. 하지만 이 비유에 있어서도 꽃과 열매, 원인과 결과의 관계는 확정되어 있다. 결코 '인'과 '과'가 역전하지는 않는다. 12지연기 해석에 있어서 오로지 이 연기설을 채택한 사람이 와츠지 테츠로이다. 그 12지연기에 대하여 계시적 인과성도 상의상관성도 인정하지 않고, 어디까지나 어떤 지분법이 다른 지분법을 조건지우는 논리적 관계로 파악했다. 논리적으로 결정되는 '인'과 '과'의 연접, 시간이 없는 인과 관계이다.

우이 하쿠주는 결국 전적인 상의상대의 연기설을 채택하여, 와츠지 테츠로와도 견해를 달리했지만, 시간적 인과 관계를 이렇게 단호하게 척결하고 있다.

"무명인 것부터 행·식 등으로 점차 시간적으로 생긴다고 해석하는 것과 같은 것은 원시불교에도 소위 근본불교에도 특히 불타의 설에도 전혀 없는 사고방식이다."

_〈원시불교자료론〉《印度哲學硏究 第2》岩波書店

23

연기개념의 3유형과 차연성의 2분설

정리해보면 연기라는 개념이 담고 있는 내용은 다음의 세 가지라 할 수 있을 것이다.

① 시간축에 따라 다른 시점 간의 인과만으로, 인과 과는 반전되지 않는다.시간적 인과 관계
② 동시적인 인과도 인정되지만, 인과 과의 관계는 논리적으로 확정되어 있다.논리적 인과 관계
③ 시간축을 결여한 공간적인 상의상관의 관계로, 인과 관계가 아니다.공간적 상호의존 관계

더욱이 차연성의 정형구인 '있다'와 '생긴다', '없다'와 '소멸한다'를 나누어, '있다', '없다'가 공간적인 관계성을 나타내고, '생긴다'와 '소멸한다'가 계시적인 인과성을 나타낸다는 견해도 있다. 아비달마 이후의 분별설이나 나가르주나도 《보행왕정론寶行王正論》에서도 이것을 인정하고 있다.

"이것이 있을 때 그것이 있다. 예를 들어 긴 것이 있을 때 짧은 것이 있듯이. 이것이 생길 때에도 그것이 생긴다. 예를 들어 등불이 생길 때 빛이 생기듯이."(48)

"또 한편으로 짧은 것이 없으면 긴 것은 자체로 존재하지 않는다. 또 등불이 생기지 않으면 빛도 생기지 않는다."(49)

_ 瓜生津隆眞譯 〈보행왕정론 일련의 보석 - 왕에의 교훈〉

《大乘佛典 14 龍樹論集》中公文庫

"긴 것이 있을 때 짧은 것이 있고, 짧은 것이 없다면 긴 것은 없다"라는 장단의 공간적인 관계성이 설해진 한편으로 '등불'과 '빛'의 관계는 계시적 인과로 알려진다. 어디까지나 '등불이 생긴다'는 것을 원인으로 '빛이 생긴다'는 결과가 있는 것으로, 이 순서는 반전되지 않는다.

제1차 논쟁의 참여자인 기무라 타이켄은 이 설에 준거했다.

이러한 견해에 대하여 가타야마 이치로片山一良는 전통적 주석에 입각해 "'있는 까닭에'는 '없는 것이 없기 때문에'로, '생기는 까닭에'란 '소멸하는 것이 없기 때문에'로, '없는 까닭에'란 '있는 것이 없는 까닭에'로, '소멸하는 까닭에'는 '생기는 것이 없는 까닭에'로 해석된다"고 비판하고 있다. 그리고 '있는 까닭에'란 현재 있는 연의 상태를 말하면서 '연기의 무효성'을 시사하고, 또 '생기는 까닭에'는 과의 생기로 향하는 상태를 설하면서 '연기의 무상성'을 시사하고 있는 것으로, "이러한 내용을 그 말에만 사로잡혀 '유', '무'에서 '공간적 관계'를, '생', '멸'로부터 '시간적 관계'를" 추출하는 것은 편향된 태

도이며, "굳이 공간·시간으로 구별할 것은 아니다"라고 결론짓고 있다.〈3 석존과 진리·응답 2 전통불교에서의 연기 해석〉 奈良康明監修,《ブッダから道元へ》所收 東京書籍

사이구사 미츠요시도 초기불교의 연기설은 "포괄적인 내용을 포함하고 광범위한 시간적 해석이 존재한다"라고 하여, 그 시간적 해석에는 이시뿐만 아니라 동시도 포함되어 있기 때문에, 후자라면 논리적 내지 공간적인 해석과 관련될 여지를 남겨두고 있다고 말하고 있다.〈제9장 연기설〉《初期佛教の思想》下卷, 第三文明社 レグルス文庫

> "요컨대 초기불교의 연기설에 대하여 [이것은 초기불교에만 한정되는 것은 아니지만], 시간적 해석이든 논리적 해석이든 그 중 어느 한쪽에만 집착하는 것 자체가 사실은 난센스라고 해야 한다. 어떤 것은 시간적으로 또 다른 것은 논리적으로 또 동일한 것도 시간적·논리적 어느 쪽으로 다양하게 해석될 수 있는 여지를 남기며 초기불교의 연기설은 성립하고 존재한다고 평가할 수 있다. 따라서 원인-결과라고 하거나 이유-귀결이라고 하거나 혹은 '→'를 가지고 나타냈다라고 해서 항상 그것이 시간적 해석 또는 논리적 해석의 어느 한쪽으로 구분되어야만 한다는 것은 결코 아니다."
>
> _ 사이구사, 前揭書

사이구사는 이러한 이해를 바탕으로 이시와 동시의 양자에 혹은 시간적과 공간적의 쌍방에 걸친 관계라는 정도로 볼 수 있지 않은

가라고 제안하고 있지만, 이것은 가타야마의 "굳이 공간·시간으로 구별할 것은 아니다"라는 견해와 거의 같은 취지일 것이다.

24

현대철학의 인과론

여담이지만, 현대 철학자들은 인과론을 부정하는 경향이 있다고 한다. 그 입장은 당구대 위에 놓인 공의 움직임을 소재로 다음과 같이 설명된다.

> "두 개의 공이 충돌한다는 원인과 그 공들의 속도가 변화한다고 하는 결과에는 시간차는 인정되지 않고 그것들은 동시에 일어난다. 이와 같이 원인과 결과는 대체적으로 분리할 수 없는 일체의 것으로, 원인 → 결과가 아니라, 원인=결과인 것이다."
>
> _ 須藤靖·伊勢田哲治,《科學を語るとはどういうことか》河出書房新社

이것은 어떤 철학자에 의한 인과론 비판의 뜻을 우주물리학자인 스토 야스시須藤靖가 요약한 것이다. 스토 야스시는 이 비판에 대하여 "두 공의 충돌에 관한 한, 초기 조건을 부여하면 그 후의 움직임을 완전히 예측할 수 있다는 의미에서, 원인과 결과를 명확히 분리할 수 있는 완전한 결정론적 계통이다"須藤·伊勢田, 前揭書라고 반비판을 덧붙이고 있다.

스토의 물리학자로서의 논박은 지당하지만, 그러나 철학의 관점에서 보아 인과 관계의 성립에 '시간차' 즉 원인의 시간적 선행은 필수일까? 시간의 선후가 없으면 "원인과 결과는 분리할 수 없다"라는 것은 철학적으로는 결말이 나지 않는 문제가 아닌가?

예를 들어 앞의 당구대 위의 수구手球와 적구的球의 충돌의 사례에 대하여, 철학자 스티븐 만포드와 라니 릴 앙뉴마는 영국 경험론의 대성자 데이비드·흄이 주장한 '원인의 시간적 선행설'에 대해 다음과 같은 반론을 시도하고 있다.

"그러나 정말로 그렇게 될까? 두 개의 공이 충돌하여, 그 하나가 다른 쪽이 움직이는 것을 야기 시킨다면, 그 인과성은 언제 생기는 것일까? 흄은 이 예를 다음과 같이 설명할 것이다. 먼저 적구가 움직이기 전에 수구가 당구대 위를 굴러간다. 다음에 수구가 적구에 부딪친다. 그리고 최후에 충돌 지점에서 적구가 멀어져 간다. 여기에서 수구가 구르는 것을 원인으로 간주하고, 적구가 구르는 것은 결과로 간주한다면, 이 예는 원인은 결과에 앞서는 것이라는 흄의 주장을 뒷받침하는 것으로 보일 것이다. 그러나 그와 같은 이해의 방식은 올바른 것일까?"

"수구가 적구에 부딪치기까지는 어떠한 인과성도 생기지 않는다. 이것은 충돌에 이르기 전 임의의 지점에서 수구를 손으로 막을 수 있고, 그러면 적구에는 아무런 영향도 미치지 않았을 것을 알 수 있다. 공이 맞을 때까지 적구에 있어서는 아무런 인과성도 생기지 않는다.

그리고 이것은 흄의 또 다른 하나의 원리인 근접성으로부터 알수 있는 것이다. 수구는 적구로부터 떨어지는 것으로부터 영향을 미칠 수가 없다. 그러므로 충돌에 앞서 수구가 굴러간 것은 사실은 별로 관계가 없었던 것이 된다. 그것은 수구가 어떻게 충돌의 지점에 도달했는지의 이야기일 뿐이다. 근접성의 조건에 따르면, 인과성은 원인과 결과의 접촉과 함께 생긴다. 그리고 접촉이 생기는 것은 어느 특정의 한 시점이나 혹은 약간의 폭이 있는 시간에서이다. 이것으로부터 원인이 결과보다 앞에 일어난다는 것은 있을 수 없는 것이 시사된다."

_《哲學がわかる/因果性》岩波書店

불교도라면 예시된 당구대의 상태를 지적하여 "그것은 인과구시因果俱時다"라고 바로 답변할 것이다. 상술한 바와 같이 이시인지 동시인지는 불교의 인과론에 있어서 본질적 문제가 아니기 때문이다.

역어 '상의성'은 적절한가?

다시 본론으로 돌아가서, 그런데 "이것이 있을 때……"와 "이것이 없을 때……"의 대구對句를 '상의성'이라 번역하면, 논리적 인과 관계를 넘어 마치 그것들이 양방향의 상호의존적 관계를 나타내는 것처럼 보인다. 사실 우이는 이다파차야타를 이렇게 번역한 이유를 다음과 같이 설명한다.

> "전자前者, 인용자주: 이다파차야타는 이것에 의존하는 것이라는 뜻이지만, 그 의미는 갑은 이 을에 의존하고, 을은 또 이 갑에 의존하는, 즉 서로 상의하는 것이 되는 까닭에 상의성이라고 번역해도 좋을 것이다."
>
> _〈원시불교자료론〉《印度哲學研究第2》岩波書店

하지만 12지연기에 "갑은 이 을에 의존하고 을은 또 이 갑에 의존한다"와 같은 쌍방향의 관계는 없다. 정향적定向的; 방향이 정해진 인과이다. '이것'이란 어디까지나 일으키는 요소 또는 조건이 되는 요소이며, '그것'은 생겨난 요소 혹은 피조건이 되는 요소로서, 통시적이든 논리적이든 또는 이시이든 동시이든, 이 관계는 역전하거나 바뀌거나 하지 않는다. 가역적可逆的이거나 가환적可換的인 것이 아니다.

만약 쌍방향의 관계를 인정한다면, 차연성의 정식에는 "이것이 있을 때 그것은 있다. 또 그것이 있을 때 이것은 있다"라고 가환성이 명시되었을 것이다.

더욱이 "이것이 있을 때 그것은 있다", "이것이 없을 때 그것은 없다"를 서양의 명제논리 형식으로 변환하여 약간의 조작을 가하면, "이것이 있다"와 "그것이 있다"는 동치가 된다. 이런 점에 있어서 우이의 설명도 반드시 잘못이라고는 할 수 없다.

이것은 예를 들면 이하의 수순으로 증명된다.

① "이것이 있다"를 p, "그것은 있다"를 q라 한다.
② "이것이 있을 때 그것은 있다"라고 하면 p → q가 된다.
③ "이것이 없다"는 ¬ p, "그것은 없다"는 ¬ q이다.
④ "이것이 없을 때 그것은 없다"라고 한다면 ¬ p → ¬ q 이다.
⑤ ¬ p → ¬ q 는 이 대우對偶 ¬ ¬ p → ¬ ¬ q , 즉 q → p와 동치이다.
⑥ 2, 5부터 p → q이고, q → p이다.
    따라서, p ↔ q와 q는 동치이다.

왜 이렇게 되는가 하면 앞에서도 말했듯 인과성을 인정하는 데는 원인과 결과의 2항의 근접성이 필수이지만, "이것이 있을 때 그것은 있다", "이것이 없을 때 그것은 없다"라는 관계의 경우 '이것'과 '그것'의 근접도가 매우 높기 때문이다.

하지만, 12지연기의 전통적 이해에 따라 말하면, 원칙으로서 무명으로부터 노사까지 계속되는 한 방향의 연쇄적인 인연을 내용으로 할 뿐, 쌍방향의 인과 계열을 상정하고 있지 않다. 다만 뒤에 보듯 〈니카야〉에서도 이 예외에 해당하는 기술은 있다.

26

설일체유부의 연기 해석

대승불교에 선행하는 부파불교에 있어 유력 부파인 설일체유
부는 12지연기를 그 작용의 방식에 따라서 네 종류의 패턴으로 나누
었다.

첫 번째로는 '찰나연기刹那緣起'로, 이것은 열 두 개의 지분이 한
찰나, 거의 일순의 찰나에 모두 포함되어 있다고 하는
설이다.

두 번째는 '연박연기連縛緣起'로, 십이지가 순차적으로, 간단없
이 계기하고 이어져 간다는 설이다. 심신이 시시각각
이 끊어지지 않고 변화하는 무상한 모습은 이 연기관
에 의해 설명할 수 있다.

세 번째는 '분위연기分位緣起'로, 오온'자신'이라는 假象을 구성하는 색·
수·상·행·식의 다섯 가지 요소으로 이루어지는 유정마음을 가지
며 동작하는 것 일반. 예를 들면 사람을 포함한 동물 등의 열 두개의
경계境界라는 설.

네 번째는 '원속연기遠續緣起'로, 지분 사이의 무간無間의 연접을

설하는 연박연기와는 반대로 멀다고 느껴질 정도로 긴 시간을 사이에 둔 인과의 연계가 이어진다고 하는 설.

어떤 패턴이나 시간을 충분히 의식하면서 그 속에서 일어나는 불가역의 인과 작용으로 연기를 이해하고 있다. 여기에서는 상의상관이나 상자상대相資相待는 의식되지 않는다. 단지 '찰나연기'는 뒤의 인과구시설동시적 연기설의 근거로서 거론된다.

유부가 이중에서 특히 중시한 것은 제3의 분위연기이다. 유부는 십이지를 세 가지로 나누어, 먼저 무명근원적 무지, 맹목적 생존 욕망과 행의지에 의한 행위를 과거세의 두 가지 원인으로 배당한다.

이 두 가지 원인이 현재세의 식식별 작용, 명색명칭과 형태, 육처안·이·비·설·신·의의 기관 및 그 기능, 촉육처 각각의 대상과의 접촉, 수감수의 다섯 가지 결과를 일으킨다. 여기까지가 제1의 인과 관계이다.

그리고 현재세의 애갈애, 취집착, 유가 세 가지의 원인이 되어, 내세에 있어서 생, 노사의 두 가지 결과를 가져온다. 이것이 제2의 인과 관계이다. 삼세에 있어서 두 개의 인과 관계가 겹쳐져 있어 이 구조를 '삼세양중'이라고 부른다. 십이의 지분이 과거세·현재세·미래세라는 라이프 타임을 초월한 정방향의 시간의 흐름 속에서, 원인이 되고 결과가 되면서 행위자의 경계를 형성한다는 연기 해석이다.

27

나가르주나의 2종 연기관

이것은 말할 필요도 없이 윤회라는 현상의 실재를 전제로 한 설로, 최초기 불교의, 내관에 의한, 내면의 심리상에 깨달음의 과정을 나타낸 유지연기관과는 다르다. 그런데 앞에서도 언급했던 것처럼 나가르주나의 《중론》 26장에 있어서는 유부의 삼세양중설과 비슷한 12지연기관이 나타나고 있다.

하지만 같은 저자의 것으로 알려진 《공칠십론空七十論》 제4절 〈연기의 12지는 불생기不生起이다〉에 있어서는 《반야심경》과 마찬가지로 "고를 결과로 하는 연기의 12지는 생기한 것이 아니다. 그것은 한 찰나에 있어서도 인정되지 않으며 다多 찰나에 있어서도 인정되지 않는다"瓜生津隆眞譯 〈공칠십론 칠십시송의 공성론〉 《大乘佛典14 龍樹論集》 中公文庫 라고 완전하게 부인되고 있다. 여기에서 나가르주나가 말하는 이치는 다음과 같다.

① 연기는 미혹무명을 원인으로 한다.
② 미혹의 조건은 네 가지의 전도常·我·淨·樂 네 가지의 도착적 인식에 있다.

③ 그러나 네 가지의 전도는 없다.자기를 포함한 세계의 모습은무상, 무
  아, 부정, 고이다. "무상은 상이 아니고, 무아는 아가 아니다. 부정은 정이 아니
  고, 고는 낙이 아니다. 따라서 도착은 없다."

④ 네 가지의 전도가 없기 때문에 거기에서 생기하는 미혹도
  없고, 미혹이 없으면 제행의 작용은 생기지 않는다. 다른 지
  분에 관해서도 마찬가지이다.

미혹은 생성의 작용에 의존하여 생기며, 생성의 작용은 미혹에
존재하여 생긴다. 그러나 이 양자는 실체로서 생기하지 않는 것이다.
상의상관의 관계인 까닭에 실체성이 부정되는 것이다. '아버지라는
개념'과 '아들이라는 개념'이 그런 것처럼.

아버지는 아들이 생겨나는 원인의 하나이고, 그 인과 관계는
확정되어 있어 알기 쉽지만, 사실 어떤 남자가 '아버지가 된다'는 것
은 아내가 임신해 출산했기 때문이다. 어떤 남자는 아이가 탄생하여
비로소 '아버지가 된다' 태어난 아기도 어떤 남자가 '아버지가 되어'
비로서 아들이 된다. 즉 '아버지라는 개념'과 '아들이라는 개념'은 상
호 의존하고, 서로 간의 존재를 규정하고 있다. 그러므로 '아버지'도
'아들'도 실체로서는 성립하지 않는다. 관계를 나타내는 징표에 지나
지 않는다. 그것과 마찬가지로 12지연기도 성립하지 않는다고 나가르
주나는 말한다.

"먼저 아버지는 아들이 아니며 또 아들은 아버지가 아니다. 이
양자는 상호 존재하지 않는 것도 아니고 양자는 동시에 있는 것

도 아니다. 이 도리로서 아버지도 아들도 [실체로서는] 성립하지 않듯이, 연기의 12지도 그와 동일하다."

_ 瓜生津譯, 前揭書

    이 논술은 대체 무엇을 의미하는 것일까? 12지연기 등 유지연기의, 최초기 불교의 해석에 의하면, '식 ↔ 명색' 등의 예외를 제외하고, 연기란 어디까지나 일인일과의, 한 방향의 연쇄적인 인과를 말한다. 그런데 《공칠십론》의 나가르주나는 연기를 실로 상의 관계, 상관관계로 파악하고 또 그런 까닭에 모든 존재의 실체성을 부정한다. 그렇지만 이 논술과 동일한 저자의 《중론》 제26장과의 관계는 어떻게 되는 것인가? 역시 26장은 전통적으로 주석서가 시사했던 것처럼 비판의 대상인 유부의 교설을 해설한 것에 지나지 않는 것인가?

    유부의 삼세양중설의 평가, 대승불교의 조사적祖師的 위치에 있는 학장으로서 나가르주나龍樹 연기관과의 이동異同, 또 최초기의 유지연기설은 어떤 과정을 보이는가 등 연기지 및 유지연기의 해석을 둘러싼 모든 논의를 고찰할 필요가 있다.

28

상호의존의 연기관

그러나 불교의 연기설은 12지연기나 유지연기에만 머물지 않는다. 확실히 부파불교를 포함한 초기불교가 12지연기를 한 방향의 연기, 원인_{일으키는 것}과 결과_{일어난 것}가 확정된 관계의 연쇄라고 해석하고 있는 것은 사실이다. 그런데 대승불교의 연기관은 반드시 그렇지 않다.

대승불교에 보이는 일반적 연기에는 양방향의 관계성 즉 상의성을 나타내는 것이 있다. 상호의존의 연기이다. 앞에서 보았던 《공칠십론》 제3절에는 이렇게 쓰여 있다.

> "'하나'가 없으면 '다수'는 없고 또 '다수'가 없으면 '하나'는 없다. 따라서 존재는 의존 관계_{인과 관계}에 의해 생기는 것으로, 개체로서의 존재_{自相}는 없는 것이다."
>
> _ 瓜生津譯, 前揭書

또 나가르주나의 《광파론_{廣破論, 바이달야 프라카라나/s}》에서는 인식 방법과 인식 대상의 상호의존이 설해지고 있다.

| 불교 연기 논쟁 |

또한《공칠십론》등에 보이는 상의성의 연기론에 관해서는 야마구치 즈이호山口瑞鳳나 고지마 세이류五島清隆 등에 의한 저명한 비판이 있다.

사실은 초기불교에서도, 부파불교 아비달마불교의 시대까지 내려가면 논서 속에 사상과 사물의 상호의존을 설하는 가르침이 보인다.

예를 들면 6인4연5과설六因四緣五果說이라 불리는 아비달마 시대에 생긴 새로운 연기설에서는 상의의 관계론이, 6인의 하나인 '구유인' 특히 '호위과구유인互爲果俱有因'으로서 인정되고 있다. 호위과란 '서로 결과가 된다'는 뜻이다. 단 6인4연5과설과 대승불교의 연기설과의 연관성은 충분히 해명되었다고는 말하기 어렵다.

제2차 연기 논쟁의 참가자인 후나바시 잇사이舟橋一哉는 최초기 불교의 연기설에는 '유정수연기'와 '일체법인연생의 연기'가 있었다고 하는 아카누마 치젠의 설을 계승하고 또한 전개하고 있다.舟橋,〈'일체법 인연생의 연기'를 둘러싸고〉《佛敎學セミナー》第37 전자는 12지연기와 같이 '유정이 미혹의 세계에 유전하는 그 유전의 모습을 설한 연기설'이며, 후자는 "미혹의 생에 있어서 일체는 갖가지 조건에 의해 조건지어져 존재하는 것 즉 조건에 의존하는 것으로, 조건을 떠나서 조건과 관계없이 존재하는 것은 하나도 없다"라고 하는 것이었다.

그런데 설일체유부에 있어서는 오로지 '유정수연기有情數緣起'가 설시되었다. 그리고 나가르주나에 이르러 비로소 유부에서 등한시되었던 '일체법인연생의 연기'가 불설로서 부활했다고 후나바시는 말하고 있다. 이 후나바시설은 제2차 연기 논쟁에서는 큰 논점을 구성하고 있는 것으로, 제4장에서 자세히 논한다.

또 이 후나바시의 연기설에는 근년에도 제2차 논쟁과는 약간 다른 시각에서 비판적 고찰이 이루어지고 있다.예를 들면 小谷信千代, 〈2종 연기설 논고〉《佛敎學セミナー》第83; 本庄良文, 〈설일체유부의 연기설-舟橋一哉의 검토〉 《印度學佛敎學硏究》第48卷 第1, 더욱 本庄의 평설에 대한 비판으로서 楠本信道, 《《俱舍論》における世親の緣起觀》平樂寺書店이 거론된다.

실제로 본 것처럼 아비달마불교에서도 6인4연5과설이 있다. 후나바시는 이것을 인정하면서 연기라는 말이 사용되지 않은 것으로부터 '유정수연기' 이외에는 버려졌다는 비판을 내렸다.舟橋, 〈'일체법 인연생의 연기'를 둘러싸고〉をめぐって 前揭 이 평가는 정당한가?

이러한 지견知見을 바탕으로 또 원전을 확인하면서 원시불교로부터 대승불교까지를 관통하는 '통불교'적 내지는 '범불교'적인 연기설은 가능한가. 아니면 그런 것은 존재하지 않는가가 문제가 된다.

29

연기에 대한 물음은 불교 자체에 대한 물음

그런데 본서의 메뉴를 제시하는 것은 슬슬 마무리한다. 이 장 마무리에 즈음하여 연기를 생각하는 것의 의미를 재차 확인해 두고 싶다. '비판불교' 제창자의 한 사람으로서 이름을 떨친 마츠모토 시로 松本史朗는 '부처가 된다'는 것, '깨닫는다'는 것의 의미를 몇 가지의 부 정을 통하여 살펴본 뒤, 다음과 같이 말하고 있다.

> "'깨달음=불타의 지혜'란 '연기를 사유하는 것', '연기설을 대상 으로 하는 사고'라고 생각해야 할 것이다. 이것은 물론 일생에 한 번뿐인 '체험'과 같은 것은 아니다. 그것은 '연기설을 계속 생각 해 가는 것'이며, 따라서 '연기설을 계속 생각해 가는 사람'을 '불 타'佛陀, buddha, 눈 뜬 사람라고 말해야 하는 것이 아닐까?"
>
> _〈서평 袴谷憲昭著,《法然과 明惠 일본불교사상사 서설》〉
> 《駒澤大學佛敎學部論集》29号

그렇지만 보통은 '계속 생각한다'는 것만으로 정말 연기를 이 해할 수 있는 것일까? 앞에서 본 범천권청의 설화가 기록된 경에서 붓다는 전도를 주저하는 심정을 이렇게 표현하고 있다. 전에는 마스다니 후미오 역을 보았지만, 이번에는 하야 타츠오羽矢辰夫의 역을 살펴보자.

"수행승들이여, 나는 다음과 같이 생각했다.
'내가 증득한 이 진리는 실로 심원하고 볼 수 없으며, 이해하기 어렵고, 고요하며, 뛰어나며, 사고의 영역이 아니라, 미묘하며 현자에 의해 알려질 만한 것이다. 그러나 사람은 집착을 좋아하고, 집착을 즐기고 집착을 기뻐한다. 그러나 집착을 좋아하고, 집착을 즐기고, 집착을 기뻐하는 사람들에게 소위 '이것을 연으로 하는 것이 연기'라는 것의 도리는 보기가 어렵다."

_ 〈제26경 성스런 것의 탐구 – 聖求經〉《原始佛典 第4卷 中部經典 I》, 春秋社

여기에서 연기란 통상의 사고나 추론의 영역을 벗어나 있다고 말하고 있다. 만약 그렇다면 단지 '계속 생각한다'는 것만으로는 그 진의에 통달할 수 없게 된다. 하지만 '사고의 영역'을 초월한 지혜란 어떠한 것일까?

또 구보타 치카라久保田力는 연기의 정의나 내용, 위치나 평가가 불교 내부에서 아직 정해지지 않은 것을 인정하면서도, 그것을 긍정적으로 평가하고 있다.

"단적으로 붓다 깨달음의 내용이 아직 충분히 판명되지 않았다는 것은 대외적으로 근대 불교학의 치부로 비칠지도 모르지만,

사태가 그렇게 단순하지 않은 것도 사실이다. 그것은 붓다가 깨달은 것이 무엇이었는가 하는 물음에 진지하게 답하고 노력한 궤적 자체가, 불교 그 자체의 역사였다고 말할 수 있는 측면이 있기 때문이다. 즉 연기설 해석의 역사·연기사상 전개의 역사가 불교가 무엇인가라는 근본적 문제를 드러내고 있기 때문이다."

_〈여래장사상의 무루연기설上-《寶性論》의 4障·三雜染說과 관련하여〉
《東北藝術工科大學紀要》6号

연기를 묻는 것은 불교 그 자체를 묻는 것이기도 하다. 특히 '체험의 불교'와는 다른 측면, 불교의 특히 '지적' 측면에 불을 밝히는 시도이기도 하다. 물론 불교는 단순한 철학이 아니므로 그 사유, 지적 영위는 수도修行와 밀접하게 연결되어 있어, 그것들의 소산은 실천의 도정道程이 된다.

또 불교의 지혜는 사고와 지식, 그 기초에 있는 언어적 분별을 넘어선 것으로 실로 '사고의 영역', '추론의 영역'을 넘어섰다. 그러한 차원 높은 지知에 어떻게 접근할 것인가가 문제이다.

그러나, 동시에 완전히 언어나 사색을 떠나 지혜를 경시하고 체험이나 체감만을 중시하는 수행, 고래로부터 '암증暗証'이라 불리는 그것은 끈이 끊어진 연과 같은 것이라고 할 수 있다.

연기란 무엇일까? 본 장 전반에서 "오히려 거꾸로 그 답을 찾을 수 있도록 탐문을 계속하는 일로, 불교의 사상사는 형성되었다고 할 수 있을지도 모른다. '연기란 무엇인가?'를 둘러싸고 주고받은 논쟁이 불교 교리의 역사를 움직여 왔다고 해도 반드시 빗나간 것은 아니다"라고 썼다. 그리고 마츠모토 시로에 의하면 그 영위 자체가 '붓다가 되는' 도정인 것이다.

자! 함께 연기를 생각하는 여행으로 떠나보자.

제2장

피상적인 논쟁 이해

제1차 연기 논쟁의 해부(상)

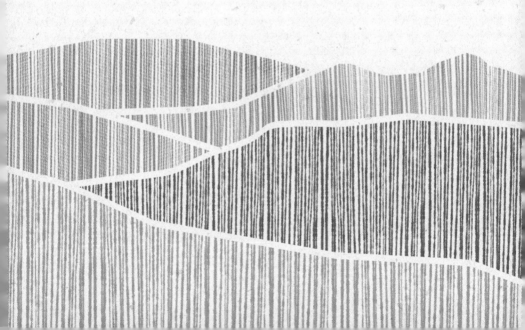

와츠지 테츠로의 참전

　　본 장부터는 1920년경부터 1930년까지 대략 10년에 걸쳐서 이름이 널리 알려진 네 사람의 학자, 기무라 타이켄木村泰賢, 우이 하쿠주宇井伯壽, 아카누마 치젠赤沼智善, 와츠지 테츠로和辻哲郎가 필봉을 교환한 연기설을 둘러싼 논쟁을 개관 평설하기로 한다. 연호로 말하면 다이쇼大正 말기로부터 쇼와昭和 초기에 걸쳐 일어난 소위 '전전戰前의 논쟁'이다. 학자라 해도 불교학자 뿐만 아니라 와츠지 테츠로와 같은 당시 최첨단의 서양 철학, 예를 들면 현상학 등을 완전히 이해하여 자신의 것으로 만들면서 윤리학적·문화사적인 관심으로부터 불교 연구에 뛰어든 인물도 가담했다.

　　그 위에 와츠지 테츠로는 《고사순례古寺巡禮》나 《일본정신사연구日本精神史硏究》에서도 그 이름을 날려, 젊어서 두각을 나타낸 올라운더로서 일반인들에게도 인지된 인물로서, 그 영향권은 학계에 국한되지 않고, 문단이나 예술계에도 미치고 있었다. 다니자키 준이치로谷崎潤一郎, 나츠메 소세키夏目漱石, 시가 나오야志賀直哉, 아베 지로阿部次郎 등의 화려한 인맥들이 받드는 지知의 슈퍼스타였다.

　　와츠지는 1889년 희메지姬路 근교의 농촌 도호리촌砥堀村 니부

노仁豊野에서 태어났다. 가업은 '마을 의사'였다. 제일고등학교 졸업 후 도쿄제국대학 문과대학 철학과에 진학하고, 이노우에 테츠지로井上哲次郎의 지도를 받았지만, 이노우에와는 전혀 그 성향이 맞지 않았다. 또 다니자키 준이치로, 아시다 히토시芦田均와 함께 동인지, 제2차 〈신사조新思潮〉에 참가, 문학에도 뜻을 펼쳤다. 이노우에와는 맞지 않았지만, 메이지 정부의 '고용 외국인'으로서 도쿄제국대학에서 서양의 철학과 고전학, 미학 등을 강의하고 있었던 라파엘 폰 괴벨에게 크게 감화를 받았다. 괴벨이 직접 읽을 수 있도록 쇼펜하우어의 염세주의를 제목으로 한 졸업 논문을 일부러 영어로 쓴 것에서도 그 영향은 엿볼 수 있다. 그 다음해 1913년 와츠지는《니체연구》를 완성한다. 약관 24세의 처녀작이었다.

논쟁의 중심이 된 책인《원시불교의 실천 철학》이 이와나미岩波서점으로부터 간행된 것은 그로부터 14년 후인 1927년이다. 이 사이에 와츠지는《우상재흥偶像再興》과《고사순례》등 지금도 계속 읽혀지고 있는 문화적인 수상록을 출간하고, 앞에서도 말했듯 저술가, 능문가能文家로서 명성을 얻었다.

《원시불교의 실천 철학》은 와츠지가 교토제국대학 문학부 교수회에 제출한 학위청구논문이지만, 이 심사에는 이상할 정도로 오랜 시일이 걸렸다. 일설에 의하면, 산스크리트 학자인 사카기 료사부로榊亮三郎가 박사학위 수여를 강하게 반대한 것이 지연의 원인이라고 한다. 그가 마침내 박사학위를 취득한 것은 사카기의 퇴관 이후인 1932년이었다.

이 논문의 저자로서 와츠지의 참가는, 일상적으로는 조용하고 전문적일 수밖에 없는 불교 교리 해석상의 논쟁을 일반적인 논평가들이나 독서 계층의 사람들의 관심사로 끌어올렸다고 해도 과언은 아닐 것이다.

　　본서에서는 이 전전의 논쟁을 '제1차 연기 논쟁'이라 부른다. 1970년대 후반부터 80년대 초두에 걸쳐서 여러 사람들이 참가한 연기를 둘러싼 논쟁이 일어난다. 제4장에서 상세히 살펴보는 '제2차 연기 논쟁'이다. 이 '전후戰後의 논쟁'은 오로지 불교학자들에 의해 주로 불교 전문지를 무대로 논전이 오고갔고, 와츠지처럼 일반인에게 널리 알려진 논객도 참가하지 않았기 때문에, 어디까지나 불교학계 내부의 논의에 머물렀다.

편견의 장막

　이제부터 제1차 연기 논쟁의 내용을 음미해 가지만, 그 전에 이 논쟁에 관한 문제의 소재, 본서의 전반적인 입장을 기술해 둔다.

　현재 제1차 논쟁을 언급하는 사람들은 많지만, 몇 가지 강한 예단豫斷을 가지고 텍스트를 보는 경향이 강하다. 예를 들면 종종 논쟁의 쟁점은 윤회설, 업설에 대한 시비를 둘러싼 대립이었다고 한다. 기무라, 아카누마가 전통설에 기초하여 윤회와 업보의 사상을 인정하고, 우이, 와츠지가 이것을 부정했다라는 도식이 마치 전제적 사실인 것같이 말해진다. 특히 와츠지에는 근대 불교학으로부터 윤회와 업에 대한 고찰을 추방했다고 하는 '혐의'까지 덧씌우고 있다. 그의 원시불교론이 학계를 석권한 것을 계기로 '업보 윤회 사상'을 경시하는 경향이 완전히 정착했다고 하는 것이다.

　혹은 앞에서도 조금 다루었듯이 12지연기의 지분 배열에 대하여, 우이와 와츠지는 그것이 비시간적인 논리적 인과 관계를 나타내며, 나아가 상의상대相依相待의 관계 가능성도 시야에 넣는 것에 대하여, 기무라는 어디까지나 3세에 걸친 계시적 인과를 설한 것이라고 논점을 정리하기도 한다.

본서에서는 이러한 예단에 기초한 통설적 논쟁 구도를 모두 뒤 엎는다. 그러한 오독의 잘못을 근본적으로 없앤 뒤, 논쟁의 당사자들이 의식하고 있었음에 틀림없는 진정한 쟁점을 살펴본다. 더욱이 그에 앞서 당사자들도 의식하고 있지 않았을지도 모르는 각각의 논의에 대한 한계도 드러낼 것이다.

편견이나 오류의 장막에 의해 진상이 덮여져 온 까닭인지, 종래 제1차 논쟁 전체에 대한 평가는 한결같지 않았다.

03

사이구사 미츠요시의 평가

예를 들면 사이구사 미츠요시三枝充悳는 제2차 연기 논쟁의 단초가 된 〈중외일보中外日報〉의 논설에서, 제1차 논쟁은 "지금에 이르러 잘 생각해 보면, '그다지 의미가 없다'고 평가할 만하다"1978년 4월 27일자라고 잘라 말한다. 그렇지만 《초기불교의 사상》에서는, 원전에 기초한 연기설의 정밀한 연구의 공적은 "다이쇼 말기부터 쇼와 초기에 걸쳐서, 즉 1920~1940년대의 우이 하쿠주 박사에 돌려질 것이다"라고 기술하고 있다. 말할 것도 없이 이 시기 우이의 연구는 연기 논쟁에 의해 촉발되어 자극을 받은 것에서 진척된 측면이 크다. 그래서 사이구사도 "거의 동시대의 와츠지 테츠로 또 아카누마 치젠, 기무라 타이켄 이외의 여러 사람들의 공헌도 놓칠 수 없다"라고도 부기하고 있다. 이러한 평가의 요동은 대체 무엇인가.

이런 의문점을 풀어줄 실마리를 찾아보면, 실은 이 《초기불교의 사상》의 인용문은 1995년 초판의 제삼문명사 레구루스문고 하권에서 채용한 것이다. 1978년 동양철학연구소에서 발간된 오리지날판의 해당 부분에는 이 문장이 없다. 동양철학연구소판이 제2차 연기 논쟁이 일어난 것과 거의 같은 시기에 출판되었다는 사정을 감안하면, 역시 '그다지 의미가 없다'라는 것이 사이구사의 당시의 생각이었을 것이다.

그러면 왜 사이구사는 17년 후에 제1차 연기 논쟁에 대한 평가를 바꾼 것일까. 이러한 태도의 변화는 어디에서 유래하는 것인가.

사이구사의 제2차 논쟁 시기의 평설의 근저에는 '연기설을 초기불교사상의 중심에 두는' 학계의 추세와 일반적 사조에 대한 강렬한 초조가 내면에 숨겨져 있다. 그의 입장에서 보면 그것은 세밀한 문헌학적 입장에 근거한 사상사적 고찰이 빠져있고, 독단과 편견에 차 있는 것으로, 절대 학설이라고는 할 수 없는 것이다. 나는 더욱이 그 초조한 내면에 시대의 사조에 대한 사이구사의 위기감을 엿볼 수 있다고 생각하지만, 그것은 제4장 이후 상세히 논하기로 한다.

그렇다 하더라도 사이구사의 "연기는 붓다 깨달음의 내용이 아니다"라는 견해는 앞장에서 본 '12지연기는 불교의 심수心髓'라고 하는 알루보물레 수마나사라나 '연기를 계속 생각하는 사람이야 말로 붓다눈뜬 사람'이라고 설하는 마츠모토 시로의 견해와는 너무나도 선명한 대조가 되어 오늘날에도 충분히 자극적이다.

그 사이구사도 후에 일정한 성과를 인정하는 제1차 연기 논쟁은 기무라 타이켄의 12지연기의 성립을 둘러싼 논문에서 시작된다. 이 논쟁극이 당사자에게 있어 비극이었는지 희극이었는지는 상관없이 제1막의 주역은 우이도 아니고, 와츠지 테츠로도 아니고, 하물며 아카누마 치젠도 아닌 다름아닌 기무라였다. 따라서 본서에서는 그의 논고에 대한 평설로부터 시작하기로 한다.

04

제1차 연기 논쟁의 효시

기무라 타이켄은 1881년 이와테岩手현 남이와테군 다키사와滝澤촌 잇본키一本木의 농가에서 태어났다. 그 지역의 조동종 절에서 득도하고, 조동종대학림현 고마자와 대학을 거쳐 도쿄제국대학 문과대학 인도철학과에 들어가 다카쿠스 준지로高楠順次郎에게 배웠다. 다카쿠스는 오기와라 운라이荻原雲來, 와타나베 가이쿄쿠渡辺海旭, 아네자키 마사하루姉崎正治 등과 함께 근현대 일본 불교학의 기초를 닦은 인물로, 〈대정신수대장경〉의 편찬과 〈남전대장경〉의 감수로도 잘 알려졌다. 기무라는 이 대가에게 친히 배우고 대학을 수석으로 졸업한다. 이 때 차석이었던 인물이 후에 논적이 되는 동문의 우이 하쿠주였다.

3년간 영국에 유학하고, 박사학위를 취득하고, 귀국 후인 1923년 도쿄제국대학 인도철학과 교수가 되었지만, 1930년 현직에 있던 상태에서 급서하였다. 향년 48세였다.

기무라는 박사학위 논문 집필에 있어 재미있는 일화가 전해진다. 그가 쓴 논문의 용지는 가로쓰기의 편지용 종이였다. 박사 논문인 《아비달마의 연구》는 유럽 체재 중에 쓴 것으로, 그 논문의 용지가 서구 언어용 편지 종이였지만 거기에 세로쓰기를 하였다고 전해진다.

기무라는 침대에 누워 글을 쓰는 것을 좋아했다고 하는 까닭에 주위의 환경이나 물건 등에 구애받지 않고 사고하거나 작업하는 타입이었던 것 같다.

그 기무라가 다이쇼 10년 1921년에 저술한 것이 《원시불교사상론》이다. 이 방대한 책은 지금도 불교의 근본을 배우려고 하는 사람에게 귀중한 힌트를 샘솟게 하는 우물과 같은 책으로, 지금 본서가 평설의 주된 대상으로 삼는 것은 제1차 연기 논쟁의 효시가 되는 〈제2편 사실적 세계관고집이제론〉이하 〈사실적 세계관〉으로 약기의 제5장 〈특히 12연기론에 대하여〉이다.

기무라는 먼저 이 논고의 제1절 머리말에서 12연기를 "불교 교리상 극히 중요하며 동시에 난해하고", "후대의 대승에 있어 중요한 교리 중에서도 이것을 출발점으로 전개한 것도 적지 않다"라고 높게 평가하고 있다. 단지 12가지 지분의 생멸이 붓다가 성도했을 당시 이미 수미일관首尾一貫하게 정리되어 있었는지에 대해서는 신중하게 판정을 유보하기도 한다.

이 지분의 계기繼起를 연기라고 이름붙인 것에 대해서는 "'연이 되어 생기는 것' 즉 첫째는 다른 것에 의존하여 존재하는 관계의 법칙이라는 뜻으로 이해해도 큰 차이는 없을 것이다. 즉 12인연관은 노사가 생기기 위한 조건연을 차례로 열 한 가지로 나열하고, 그것으로서 그 의존 관계를 분명히 하려고 한 것이 마침내 연기라 이름붙인 이유이다"〈사실적 세계관〉 제5장 1절 《原始佛敎思想論》《木村泰賢全集 第3卷》大法輪閣라고 한다.

그러나 이 연기관은 붓다의 완전한 창의적 견해라고는 말하지 않았다. 기무라는 불교에 선행하는 인도사상의 전적, 리그베다의 〈우주 개벽의 찬가〉나 〈브리하드 아란야카 우파니샤드〉, 혹은 힌두교 정통 6파철학의, 수론파의 〈24제설〉과 니야야학파의 세계관, 나아가 붓다와 동시대의 자이나교의 〈아차란가 수트라〉 등을 참고하면서, 이러한 자료들이 붓다의 연기설에 영향을 주었다고 추측하고 있다. 덧붙여서 이 정통 6파철학의 '정통'이란, 어디까지나 베다를 성전으로 받드는 바라문이나 힌두교도의 입장에서 본 것으로, 그 입장에서 보면 불교나 자이나교 등은 이단에 지나지 않는다. 불교는 그 흥기 당시 인도의 체제종교인 바라문교 즉 힌두교에 반기를 든 비판종교이었던 것이다.

그러한 면에서 기무라는, 불교의 12연기설의 특징은 ①형식적으로 정비되어 있다는 점 ②심리적 특히 인식론적 조건을 가장 중요시 했다는 점의 두 가지 점에 있다는 판단을 내린다.〈사실적 세계관〉 제5장 2절

①의 지적은 시대가 지남에 따라 정리가 이루어지는 것은 당연하다면 당연하다. 그러나 ②는 아주 중대한 차이를 보인다. 유지연기有支緣起를 인식 생멸의 과정, 즉 '인식과정'이라고 파악하는 방식은 12지연기를 붓다의 내관에 의해 얻어진다고 하는 입장으로서는 지당하다. 후대 부파시대에 성립한 삼세양중설 등 '확장된 12지연기설'에는 반하는 것이지만, 《우다나》 등의 기술을 진실로 보는 한, 성도로 향하는 붓다의 순차적인 내관의 단계를 나타내는 것이라 해도 좋기 때문이다. 단 후에 논하지만, 그 '순서·방향'의 문제는 신중하게 음미하지 않으면 안 된다.

05
—

식과 명색의 상호의존

　　그러면 기무라가 12연기지를 어떠한 '심리적 과정'이라 했는가
를 보기로 한다.

　　기무라는 '가장 주의해야 할 경'의 하나로서《상유타 니카야》
의《성읍城邑》이라 이름하는 경전의 유지연기가 설해진 곳의 전문을
인용하고 있다.《도성都城》이라고도 번역되는 이 경의 앞부분에서 붓
다는 자신이 아직 보살이었을 당시 다음과 같은 생각을 품었다라고
회상하며 각 연기지의 생기와 소멸에 생각이 이르렀던 것을 술회하
고 있다. 단지 여기에서 설해지고 있는 것은 12지연기가 아니라 10지
연기이다. 즉 무명과 행이 없이 "식 → 명색 → 육처 → 촉 → 수 → 애
→ 취 → 유 → 생 → 노사"의 열 개의 지분으로 이루어지는 연기설이
다.

　　더욱이 이 경문에서는 '식'과 '명색'의 관계가 상호의존하고 있
다. 즉 "식 ↔ 명색 → 육처 → 촉 → 수 → 애 → 취 → 유 → 생 → 노
사"의 계열이 열거되고 있다.

　　앞에서도 자주 언급했듯이 유지연기는 기본적으로 한 방향의
인과 밖에 상정하고 있지 않아 두 개의 지분이 쌍방향의 인과성을 나

타내는 것은 드문 일이다. 《성읍》의 10지연기설에서는 무명, 행의 지분이 없기 때문에, '식 ↔ 명색'이 생존고의 근원인 것이다. 그러면 이곳을 기무라의 번역과 손쉽게 입수할 수 있는 마스다니 후미오增谷文雄 역을 비교해 확인하기로 한다.

> "그 때 나에게 이러한 생각이 일어났다. 이 식은 이것으로서 환귀還歸할 수 있는 것으로, 명색을 넘어 나아갈 수는 없다. 단지 이것만에 의하여 [중생은] 늙고, 태어나며, 죽고, 재생한다. 즉 명색을 연으로 하여 식이 있고, 식을 연으로 하여 명색이 있고, 명색을 연으로 하여 육입이 있고, 육입을 연으로 하여 촉이 있는 등……이다."
>
> _ 〈사실적 세계관〉 제5장 3절

> "그래서 나는 또 이와 같이 생각했다. '이 식은 여기에서 물러난다. 명색을 넘어 나아가는 일은 없다. 사람은 그 한도 안에서 늙고 또 태어나며 죽고, 죽고 또 재생한다. 곧 이 명색에 의해 식이 있으며, 식에 의해 명색이 있는 것이다. 나아가 명색에 의해 육처가 있는 것이다.'"
>
> _ 마스다니, 《阿含經典 I》ちくま學藝文庫

'식'과 '명색'의 지분의 관계는 상호의존이며, 순환하기 때문에 이 이상 거슬러 올라갈 수는 없다. 따라서 '식 ↔ 명색'에서 시작하며, 뒤에는 '→ 육처 → 촉 → 수 → 애 → 취 → 유 → 생 → 노사'의 방향으로 나아가는 조금 복잡한 계기의 형태로 된다.

또 《상유타 니카야》에는 《성읍》과 같이 '식 ↔ 명색'이 설해지는 다른 경전이 있다. 《노속蘆束》이라 이름하는 경으로, 명색과 식이 상호의존하여 있는 모습을 서로 기대어 서있는 갈대단에 비유하고 있다.

이와 같이 특이하게 취급되는 2지분, 명색과 식에는 대체 무엇이 있는 것일까.

삼세양중설의 태생학적 해석에서 이 상호 작용은 개체의 수태와 태내에서의 성숙의 과정을 의미하는 것이라 하고 있다. 덧붙여 태생학적 해석이란, '가령 명색은 태내에서 태아 성장의 5단계를 나타내며, 육처란 6개의 지각 기능이 갖추어진 것이라는 해석'을 말한다.宮下晴輝,〈연기설연구 초기가 남긴 것〉,《佛敎學セミナー》第100号

어머니의 태내에서 태어나는 혹은 태어나 변하기 때문에 '태생'이며, 윤회에서 입태와 그 후의 발달 과정에 대한 교설을 가리킨다.

《디그하 니카야》제15경 《대연방편경大緣方便經》大緣經, 大因緣經이나 《앙구타라 니카야》의 제3집 《대품大品》등 신층으로 분류되는 초기 경전에는 이 해석을 뒷받침하는 기술이 보이지만, 대다수의 불교학자는 원시불교의 교설로서는 인정하지 않는다. 단 《대연방편경》에는 고찰할 만한 극히 흥미 깊은 법구法句가 보이는 까닭에 후에 언급하기로 한다.

그러면 《대연방편경》에서의 명색, 식에 대한 기무라의 해석을 보면서 《성읍》의 일절을 '가장 주의해야 할' 것으로 간주한 그의 '식

↔ 명색'관을 개관해 보기로 한다.

명색 가운데 명은 정신적 요소이며, 색은 물질적 요소, 양자가 결합하여 명색이 되어 "명색을 떠나지 않는 곳에 유정有情의 성립이 있다"〈사실적 세계관〉 제2장 〈유정론일반〉 2절 《原始佛教思想論》《木村泰賢全集 第3卷》는 것이 강조되고 있다. 유정이란 스스로의 의사에 따라 행위하는 존재로서 곧 인간과 동물 등을 가리킨다.

기무라는 나아가 명색에 연하여 육처가 성립하는 방식을 설한다. 먼저 명색이란, "막연한 의미에서는 신身; 色과 심心; 名을 총괄한 말로, 소위 심신합성의 조직을 가리키는 것이다. 고로 육입과 명색의 관계는 요컨대 6관官의 성립은 신심 전체의 조직에 의존하는 것으로, 이것을 떠나서는 성립할 수 없는 것이다"〈사실적 세계관〉 제5장 제5절라고 말한다.

06

6처란 무엇인가

    글의 내용 중에 6입入, 6관이란 12지연기에 보이는 6처의 다른 이름이다. 여기에서 6처는 감관의 내적측면을 나타내어, 구체적으로는 안시각, 이청각, 비후각, 설미각, 신촉각, 통각, 압각, 온도각 등의 体性感覺, 의의사, 생각, 사유의 여섯의 기능과 그 기관을 가리킨다. '6근', '6내처' 등으로도 불린다. 기무라에 있어 명색은 이 6처가 의존하는 심신의 통각을 담당하는 조직과 같이 이해된다.

    덧붙여 말하면 6처라는 말은 사용되지 않지만, 이것을 가리키는 것이라 생각되는 한 구절이, 《숫타니파타》의, 나카타니中谷의 추정 구분에서는 고층으로 분류되는 제1장 〈뱀의 장〉에 보인다. 설산에 사는 신령과 붓다와의 문답으로 이루어진 내용으로, 6처라는 개념의 의미가 잘 나타나는 까닭에 나카무라 하지메中村元의 번역으로 보기로 한다.〈설산에 사는 자〉로부터, 《ブッダのことば》岩波文庫

    "설산에 사는 자인 신령이 말했다. '무엇이 있을 때 세계는 생기하는 것인가? 무엇에 대하여 친밀함을 가지고 사랑하는 것인가? 세상 사람들은 무엇에 집착하고 있고, 세상 사람들은 무엇에 괴로워하고 있는가?'"168

"스승은 대답했다. '설산에 사는 자여, 여섯 가지의 것이 있을 때 세계는 생기하고, 여섯 가지의 것에 대하여 친밀함을 가지고 사랑하며, 세계는 여섯 가지의 것에 집착하고 있고, 세계는 여섯 가지의 것에 괴로워하고 있다.'"169

이 '여섯 가지의 것'이 후에 술어로 정착되었을 것이다. 《숫타니파타》에서는 설산의 신령이 거듭 묻고 있다. 그것에 의해 세간이 괴로워하는 집착이란 무엇일까, 그 괴로움으로부터 어떻게 해방될 수 있을까라고. 이 절실한 물음에 대한 붓다의 대답은 다음과 같다.

"세간에는 다섯 가지 욕망의 대상이 있고, 의[의 대상]이 제6의 것이라고 설해진다. 그것들에 대한 탐욕을 떠난다면, 곧 고통으로부터 해방된다."171

'다섯 가지 욕망의 대상'이란 6처의 외적측면, 즉 '색·성·향·미·촉'에 제6의 것을 더한 것이리라. 이 해석에 따른다면, '제6'은 '의'의 대상인 '법'이 된다. 여기에서 말하는 '법'이란 의사意思의 대상, 즉 판단과 변별, 사고와 기억 등의 내용을 가리키는 것으로, 본서에서 자주 사용되는 이법理法이나 사상존립事象存立의 법칙을 의미하는 법과는 구별된다. 이것들을 합쳐 여섯 가지 대상, '6경境' 또는 '6외처外處'라고 부른다.

이러한 교설의 핵심은 '안·이·비·설·신·의'를 잘 막고 지키는

데 있다. 즉 감각기관이나 의사기관을 대상 즉 '색·성·향·미·촉·법'
으로부터 막고 지키는 것이다. 대상에 접촉하더라도 애착을 일으키지
않듯이 '보면서 보지 않고', '들으면서 듣지않고', '생각하면서 생각지
않는'……이라는 상태에 이르러, 감관을 조절하는 것이 수행의 목표
중 하나인 것이다. 종교학자인 다케우치 요시노리武內義範는 이러한 것
을 다음과 같이 설명하고 있다.

> "일상적인 인간의 경우, 보는 것은 곧바로 그 대상을 파악하는
> 것, 즉 쾌·불쾌의 감각을 가지고 욕망적으로 이것과 관계하며, 집
> 착하는 것으로 이어진다. 그러나 감관을 통제하는 것이 가능하
> 다면, 감관은 '연잎의 이슬'과 같이 또는 '칼날 위의 겨자씨'와 같
> 이, 집착없이 있는 그대로 있어야 할 그대로 볼 수가 있다."
> _〈연기사상〉《講座佛教思想》第5卷〈종교론·진리·가치관〉제2장 理想社

이것은 초기불교의 '인식 기관6내처/인식 대상대상'의 2분법에
기초하는 수도론으로, 후대의 대승불교에서는 직접 지각과 그 대상과
의 사이에 언어적 분절분별의 개재를 인정한다. 초기불교에서도 "식은
요별을 특질로 한다"고 하지만, 이것을 일보 전진시킨 것이다.《숫타
니파타》제1장의 이 부분에서는 12지연기 가운데 6처와 촉인식 대상과의
접촉, 수고락 등의 감수, 애갈애, 취집착의 각 지분의 요소가 모두 설해지며,
더욱이 그 환멸의 도역관까지도 암시되고 있다. 12지연기나 10지연기
가 정돈되기 전 붓다가 관조한 실제 내용을 알 수 있는 구절이다.

07

5온이란 무엇인가

이어서 6처입와 함께 이것보다 더욱 자주 나타나는 기본 교리인 '5온'에 대해서도 살펴보기로 한다. 5온은 일반적으로 색·수·상·행·식으로 사람 등의 유정을 구성하는 다섯 가지 요소를 말한다. 온이란 집합체, 덩어리의 의미이며, 이 다섯 가지의 온이 임시로 결합하여 사람유정인 것이 만들어진다. 임시적인 가설로서 결합하는 것을 가화합假和合이라고 부른다. 여기에서 각각의 온에 대해 개설하기로 한다.

색온은 물질적인 신체, 육체적인 감각요소를 가리킨다. 수온은 감수작용 특히 고苦, 락樂, 불고불락不苦不樂의 감수를 가리킨다. 상온은 인식 대상으로부터 받아들인 인상과 지식에 기초하여 관념과 이미지를 표상하는 것을 가리킨다. 행온은 무엇인가를 능동적으로 행하고 형성하려고 하는 의욕, 행위에 대한 의지를 가리키다. 식온은 개개의 사물을 분별하고, 식별하는 작용을 가리킨다. 식온에는 인식의 통괄기능이 인정되는 것으로부터 주체로서 파악되는 경우도 있지만, 이것은 어디까지나 가상, 가설에 지나지 않는다. 후대에는 나아가 영아靈我: 아트만나 혼을 나타낸다고 하는 잘못된 견해까지도 나타나게 되지만, 제1장에서 인용한 《맛지마 니카야》《대애진경大愛盡經》을 비롯해 초기경전에 보이는 불설에서는 완전히 부정되고 있다.

기무라도 이런 점에 근거하여 식을 '구별하여 아는 주체'〈사실적 세계관〉 제3장 〈심리론〉 4절라고 해석하고 있다.

이것들 다섯 가지의 온이 모여 결합하는 것으로부터 '나'가 가설된다. 그러나 이것은 어디까지나 가상이며, '나'를 실체로 간주하는 일은 착시에 지나지 않는다. 초기경전에 보이는 불설에서는 "'이것은 나의 것이다, 이것은 나이다, 이것은 나의 아트만이다'라고 생각할 수는 없다"라고 반복하여 경계하고 있는 것으로, 이 '이것'이 5온이다. 물론 5온 이외에 나의 존재 근거는 없고, 5온도 당연히 '나'가 아니다. 이렇게 5온무아의 모습이 설해지며, 더불어 온의 하나하나가 무상인 것도 설해진다.

08

명색=객관, 식=주체

다시 6처로 돌아가기로 한다.

기무라가 이해하는 명색은 6처의 내적 측면^{안·이·비·설·신·의}에 대하여, 그것들의 핵심적인 작용을 하고 있는 심신의 결합체라는 것이 된다. 그러면 명색과 식의 관계는 어떻게 묘사되고 있는가.

> "식도 본래 명색 속의 일부이지만, 명색을 인식의 체로서 취급하는 한, 식은 그 중심적인 것으로 따라서 명색 전체의 성립은 이것에 의존하여야 한다."
> "이 점은 마치 가족은 부부나 자녀 등으로 이루어지지만, 그 중심은 주인인 것과 같다. 따라서 달리 말하면 식이 성립하는 조건은 객관으로서 명색이 있는 것에 의존하는 것으로, 이것을 떠나서 식만이 홀로 존재하는 일은 절대로 없는 것이다."

이 인식주체^식와 객관^{명색}의 밀접한 관계야 말로 '식 ↔ 명색'이라는 상호 의존적 관계의 이유이며, "앞에서 이미 인용했듯이 불타는 식과 명색과의 관계를 마치 갈대단이 서로 의존해 있는 것과 같이 설한 것도", "식과 명색과의 상호 관계 이상으로 나아가지 않는다고 말한 것도"〈사실적 세계관〉 제5장 5절 이러한 인식론적 입장에서 말한 것이라고 한다.

바로 뒤에서 살펴보지만, 기무라는 유부의 삼세양중설에 낮은 평가를 내리고 있다. 그런 까닭에 태생학적 해석은 채택하지 않고, 현재에도 채용하고 있지 않다. 그렇긴 하지만, 명색이 정신적 요소와 물질적 요소의 결합이라고 간주하고 더욱이 식과 명색과의 관계가 주관과 객관의 상의 관계로서 파악되었을 때 거기에는 어떤 형태의 '적극적인 주체성'이 상정되고 있는 것을 알 수 있다. 문제는 이 '주체성'인 것이다.

09

무명은 왜 요청되었는가

이 상정은 기무라의 무명론에서 한층 윤곽이 분명해질 것이다. 《성읍》의 10지연기설에는 무명과 행의 지분이 없다. 만약 10지연기설을 12지 연기의 선행형태로 본 경우, 왜 '식 ↔ 명색' 앞에 그것의 원인으로 무명과 행의 연기지가 요청된 것일까.

> "생각컨대 연기관은 불타의 근본적 세계관^{오히려 인생관}이었다고는 하지만, 이것을 구분하여 각각의 지분으로 나누어, 그 사이의 관계를 엄중히 살핀다는 것은 처음부터 확정적인 것은 아니었던 것 같다. 즉 그 중심은 의심할 바 없이 식과 명색의 관계로, 이것을 기초로 하여 심리 활동의 갖가지 모습으로부터 유에 이르기까지 나아간 것이지만, 반드시 이것을 10지 또는 12지의 숫자상으로 확정하는 것이 불타의 최초의 생각은 아니었다."
>
> _〈사실적 세계관〉 제5장 3절

그것은 그와 같으리라 생각된다. 하지만 그럼에도 불구하고, 연기도 그 멸도 지분에 의해 분절되고, 그것들 연기지의 생기^{生起}와

멸진滅盡의 연쇄 계열로서 표현되었다. 그리고 최종적으로는 무명, 행을 포함하는 12지 연기지가 완성태로서 설해진 것이다.

> "[《성읍》에서] 붓타가 식, 명색의 관계 이상으로 나아가지 않았던 것은, 이것이 곧 붓다의 창안이었던 것과는 별개로, 당시 불타는 온전히 신심활동의 현실에 대하여 관찰을 한 이상, 현실 활동에 의해 성립하는 형식적 근본조건을 분명히 했던 것으로, 형식상 여기에서 일단 종결하려고 했기 때문일 것이다. 왜냐하면 식과 명색과의 관계는 주관 객관의 관계이기 때문에, 주관이 있는 까닭에 객관이 있고, 객관이 있는 까닭에 주관이 있어, 양자의 결합에 의해 세간이 있다고 한다면, 인식론상 일단 완성되기 때문이다."
>
> _ 〈사실적 세계관〉 제5장 3절

'식 ↔ 명색', 주관·객관의 상의 관계에 이르러 세계에 대한 기술은 일단의 완결을 본 것이 될 것이다. 하지만 기무라에 의하면, 붓다는 그와 같은 고정적인 세계 이해의 구도에 만족하지 않았다.

> "이것은 곧 칸트의 입장이다. 그렇긴 하지만 앞에서 서술해온 것과 같이, 불타의 입장은 어떤 것인가 하면, 쇼펜하우어적으로, 식의 근저에 무명, 업의 의지가 있다고 하는 것인 까닭에, 정확히 말하면, 결코 인식의 주체로서의 식만으로 일체를 해결할 수는 없다. 좀 이른 말이지만, 소위 멸관의 쪽으로부터 식이 멸함으로

써 명색이 멸한다고 하는 것으로부터, 왜 우리들은 이 식을 멸할 수 없는가라고 반문한다면, 이 식의 근저에는 시작도 없는 번뇌업이 있기 때문이라고 필연적으로 말하지 않을 수 없을 것이다."

_ 〈사실적 세계관〉 제5장 3절

인용문 가운데 '멸관'이란 역관의 것이다. 기무라는 역설한다. 불교가 드러내고자 한 것은 칸트적인 정연한 객관적 세계관이 아니라 쇼펜하우어적인 맹목적으로 생존을 갈구하는 의지의 표상으로서의 세계라는 것이라고. 이렇게 하여 '식 ↔ 명색'의 근원에 행, 나아가 무명이 상정되는 것이다. 기무라는 한발자국 더 나아가 앞에서 본 바라문교, 힌두교의 성전인 리그베다와의 관련성도 시사하고 있다.

"하물며 앞에서도 서술했듯이, 무명-행-식의 계열은 리그베다의 창조찬가 이래의 연기관의 형식이었다고 한다면, 배경사상의 관계로부터 보아도, 이 계열을 도외시할 수는 없었을 것이다."

_ 〈사실적 세계관〉 제5장 3절.

10

윤회라는 유사논점

제1차 연기 논쟁은 앞에서 보아온 기무라 타이켄의 《원시불교 사상론》〈사실적 세계관〉 제5장 〈특히 12연기론에 대하여〉와, 다음에 보는 우이 하쿠주, 와츠지 테츠로에 의한 이것에 대한 비판으로부터 시작된다. 이미 말했듯이 그 논점은, 현재로는 윤회의 여부와 연기 계열의 성질을 둘러싼 것이라고 간주하는 경향이 적지 않다. 그렇긴 하지만 기무라와 우이, 와츠지와의 최대의 논점은 양자의 무명관에 대한 차이라고 보아야 할 것이다. 예를 들면 야마오리 테츠오는 무명에 초점을 맞추어 이 논쟁을 고찰하였다.〈말라빠진 불타〉《近代日本人の宗教意識》岩波現代文庫

무명에 착안한 것은 혜안이라고 생각하지만, 그 서술이 너무 도식적인 것은 부정할 수 없다. 학설상, 사상상 동맹관계와 같이 그려지고 있는 우이와 와츠지의 사이에도 12지연기관 등에 관한 적지 않은 차이가 보이지만, 야마오리를 비롯한 다수의 논자가 이 점을 놓치고, 예를 들면 야마오리는 '칸트의 아폴로적 이성 중시우이, 와츠지' 대 '쇼펜하우어의 디오니소스적 의지 중시기무라'라는 질릴 정도로 명쾌한 논쟁의 구도로 환원시켜버린다. 우이와 와츠지의 연기관의 차이에 대해서는 다음 장에서 논하기로 한다.

　　논쟁의 가장 중요한 논점은 기무라의 무명론, 그 본질로서의 의지론 그리고 의지에 의해 움직여지는 생명관에 있다는 것은 의심할 수 없다고 생각된다. 적어도 논쟁의 전前 단계에서는 다른 쟁점, 예를 들면 연기에 대한 이해나 윤회설에 대한 인정 여부 등에 대한 대립은 그렇게 큰 것이 아니고 논점의 핵심이 되지 않는다.

　　앞에서 말한 대로 기무라는 삼세양중의 연기설을 붓다의 제일 의적 주장은 아니라고 말하고 있다. 곧 그는 "그 해석은 반드시 불타의 대정신大精神이 담긴 것은 아니라 하더라도, 역시 그 근거하는 바는 있는 것이다. 내가 아는 한 옛 성전 중에는 연기지의 전부를 거론하여 3세 내지 2세에 배당시켜 설한 것은 없지만, 그 근거라고 볼 수 있는 것이 없는 것도 아니다"〈사실적 세계관〉 제5장 7절라고 《맛지마 니카야》의 내용을 인용한 후, "그렇긴 하지만 이것을 불타의 입장에서 보면 이러한 해석은 불타가 취한 극히 통속적通俗的 방면을 취한 것으로, 단정컨대 제일의적인 주장이 아닌 것은 어디까지나 잊어서는 안 된다"기무라, 前揭書라고 분명히 밝히고 있다.

　　더군다나 연기설과 윤회의 관계를 다루어도 "연기관의 주요한 목적은 후에 크게 주장된 것과 같이 2세일중이라든가 3세양중인 것과 같이 소위 분단생사의 규정을 분명히 하려고 했다기 보다는 오히려 소위 찰나생멸의 법칙을 분명히 하려고 한 것에 있었다고 보아야 할 것이다"〈사실적 세계관〉 제5장 6절라고 하고 있다. 생사를 절대화하여 6도를 오고가는 것과 같은 윤회를 설하는 것에 원시불교의 주목적이 있는 것은 아니라고 논하고 있다.

그리고 우이도 또 이렇게 기술하고 있다.

"삼세양중의 12인연설은 원시불교의 시기에도 또 근본불교의 시기에도 언급되지 않았던 해석이다. 곧 이 해석은 후세의 논장가 論藏家가 만들어낸 것에 지나지 않는다."

_〈12인연의 해석-연기설의 의의〉1절《印度哲學硏究 第2》
岩波書店 이하 〈인연의 해석〉이라 略記

부정의 방식이나 강도에서 상위相違가 보이는 것으로, 양자 모두 윤회를 전제로 하는 삼세양중의 연기설을 배척하고 있는 점에서는 공통적이다.

미야시타 세이키宮下晴輝는 양자를 대비하여 다음과 같이 논평하고 있다.《緣起說硏究初期が殘したもの》前揭書 먼저 우이의 삼세양중설 평가에 대하여,

"윤회적인 설명으로서의 연기설은 '후세의 논장가가 만들어 낸 것'인 것 그리고 그것은 〈아함경전〉의 교설 가운데 후세의 해석이 들어간 것으로, 거기에서 '원시적 의미'를 끄집어내지 않으면 안 된다는 생각이 있는 것을 알 수 있다."

그리고 기무라의 평가에 대해서는, "기무라는 이것을 '불타에게 있어 지극히 통속적인 것'이라고 말하고, 양자 사이에 아함의 교설에 대한 태도의 차이가 이미 나타나고 있지만, 기무라와 우이 양자 모

| 불교 연기 논쟁 |

두가 직면하고 있던 문제는 동일하다"미야시타, 前揭論文라고 평가하며, 두 사람 입장의 친근성을 드러내고 있다.

한편 스에키 후미히코末木文美士는 다음과 같이 정리한다.

"와츠지를 포함해 원시불교의 연기에 대한 해석에서는 윤회에 관해 극히 부정적인 입장을 취한다. 삼세양중의 연기와 같은 해석은 후세의 날조이며, 원시불교와는 관계가 없는 것으로 본다. 와츠지는 이와 같은 견해 중 급진적이라고도 할 수 있는 입장을 표명하며, 윤회를 중시하는 기무라 타이켄 등에 덤벼든다."

_〈와츠지 테츠로의 원시불교론〉《近代日本と佛敎 - 近代日本の思想·再考 II》

단지 초기불교의 윤회를 포함한 전통설을 '중시'하고 있는 것은 아카누마 치젠으로, 기무라가 아니다. 기무라는 아카누마를 전통 묵수주의자墨守主義者로서 비판조차 하고 있다.

스에키는 미야시타 세이키의 논문이 발표되었음에도 불구하고, 최근의 저서에서 제1차 논쟁을 다음과 같이 개관하고 있다.

"기무라는 더욱이 전통적인 교학의 입장을 유지하고, 거기에서 보다 근대적인 입장을 세우려고 하는 우이 하쿠주·와츠지 테츠로 등과 연기설을 둘러싼 논쟁이 벌어지게 되었다.야마오리 2007 기무라는 소위 삼세양중의 인연의 입장에 서서 12연기는 과거세·현재세·미래세의 3세에 걸친 인과 관계를 설한 것이라고 해석했다. 또 무명을 맹목적인 의지라고 보는 듯한 심리적인 해석을 하였다. 그것에 대하여 우이와 와츠지는, 12연기는 시간적인 3세의 관계를 설하는 것이 아니라 고가 생겨나는 논리적인 인과 관계를 설한 것이라 해석하고, 또 무명에 관해서는 지적知的인 무 지라고 해석하여 기무라를 비판했다."

_《思想としての近代佛敎》Ⅳ〈불교 연구방법론과 연구사〉3절

〈불교학의 전개〉中公選書

야마오리설에 의거한 이 총괄은 잘못이다. 《원시불교사상론》 을 정독하면 바로 알 수 있듯이 기무라는 12지연기에 대하여, 이것은 반드시 시간적 인과의 고찰이 아니라 몰시간적 의존 관계로서 설하고 있는 경우가 대부분이라고 밝히고 있다.122-123항의 인용문 참조 〈논리적 인과 관계〉는 물론 동시적인 상의 관계를 상정하고 있는 것이다. 또 앞에서 인용한 것과 같이 12지연기의 삼세양중설에 의한 해석을 중요 시하고 있지 않다. 삼세양중설의 '싹'이 〈니카야〉 속에 보이기는 해도 그것은 붓다의 통속적인 설법에 지나지 않았고 말하고 있다.

한편 우이는 후대의 교설을 〈니카야〉의 기술 속에서 취한 것이 라 서술하고 있다. 확실히 다르지만, 그 차이는 미묘하다. 더욱이 바로 뒤에서 논하지만, 와츠지는 범부의 윤회를 부정하지 않는다.

11

기무라 불교학의 '근대성'

또 기무라는《원시불교사상론》〈제1편 대강론〉의 제3절에서, 범천이나 악마와 같은, 〈니카야〉에 빈번히 등장하는 초자연적인 주체의 실재에 대해서도 부정하고 있다. 범천에 관해서는 '헛되이 내실없는 명칭을 동경하는 것은 마치 공상空想의 여자를 사랑하는 것과 같은 것'이라는 경전에 나오는 붓다의 말을 인용해 배척하고, 악마에 관해서는 '요컨대 수도의 장애가 되는 것을 당시의 세속신앙에 빗대어 이름붙인 것'에 지나지 않는다고 단정하고 있다.

또 같은 책에서 지옥·축생·아귀·아수라·인·천으로 이루어지는 윤회의 6도에 대하여 '요컨대 인간과 축생을 제외하고는 모두 신화적 존재'라고 인정하고 있다.〈사실적 세계관〉 제4장 6절 지극히 근대적인 해석이라고 말할 수 있다.

윤회설을 긍정하는 색채가 한층 강해진 저작에서조차, 기무라는 "불타는 당시 세상에 행해지고 있던 세계관을 채용하여 수미산須彌山을 설하고, 남염부주설南閻浮州說을 말하고, 지옥, 귀신을 언급하는 등 역시 어느 정도는 사실 문제를 다루었지만, 이것이 곧 불교에 있어서 사실 세계에 대한 관찰의 기원이다. 게다가 단편적이긴 하지만, 그것들의 언급은 가장 오래된 경전으로 믿어지는 것에서도 상당히 다수가 나타나고 있다. 불행히도 우리들은 그 하나하나에 대하여 어떤 시대 어떤 면에서 행해진 세계관을 채용한 것인가는 확인할 수는 없지만, 어쨌든 불타 시대 전후 어떤 지방에서 행해진 것을 불타는 설명의 편의상 채용한 것임은 의심할 수 없다《小乘佛敎思想論》大法輪閣라고 신중하게 유보하고 있다.

　　　이 인용문 앞 단락의 '사실 문제'라는 것은 가치론에 대해서 사용된 용어로서, 구체적인 '사실적 세계의 문제'라는 의미이다. 결코 붓다가 '수미산'세계의 중심에 솟아있는 전설상의 성스런 산이나 '남염부주'남쪽에 위치한다고 하는 전설상의 대륙, '지옥', '귀신'을 실재한다고 믿고, 교리의 중심에 두고 설한 것은 아니라고 하는 것이다. 본래 붓다의 목적은 좀더 보편적인 가치의 문제에 대하여 말하는 것이었지만, 널리 가르침을 전하기 위해서는 이와 같은 구체적인 '사실 문제'에도 언급하지 않을 수 없었다. 그래서 당시 인도 각지에 유포되어 있던 세계관을 '채용했지'만, 그것은 어디까지나 '편의상'의 것에 지나지 않았다는 뜻이다.

　　　단지 기무라는 논의가 더해 갈수록 우이, 와츠지의 주장에 대항하기 위함인지, 삼세양중설, 나아가서는 윤회설에 대한 태도를 조금 바꾸어, 긍정적인 논조를 앞에 내세우게 된다. 단 거기에서도 붓다에게 있어 "삼세에 걸친 윤회의 양상을 설하는 것이 처음부터 주요 관심사가 아니었다라고 하는 주장에 관한 한, 나도 우이, 와츠지 양씨의 주장에 찬성한다"〈원시불교에 있어 연기관의 전개-특히 赤沼, 宇井, 和辻 諸敎授의 설을 읽고-상《原始佛敎思想論》 더욱이 〈원시불교에 있어 연기관의 전개〉는 이하 〈연기관의 전개〉로 略記라고 표명하며, 또 "불타는 어디까지나 현실존중주의자로서 해탈도 열반도 '현법에 있어 증지證知하고 실현해 나간다'는 것을 목적으로 하고 있던 것이기 때문에, 후세와 같이 삼세에 걸친 윤회론 자체의 설명에 힘을 다하지 않았던 것은 의심할 수 없는 사실이다"〈연기관의 전개〉하《原始佛教思想論》라는 유보를 붙이고 있는 점은 간과할 수 없다.

12

아카누마 치젠의 '전통설'

좀 더 부언하면 제1차 연기 논쟁에서 기무라보다도 전통교리에 가까운 입장을 취하고, 윤회를 전제로 한 연기설을 주장했다고 하는 아카누마조차 윤회에 대하여 다음과 같은 견해를 드러내고 있다.

"윤회에 관해서는 《잡니가야雜尼柯耶》 15·1-20에 갖가지 기사가 있지만, 모두 다 '생사에 시작이 없고 고의 본제本際를 알지 못한다'는 것을 나타낸 것에 지나지 않는다. 인생의 고뇌를 통감하는 것에 구원의 과거가 있다는 것은 심리적으로 근거가 있고, 또 미래를 예상하는 것은 인생을 믿고, 인생에 대하여 적극적 태도를 취하는 것의 당연한 귀결일 것이다. 이런 의미에서 윤회의 무궁함을 말하는 것은 의의가 있지만, 그것이 객관적 사실이라는 것을 의미하지는 않는다. 따라서 석존의 윤회는 결코 범서梵書 이래의 윤회와 같은 것은 아니다. 따라서 윤회도 정신적인 것임과 동시에 지옥과 삼계설도 석존에 있어서는 정신적 의의를 가진 것은 의심할 바 없다."

_〈아함경강화〉 제6장 6절《原始佛敎之硏究》所收 法藏館

문장 가운데 〈니가야〉는 〈니카야〉이고, 《잡니가야》는 《상윳타니카야》를 가리킨다. 아카누마는 "윤회에 관한 기사는 석존에게도 있었지만, 이것은 실재적 의미에 있어서가 아니라고 보지 않으면 안 된다"^{아카누마, 前揭書}고까지 말하고, 결론을 짓고 있다.

같은 저자의 《불교 교리지 연구^{佛敎敎理之研究}》에 수록된 〈불교개론〉가운데서도 "불타에 있어서는 그 교설이 일반 민중에 대한 유도의 의미와 그것에 윤회관이라고 할 만한 일종의 인생관의 심미^{深味}를 의미하는 것으로, 범서 이래의 인도 전통의 실재적 객관적 사실로서의 윤회의 신앙이 아닌 것은 명백하다고 생각한다. 업이 미래의 생을 규정하고, 미래의 생을 만들어 낸다고 하는 과경적^{過境的} 초경험적 신비적인 의미는 불타에게는 없었다고 말하지 않으면 안 된다"^{〈불교개론〉 제1장 4성제《佛敎敎理之研究》法藏館}라는 문장이 확인 가능하다.

13

와츠지는 윤회설을 부정하지 않는다

그러면 와츠지는 어떠한가? 정말로 원시불교는 '삼세에 걸친 윤회의 양상'을 적극적으로 설하지는 않았다라고 주장하고 있는 것일까?

《원시불교의 실천 철학》에는 앞에서 본 스에키 후미히코와 같이 와츠지를 윤회부정론자로서 고정시키고 싶어 하는 사람들이 놓치기 쉬운 구절이 보인다.

"예를 들면 지옥의 귀신은 인간과 같이 오온소생五蘊所生이거나 혹은 명색이라고 해도 지장은 없다. 그러나 그런 까닭에 또 그것은 무명의 입장에 있어서만 있는 것에 지나지 않는다. 업에 의한 윤회전생은 윤회의 주체인 아我가 현실적인 것과 같이 현실적이며, 아가 없는 것과 같이 무인 것이다. 따라서 무아의 입장에 있어서는 윤회는 없다. 무아의 진리가 체현되면 윤회는 소멸한다."

_〈원시불교의 실천 철학〉 이하 〈실천 철학〉으로 약기.

〈제3장 도제 제4절〉《和辻哲郎全集 第5卷》所收 岩波書店

'오온소생'이란 오온에 의해 생긴 것이란 정도의 의미이다. 오타니 노부치요小谷信千代는, 와츠지 테츠로의 연기관을 비판하는 논문의 앞부분에서, "'미혹한 자에게는 윤회가 있고, 미혹을 떠난 자에게는 윤회는 없다'라는 것이 불교의 입장 즉 석존의 가르침이다"라고 하는 사쿠라베 하지메櫻部建의 견해를 인용하여 "연기설을 윤회설과 분리시켜, 윤회설을 석존의 불교로부터 배제하여, 그 영향을 오늘날까지 미치게 한 것은"〈와츠지 박사의 연기설 이해를 묻다-석존의 윤회설과 연기설 -〉《佛敎學セミナー》第76号 와츠지의 〈실천 철학〉이라고 단정하고 있다.

　　하지만 이 이해는 옳치 않다. 실로 지금 인용한 이 곳에서, 와츠지는 "미혹한 자에게는 윤회는 있고, 미혹을 떠난 자에게는 윤회는 없다"는 것을 설하고 있지 않은가.

　　철학자인 마츠오 노부아키松尾宣昭는 이 구절을 "기무라가 썼다고 해도 전혀 이상하지 않다"〈윤회전생고〉 1《龍谷大學論集》第469号라고 비평하고 있다. 와츠지는 분명히 세속에 있어서 범부, 미혹한 자의 경험 세계에는 윤회는 있다고 말하고 있는 것이다. 그리고 무아의 진리를 '체현'한 자에게는 윤회는 없다. 이 구절로부터 와츠지가 모순을 제기한 것은 어디까지나 '승의勝義의 무아와 세속世俗의 윤회가 공존할 수 있다는 주장'이었던 것을 엿볼 수 있다.

　　그렇다 해도 와츠지가 말하는 '체현'이라는 것은 어떠한 것인가. 이 물음은 각각의 무명론을 검토할 때 다시 나타나게 된다.

　　와츠지는 초기경전에 가장 빈번히 나타나는 윤회 사상을 "악업으로 인하여 사람은 사후死後 지옥에 태어나며, 혹은 축생으로 태어나며, 혹은 인간인 경우에도 단명短命, 하천下賤, 추악醜惡 등의 응보를 받고, 선업을 닦으면, 사후 천상에 태어나며, 혹은 인간이 된 경우에도 장수長壽, 고귀高貴, 미묘美妙 등의 응보를 받는다고 하는 사상이다"〈실천 철학〉〈제3장4절〉라고 인정하고 있다.

14

기무라 타이켄의 '윤회설이 될 수 없는 윤회설'

그런데 기무라 타이켄이 말하는 업론과 윤회설은 그와 같은 것이 아니다. 제4차원에 속하는 '생명의 당체當體'가 '성격지워진 의지意志'로서 존속하고, 그 '성격'에 응하여 다시 자기를 창조한다고 하는 것이다.

와츠지에 의해 정리된 기무라의 업보윤회론을 보도록 한다.

"여기에서 성격이라고 하는 것은 '의지에 의해 습관화된 성격', '생명이 자기 창조를 시도할 때의 내적규정'으로서의 업이지만, 이 업은 '그 본질이 창조력을 갖는 의지에 숨겨진 성격에 다름 아닌' 까닭에 '그 자신의 힘에 의해 미래를 창조하는' 것이며, '끊임없이 변화하면서 종전의 경험을 자기에게 흡수시키고 그것을 원동력으로서 나아가는 창조적 진화 그 자체이다' 여기에서 우리들은 살려고 하는 의지 자신이 창조적인 것에 따라서 그 의지에 새겨진 '성격'도 또 창조적이며, 변화적이라는 주장을 발견한다."

_ 와츠지, 前揭書

하지만 이것은 기무라의 주장으로, 초기불교의 윤회관, 업론은 아니다. 초기불교의 그것은 앞서 거론했듯이, 악업을 쌓으면 사후 지옥에 태어나고, 선업을 쌓으면 사후 천에 태어나는 것과 같이 극히 심플한 것이다. 와츠지는 기무라의 일탈逸脫을 비판한다.

"우리들은 이와 같은 윤회설이 될 수 없는 윤회설을 이해할 수 없다. 하지만 이러한 해석의 불가해보다도 더욱 중요한 것은 앞의 해석에서 '붓다에 따르면'이라는 말이 반복되어짐에도 불구하고, 아함의 경전 가운데 그 증거를 찾기가 어렵다는 것이다. 경전에 나타난 윤회 사상은 결코 앞에서와 같이 난해한 것이 아니다."

_ 방선 인용자, 와츠지, 前揭書

와츠지는 기무라와 같이 제4차원'the fourth dimension' 등과 같은 말을 사용해 윤회를 현대적으로 해석하려고 하지는 않는다. 윤회는 범부의 소박한 시좌視座, '자연적 입장'에 있어서는 '있는' 것이고, 지옥도 천도 '아가 현실적인 것과 같이 현실적이며, 아가 무인 것과 같이 무'인 것이다. 기무라와 와츠지 어느 쪽이 전통적인 업보윤회설에 따르고 있는 것인가? 또 〈실천 철학〉에는 이렇게 기술되어 있다.

"눈앞의 감각적 대상과 상상의 소산인 신화적 대상과는 5온 혹은 6입에 의해 있는 한에서는 자격을 달리하는 것은 아니다."

_ 와츠지, 前揭書

우리들이 상상적으로 경험하는 지옥과 아귀, 천계와 수라와 같은 윤회의 길은, 현실성, 구상성에 있어서 직접적으로 경험하는 '이 현실'과 어떠한 차이도 없다고 하는 것이다. 양자 모두 연기의 소산인 점에서는 다르지 않다. 이 현세도 그 지옥도 '이 나'에 있어서는 동일한 현실인 것이다. 따라서 와츠지가 '연기설을 윤회설과 분리시켰다'라고 하는 비평은 과녁을 벗어난 것이라고 말하지 않을 수 없다.

15
—
와츠지가 배척한 것

반복하지만 와츠지는 앞에서 보았듯이 기무라 타이켄이《원시불교사상론》에서 범천이나 악마와 같이 '신화적 대상'의 실재성을 부인했던 것과 같은 방식으로는 윤회를 부정하고 있지는 않는다. 그는 "무아·오온·연기의 입장은 자연과학적 인식이 영혼과 타계他界를 배척한 것과 같이 이것들을 배척한 것은 아니다"와츠지, 前揭書라고 명기하고 있다. '상식에 아첨해 윤회를 부정하고, 윤리 등만으로 불교를 한정하는 와츠지 테츠로와 같은 근대 해석'이라는 재단은 그다지 온당치 않다고 말할 수 있을 것이다.中澤中《입중론자주》평석《全譯 チャンド ラキールティ 入中論》所收 起心書房 일부러 말한다면, 예를 들어 무아교설의 의의를 세속윤리로 '한정'하려고 한 것은 기무라 쪽이다.후술

시미즈 도시후미淸水俊史의《아비달마불교에 있어서 업론의 연구》大藏出版에도, 와츠지가〈실천 철학〉가운데 "예를 들어 그것이 경전 속에 설해지고 있다 해도 업보윤회는 원시불교의 실천 철학에 속하지 않는다고 주장했다"라고 하고, 이것이 "업의 사상을 취하는데 충분치 않은 신화·미신의 하나다"라고 경시하는 근대 불교학의 움직임에 박차를 가했다라고 책임을 돌리고 있다.시미즈,〈序論〉

단지 와츠지는 업보윤회를 그와 같은 형태로 배척하고 있지는 않다. 시미즈가 참조한 곳에서도 분명하게 "우리들은 업에 의한 윤회의 사상이 '불교'에 속하는 것이 아니라고 말하는 것은 아니다. 그것은 아함의 경전에 나타나는 것과 같이 분명히 원시불교 속에 수용되고 있다. 우리들이 주장하는 것은 이 사상이 원시불교의 <u>특유의 것이 아니라는 것</u> 내지 그것이 원시불교 특유의 실천 철학에 속하지 않는다는 것이다."^{방선 인용자, 〈실천 철학〉 〈제3장 도제 제5절〉}

와츠지에 있어 업보사상이 4제諦와 같은 불교의 근본적 입장이 아닌 것은 분명하다. 그러나 그것을 '신화·미신'의 부류로 보고 불교로부터 추방시키는 일은 있을 수 없다. 시미즈만큼 문헌의 치밀한 해독에 장점을 지닌 연구자가 왜 와츠지가 일부러 신경을 써 주의를 촉구한 '특유의'라는 유보를 무시했을까 의문스럽다.

논리면에서 보더라도 만약 원시불교의 실천사상으로부터 업보윤회를 배제했다고 한다면, 와츠지가 말한 '자연적 입장'의 세계, 범부의 입장에 있어서 세간이 성립하지 않는다. 예를 들면 〈실천 철학〉 초판 간행의 전년까지^{1925년, 1926년} 교토제국대학에서 와츠지가 행한 강의 초고에 해당하는 《불교윤리사상사》에는 이와 같이 되어 있다.

"범부의 입장 즉 자연적 입장에서는 우리들이 세계와 대면하고 있다. 그 세계는 공간적으로 넓어지며 시간적으로 변해가는 것이다. 나我는 직접적으로 그 세계를 보고 경험한다. 하지만, 직접적으로 경험하지 않는 범위까지도 그 세계가 공간과 시간상에서 넓어지고 있는 것을 알고 있다. 더욱이 그 세계는 '물질의 세계'

일 뿐만 아니라, 미추美醜, 쾌고快苦, 선악善惡과 같은 가치의 성질을 띄며, 또 실용적인 의미를 가진 세계이다. 그 속에서 나我는 인식하고 느끼며 의욕하고 현실적인 세계를 살아간다."

_〈제1편 제1장 무아의 입장〉《和辻哲郎全集 第19卷》所收

이러한 '자연적 입장'에 섰을 때 윤회와 업보는 '현실적인 세계'의 실재에 다름 아니다.

"눈앞의 감각적 대상과 공상의 소산인 신화적 대상과는, 무아의 입장에 있어서는 오온소성五蘊所成으로서 동등의 권리를 갖는 것이다. 따라서 현세에 대한 지옥 혹은 천상은 공상의 소산으로서 살아가는 힘을 갖는 한 현세와 동등한 실재성을 갖는다. 자기의 육체와 영혼, 영혼의 타계로의 유전 등도 동일하다. 단지 이것들이 모두 구극에 있어서는 무명에 조건지워져 있는 것 즉 자연적 입장에 있어서만 성립하는 것이며, 그 근거는 존재하지 않는다고 하는 것에 무아, 연기의 입장이 있다. 따라서 업에 의한 윤회는 '아'가 현실적인 것과 같이 현실적이며, '아'가 무근거인 것과 같이 무근거이다."

_〈제1편 제3장 도덕의 근거지움〉前揭書

거듭 말하지만, 그가 배척한 것은 업보윤회 그 자체가 아니라, 기무라 타이켄이 부르짖는 것과 같은 '무아의 입장에 있어서 윤회라는 불가해의 해석'와츠지, 前揭書에 한정된 것이었다.

| 불교 연기 논쟁 |

16

기무라의 '무아'관

기무라 타이켄은 이러한 와츠지의 무아관을 승인할 수 있었던 것일까. 앞에서 본 내용은 정말로 '기무라가 썼다 해도 이상하지 않았던' 것일까. 기무라의 무아론은 유동성流動性에 중심이 놓여져, 한결같이 고정성에 대한 부정이 강조되고 있다. 그래서 범부는 그 유동적 무아를 유아라고 이해하고, 집착하는 것이다. 기무라의 무아는, 와츠지의 "아가 현실적인 것과 같이 현실적이며, 아가 무인 것과 같이 무이다"라고 말했던 것과는 전혀 다르다. 윤회와 업의 구동인驅動因이라는 관점에서 보면 기무라가 설하는 무아는 오히려 범부의 유아라고 인정될 수 있는 사상일 것이다.

기무라의 유아론 긍정의 논조는 《소승불교사상론》, 《대승불교사상론》으로 나아감에 따라 더욱 명료하게 되지만, 《원시불교사상론》의 단계에서도 그 싹은 보인다. 부파의 일부나 대승불교의 유식파 등의 불교 내부에 "갖가지 유아론의 주장이 생겨난 것도 또 이상하지 않다"라고 말한다.

"그들은 모두 무명 또는 욕망taṇhā/p을 기초로 하여 생명을 고찰함으로써 앞에서와 같은 결론에 도달한 것으로, 더욱이 적어도 내가 이해하는 한 그들의 주장은 너무 기계적인 관찰에 빠진 상좌부의 주장보다도 도리어 불타의 진의眞意에 가까운 것이 있다."

_ 〈사실적 세계관〉 제2장 〈유정론일반〉4절

"이론적으로 불타의 생명관을 살펴 나아가면 마침내 앞에서 서술한 것과 같이 일종의 유아론적 결론에 도달하지 않으면 안 되는 것을 잊어서는 안 된다."

_ 기무라, 前揭書

그 한편에서 기무라는 불타가 무아설을 강하게 주장한 것은 주로 인격적 향상이라는, 말하자면 윤리적, 실천적 이유라고까지 말하고 있다.166항 인용문 참조 "상식에 아첨해 윤회를 부정하고, 윤리 등만으로 불교를 한정한다"는 근대 해석을 채택했다는 비난이 타당한 사람은 과연 와츠지인가 아니면 기무라인가?

17
—
상통하는 기무라와 우이의 연기관

    글을 다시 본래의 방향으로 돌린다. 실제 12지연기의 해석법에 있어서도 기무라와 우이의 차이는 분명치 않고 비슷한 점도 적지 않다. 예를 들면, 12지연기의 '관찰觀察'의 과정에 대하여, 노사의 생기에 관한 물음'나는 왜 늙고 죽는가'에서 시작하여, 원인을 더듬어 가 무명이라는 근본 원인에 도달하는 성찰을 기무라는 '왕관往觀'이라고 부른다. 이 인과 관계가 근본 원인으로 거슬러가는 배열이 "노사 → 생 → 유 → 취 → 애 → 수 → 촉 → 육처 → 명색 → 식 → 행 → 무명"이다. 우이 하쿠주도 또 이 내관의 과정을 '자연적自然的 순서'라고 부르고 있다.

    그리고 무명이 근원인根源因인 것을 통찰한 후 다시 무명으로부터 차례로 인과 관계를 더듬어 노사에까지 이르는 과정을 기무라는 '환관還觀', 우이는 '역적逆的 순서'라고 부르고 있다. '환관', '역적 순서'는 본서에서 지금까지 보아온 "무명 → 행 → 식 → 명색 → 육처 → 촉 → 수 → 애 → 취 → 유 → 생 → 노사"로 배열되는 12연기이다.

    곧 12지연기로 대표되는 지분이 많은 유지연기有支緣起의 교설 방식에는 4가지의 패턴이 보인다. 그 가운데 두 가지 '순관順觀 / 역관

逆觀'은 연기지의 생기와 소멸을 나타내고 있다. 뒤의 둘 '왕관^{자연적 순}서 / 환관^{역적 순서}'는 연기지가 연접하는 방향성, 즉 귀결로부터 하나하나 근원의 원인으로 인과를 더듬어 가는 방향과 근원의 원인으로부터의 귀결로 인과를 순차적으로 더듬어가는 방향을 보이는 것이다. 후자의 두 가지 패턴에 대하여 본서의 "지地의 문文"에서는 왕관, 환관이라는 기무라의 호칭을 채용한다.

사이구사 미츠요시三枝充悳는 왕관을 '심리 과정을 그대로 자연적으로 더듬는' 경로라 하고, 환관을 '앞의 것을 반성하여 논리화 한' 경로, '적어도 전자前者로부터 유도된 표현'이라고 정리하고 있다.〈연기의 고찰-idapaccayatā로부터 pratītyasamutpāda로〉《印度學佛敎學硏究》第6卷 第2号

이것은 매우 알기 쉬운 추정으로, 확실히 최초의 물음은 "무명이란 무엇인가"라고 하는 관념적인 것이 아니라, "왜 노사가 있는가"라는 절박한, 마치 육감肉感을 동반하는 듯한 고에 대한 관점이다. 기무라 타이켄도 "물론 원시불교의 정신에서 보면, 그 중요성이 있는 것은 어느 쪽인가 하면 왕관의 쪽으로, 환관의 쪽은 요컨대 그 논리적 귀결에 지나지 않는 것은, 연기에 관한 여러 경문의 교설 방식에 비추어 보아도 의심할 수 없다"〈사실적 세계관〉 제5장 4절라고 말하고 있다.

왕관에서는 노사의 원인을 찾은 결과, 무명이라는 원흉元凶이 튀어나오는 경로가 그려지고 있다. 이 자연적인 사색의 프로세스에 대한 정리의 정비가 이루어지는 속에 무명으로부터 설해져서 인과를 순차적으로 더듬어 노사에 이른다는 환관의 배열로 바뀌어, 전장에서 본《우다나》등의 초기경전에 기록되어 있는 '환관-순관', '환관-역관'으로 조합된 12지연기가 성립하였다.

잊혀진 12지연기의 초발(初發)

하지만 현재 12지연기가 설해지는 대다수의 경우 환관만이 거론된다. 왕관을 설명하는 일은 거의 없다.

아마도 《우다나》, 《대품》 등의 성도成道의 기술에 따른 결과일 것이지만, 거꾸로 예를 들면 연기에 대한 이해가 얕은 불제자인 아난에게 붓다가 '조건지워 일어난다'는 것의 진의를 왕관의 수순으로 간절히 가르치는 《대연방편경》 등의 설명은, 현재로서는 그다지 주의해 보지 않는다. 이 경의 내용을 살펴보기로 한다.

> "'무엇인가 특정特定한 것을 성립 조건연으로 하는 것에 의해 늙는 것·죽는 것老死이 있는 것인가'라고 만약 그렇게 질문을 받는다면, 아난이여, '[그것은 그와 같이] 있다'라고 대답해야 한다. '무엇을 성립 조건으로 하여 늙는 것·죽는 것이 있는가'라고 만약 그와 같이 질문을 받으면, '태어나는 것을 성립 조건으로서 늙는 것·죽는 것이 있다'라고 대답해야 한다."
>
> _〈생성의 유래에 대한 큰 경 - 대연방편경〉
> 《原始佛典 第二卷 長部經典 II》春秋社

환관과 같이 근본 원인12지연기라면 무명으로부터 순서를 따라 설명해가는 것이 아니라 "늙는 것, 죽는 것은 왜 있는가"라는 물음이 기점이 된다. 좀 더 말하면 "왜 우리들은 늙어 가는가. 그리고 죽지 않으면 안 되는가"라는 절실한 실존의 문제로부터 붓다의 내관 성찰이 시작하는 것을 알 수 있다.

그리고 계속하여 같은 물음을 반복하면서, 근본 원인에 이른다. 이 경은 9지연기를 설하는 것으로, 이하 생태어나는 것, 생존유, 집착취, 갈애애, 감수수, 접촉촉, 명칭과 형태명색, 식별작용식의 여덟 가지 지분에 대해서도 동일한 패턴의 교시가 반복된다. 이것이 '왕관-순관'이 조합된 전형적인 예이다.

더욱이 《상응부 경전》〈인연상응因緣相應〉의 제1장에서는 먼저 《우다나》 등과 동일하게 12지연기 각 지분의 생기순관와 각 지분의 소멸역관이, 환관에 의해 설해진다. 더욱이 특징적인 것에 순관이 분명하게 '삿된 도정道程'이라 하고, 역관은 '바른 도정'으로 규정된다. 그런 까닭에 이 기술에는 총설적인 의의가 나타나고 있다.

이어서 과거의 붓다들-비바시불毘婆尸佛, 시기불尸棄佛, 비사부불毘舍浮佛, 구류손불俱留孫佛, 구나함모니불俱那含牟尼佛, 가섭불迦葉佛-의 성도의 고사로서 이번에는 왕관으로, 12지의 생기순관와 12지의 소멸역관이 언급되고 있다.

그리고 최후에 석가 자신, 고타마 붓다 자신의 12지연기에 의한 성도가 과거불과 동일하게 왕관으로 순관·역관의 연기가 언급되고 있다. 《대석가모니구담大釋迦牟尼瞿曇》이라는 제목이 붙여진 이 경의 내용을 보기로 한다.

"비구들이여, 그 때 나는 생각했다. '무엇이 있을 때 노사가 있는 가. 무엇을 연으로서 노사가 있는가'라고. 비구들이여, 그 때 나 에게 바른 고찰과 지혜에 의해 분명한 통찰이 생겨났다. '생이 있 을 때 노사가 있다. 생을 연으로 노사가 있다'라고. 비구들이여, 그 때 나는 생각했다. '무엇이 있을 때 생이 있는가. 무엇을 연으 로 생이 있는가'라고. 비구들이여, 그 때 나에게 바른 고찰과 지 혜에 의해 분명한 통찰이 생겨났다. '유생존가 있을 때 생이 있다. 유를 연으로서 생이 있다'라고."

_〈위대한 석가족의 모니인 고타마 붓다〉
《原始佛典II 相應部經典 第2卷》春秋社

19

12연기지의 네 가지 교설 방식

무명이라는 근본 원인으로부터 시작하여 차례로 연기지의 생기와 멸진을 설하는 '순관 또는 역관'의 패턴과, 노사에 대한 물음으로부터 시작하여 무명이라는 근본 원인에 이르며 무명으로부터 차례로 인연을 더듬어 노사에 이르는 '왕관 또는 환관'의 조합 패턴을 정리하면, 12지연기 등 지분이 많은 연기의 교설 방식은 논리적으로 이하의 4가지 방식으로 생각할 수가 있다.

(a)	왕관-순관	무엇을 연하여 노사가 있는가. 생을 연하여 노사가 있다. 무엇을 연하여 생이 있는가. 유를 연하여 생이 있다.…….
(b)	왕관-역관	무엇을 연하여 노사의 멸이 있는가. 생의 멸에 연하여 노사의 멸이 있다. 무엇에 연하여 생의 멸이 있는가. 유의 멸에 연하여 생의 멸이 있다.…….
(c)	환관-순관	무명을 연하여 행이 있다. 행을 연하여 식이 있다. 식을 연하여 명색이 있다.…….
(d)	환관-역관	무명의 멸에 연하여 행의 멸이 있다. 행의 멸에 연하여 식의 멸이 있다. 식의 멸에 연하여 명색의 멸이 있다.…….

사이구사 미츠요시는 왕관의 연기가 거론되지 않은 이유로서, '복수의 방향을 일방향으로 한정하는' 것으로, '법'과 '법의 법'을 구별했다고 추정하고 있다. 여기에서 말하는 '법'이란 무명과 노사 등의 각 지분의 존재성질이며, '법의 법'이란 연기의 법칙 그 자체이다.

> "각 지의 '법'은 각각의 관계를 그리고 그 서열을 즉 계열화를 지명하는, 동시에 그 계열은 각 지를 강제하여 위치하도록 한다. 이 계열화는 단순한 나열이 아니다. 그와 같은 방식으로서 지支연기설은 실로 '법의 법'이라고 할 수 있다."
>
> _〈연기의 고찰 - idapaccayatā로부터 pratityasamutpāda로〉 前揭

20

'법'과 '법의 법'

사이구사는 '법의 법'과 '법'과의 관계를 근대법의 체계에 있어 헌법과 법률의 위치에 비유하고 있다. 헌법은, 예를 들면 민법과 형법과 같은 하위의 법률에 대하여 메타레벨의 위치에 있다. 즉 상위의 지위에 있어서 그 법들을 통제하지만, 헌법도 또 법의 일종에 지나지 않는다. 이 계층성이 불교에 있어 '법의 법'과 '법'의 관계와 유사하다고 하는 것이다.

이 '법'과 '법의 법'이라는 2계층의 법의 규정은, 와츠지 테츠로에 의해 설해진 '2층의 법'론과 통하는 면이 있다. 이 '법'의 계층성에 대해서는 제3장에서 상세히 논한다.

> "각 지의 법A과 연기의 '법의 법'='법'B과의, A와 B를, 어떻게 구분하면 좋은가."
> "그래서 '법의 법'이 가능한 한 '법'에 접근하지 않도록, 상술의 A와 B를 별도로 kategorisieren 하는 하나의 수단으로서, 복수의 방향을 한 방향으로 한정하는 것이 생각된다."
>
> _ 사이구사, 前揭論文

kategorisieren카테고리지렌이라는 독일어는 '범주화하다'는 뜻. 영어에서는 카테고라이즈categorize이다. 그 범주화의 결과로서, 왕관자연적 순서와 환관역적 순서 가운데 이론화의 소산인 환관이 선택되어, 나아가 역관보다도 순관이 중시되어졌다고 하는 것이다.

> "경장의 편찬으로부터, 마침내 아비달마불교로의 진행에 보이는 전통적인 합송合誦의 논리화로 규정될 수 있는 방식에 맞춰져, 그 결과로서 왕관과 환관 중 논리화의 소산인 환관이 채택되고 그리고 동일하게 생관生觀이 놓이게 되었다."인용자주: 사이구사가 말하는 '생관'은 본서에서의 '순관'이다.

_ 사이구사, 前揭論文

21

왕관과 환관의 이동

그런데 왕관과 환관은 어디가 다른 것일까? 12지연기를 성찰의 계시적繼時的인 과정으로 간주하고 동시에 그 시간이 내관內觀의 진행에 따르는 것으로 인정한다면, 왕관이야말로 원형이라고 해야 할 것이다. 그 경우 환관은 관찰의 결과, 사후事後에 얻어진 이론적인 연기설이라는 것이 된다.

왕관과 환관은 시간의 계열적인 방향에서 역방향으로 보이지만, 원인-결과, 조건-피조건의 논리적인 인과 계열은 동일하다. 왕관에 있어서 예를 들면, "노사는 왜 있는가", "집착은 어떻게 생기하는가"라는 문제가 먼저 있다고 해도 어디까지나 답은 "생을 원인으로 노사가 있다", "갈애의 생기를 원인으로 집착이 생기한다"는 것으로, 환관의 경우와 다르지 않다. 인과의 방향성에 관하여 왕관과 환관은 바로 동일한 것이다. 물론 12지계열을 붓다의 내성內省의 과정으로서 살펴보는 것으로는 왕관의 쪽이 자연적일 것이지만, 논리적인 귀결은 동일하다.

단지 반성적으로 정돈되어 기술된 무명에서 시작하여 노사로 끝나는 환관역적 순서에서는, 본래 붓다의 구도의 동기이며 동시에 불교의 가장 중요한 과제인 노사인 고苦의 초극이라는 중심내용이 희미해진다. 우이 하쿠주도 "12인연과 윤회가 결합하기에 이른 것은 소위 역적 순서의 것이 나온 이후가 분명하다고 생각된다"고 기술하지만 〈인연의 해석〉6절, 앞서 본 《대연방편경》에서는 윤회를 전제로 하면서 왕관이 설해지고 있다. 단지 동일하게 "생을 원인으로 노사가 있다"고 말하더라도, 먼저 "왜 노사의 고는 있는가"라고 자문自問하고, "태어나 살아있기 때문에 늙는 것, 죽는 것이 있구나"라고 자답自答하는 것과는 그 내용에서도 알 수 있듯 "생을 성립 조건으로서 노사라는 것이 있다"고 하는 것에서 생에 대한 위기의식이 다르다.

그리고 왕관이 더 이상 쓰이지 않게 된 것에, 후대 삼세양중설과 같은 윤회로서 설명되는 연기설이 성립할 여지가 생겨났다. 더욱이 미야시타 세이키는 다음과 같은 사실을 지적하고 있다.

"연기의 윤회적 설명이 보이는 것은 순관의 경우가 거의 대부분이라고 해도 좋다. 순관은, 고의 원인의 관찰을 주제로 하는 역관의 단순한 논리적 귀결이어야 하는데, 거기에 시간적 인과 관계에 의한 설명이 들어갈 여지가 있다."

_〈연기설 연구 초기가 남긴 것〉上揭

즉 개괄하면, 앞에서 나온 패턴의 '(b) 왕관-역관'으로부터 '(c) 환관-순관'이 나오게 된다.

더욱이 다케우치 요시노리武內義範는 다음과 같이 쓰고 있다.

"종래의 전통적 해석은 이것을 아비달마의 12인연론에 따라 해석한 결과, 이 연기설의 진리를 종교적 자각의 표현으로서 주체적으로 파악할 수가 없었다. 그것과는 반대로 이 해석은, 연기설이란 인간의 고뇌가 어떻게 하여 생기는가를 객관적으로 설명하는 것으로서 이해하였다."

"일반적으로 말하면, 이와 같은 소위 '삼세양중'의 연기설의 이해에는, 순관의 방식에 중점이 놓여져 근거와 근거지워지는 것과의 사이의 연기지의 관계를 원인·결과의 시간적 생기의 그것이라고 하고 있다."

_ 〈연기설에 있어서 상의성의 문제〉《京都大學文學部研究紀要》通号4

22

기무라에 의한 논쟁 정리

이러한 고찰들을 바탕으로 생각해보면, 기무라와 우이의 연기관은 전통적인 순관·역관의 구별뿐만 아니라 나아가 왕관의 계열과 환관의 계열을 2분하여 파악하는 점에서 각각 특징적이며 동시에 서로 통한다고 말할 수 있다.

이 두 사람의 해석은 최종적으로 순관·역관의 12지연기설의 이해에도 반영되고 있다. 전장에서도 보았듯 이것을 오로지 일방향적인, 불가역의 시간적 인과 관계를 나타내는 것으로 이해하는가 혹은 논리적인 인과 관계인가, 아니면 공간적인 상의 관계를 나타낸다고 이해하는가 라는 것이 큰 논점으로 간주되었다.

종래의 일반적인 논평에서는 기무라가 전자의 입장이고, 이것에 대하여 우이가 후자의 입장에서 간접적으로 기무라를 비판하고, 또 와츠지가 이름을 거론해 분명하게 논난하고, 나아가 기무라가 우이, 와츠지를 반박하여 전자의 견해를 더욱 면전에 제시해 논의한다는 것이 일련의 논쟁 흐름으로 이해되고 있다.

이것은 《원시불교사상론》의 부록으로 기무라 자신에 의한 반론문 〈연기관의 전개〉의 〈상上·근시近時의 연기관과 그 득실〉에 제시된 논쟁에 대한 정리이다.

　　하지만 적어도 기무라의 〈사실적 세계관〉과 우이의 〈인연의 해석〉의 단계에서, 이 주제가 분명히 논의되고 있는 것은 아니다.

23

12지의 '대부분은 동시적 의존 관계'

기무라는 노사를 출발점으로 하는 《대연방편경》에 의거하여, 왕관의 순서로 12개의 지분 해석을 하나하나 나타내 보인다. 단 앞에서 지적했듯이, 이 경의 팔리어 원전에서 설해지는 것은 9지연기로서 무명과 행의 2지가 없고, 6처가 촉에 흡수되어 있다. 그래서 기무라는 12의 지분이 완비된 한역 《중아함경》의 《대인경大因經》에 의지해 해석을 진행하고 있다. 그것은 예를 들면 다음과 같은 방식이다.

① 노사jarā-maraṇa, 노사우비고뇌老死憂悲苦惱는 인생에서 피할 수 없는 운명이다. 이것은 무엇에 의해 그러한가. 이것이 곧 관찰의 출발점이다.

② 생jāti, 우리들에게 노사 등의 고뇌가 있는 것은 곧 태어났기 때문이다. 태어나지 않았다면, 고뇌도 우비도 없었을 것이라고 하는 것은 곧 노사의 조건으로서 다음에 생이 오는 이유이다.

그러면 어떠한 까닭에 우리들에게 태어난다는 것이 있는가. 여기에서 곧 진정한 연기적 관찰이 시작된다.

단순히 이것만으로는 요컨대 단지 현실의 설명에 지나지 않는다. 어떤 이유로 생사가 무궁한가를 분명히 할 수 없을 뿐만 아니라, 생명의 본질에 대한 인식보다는 오히려 의지에 있다고 하는 불타의 근본정신이 나타나지 않는다. 이것을 더욱 근본적으로 분명히 하려고 한 것이 곧 (11)행saṅkhāra과 (12)무명avijjā이다. 곧 무엇에 의존하여 식은 그 인식활동을 영위할 수 있는가 하면, 요컨대 그 근저에 의지가 있기 때문이다. 식은 말하자면 의지의 목적을 수행하는 기관에 지나지 않는다고 하는 것이 식과 행과의 관계이다. 아마도 여기에서 행이라고 할 수 있는 것은, 드러난 입장에서 보면 신구의身口意로 활동을 일으키는 원동력이며, 감춰진 입장에서 보면 의지의 성격으로서의 업에 지나지 않는다. 이렇게 하여 마침내 최종적으로 이 의지의 근본소의根本所依를 찾아 도달한 것은 곧 무명이다. 즉 우리들에게 생명 활동이 있는 것은 근저에서 무시이래 맹목 의지가 있어 그렇게 시킨 것이라고 귀결된 것이 최종의 연기이다.〈사실적 세계관〉 제5장 5절

이와 같이 설명한 뒤에 기무라는 총론적으로 다음의 일절을 덧붙이고 있다.

"12인연은, 요컨대 무명의 근본의욕을 기초로 하여, 식, 명색의 인식 관계로부터 애를 일으키는데 이르는 심리적 경과를 분명히 하고, 그럼으로써 욕의 창조적 결과로서의 유에 결부시키려는 고찰법이라고 말할 수 있다. 따라서 12연기는 반드시 시간적 순서를 따르는 고찰이 아닌 것을 우리들은 거듭 주의해야 한다. 오히려 대부분은 동시적 의존 관계를 나타낸 것이다. 즉 유정의 조

직 및 활동의 관계를 다양한 입장에서 관찰하여, 주요소와 종속 요소가 차례로 관련된 결과가 곧 12지로 되었다고 이해해야 한다."

_ 기무라, 前揭書

여기에서 기무라는 12지연기의 각 지분의 배열은 반드시 시간적인 순서를 나타내고 있는 것이 아니라 오히려 대부분은 동시에 상호를 규정하는 의존 관계를 나타낸다고 서술하고 있다.

우이의 전면적 상의설

한편 우이는 오늘날 차연성^{此緣性}, idapaccayatā으로 표현되는 것을 '상의성'으로 번역한 이유를 다음과 같이 말하고 있다.

> "각 지는 조건인 동시에 피조건이라고 할 수 있다. 따라서 각 지는 이 점에서 상호 예상을 하고 있는 것이라고 해도 좋을 것이다. 이런 의미에서 나는 상관적^{相關的}이라는 말을 사용한다. 그렇지만 이것은 결코 조건과 피조건의 관계가 자유롭게 서로 바뀔 수 있다는 것을 의미하지는 않는다. 각 지는 하위의 지에 대하여 항상 조건으로 피조건이 되는 일은 없고, 상위의 지에 대하여 피조건일 뿐 조건인 일은 없다."
>
> _ 방선 인용자, 〈인연의 해석〉

우이는 이 인용 부분 바로 다음에, 〈니카야〉에 있어 '식 ↔ 명색' 등 상호의존이 설해지는 예를 거론하면서도 "결코 조건인 경우가 그대로 동일 사정 하에서 동시에 피조건이 되고 있다고 혼합적으로 보아서는 안 된다고 생각한다"라고 분명하게 말하고 있다.

하지만 이것은 앞장에서 인용한 〈원시불교자료론〉《印度哲學研究 第二》所收 岩波書店의 9절에 보이는 설명인 "[이다파차야타의] 그 의미 는 갑은 이 을에 의존하고, 을은 또 이 갑에 의존하는 곧 상호간에 상 의하는 것이 되는 까닭에 상의성으로 번역해도 좋을 것이다"前揭書라 는 것과는 전혀 앞뒤가 맞지 않는다. 나아가 우이는 이렇게도 말하고 있다.

> "[12지연기의 지분의] 하나하나는 결코 시간적으로 인과의 관계 에서 세워진 것이 아니라 완전히 논리적이며 더욱이 상호간 상 의적相依的인 것을 예상하고 있는 관계에서 열거되고 있는 것에 지나지 않는다."
> "어느 것인가 하나가 불변적인 중심실체인 것이 아니라 갑은 을 에 의존하고 을은 갑을 도우며 서로 상의하여 존재하는 것을 말 하는 것이다. 숫자상으로는 통례 열 둘이지만, 실제적으로는 모 든 것은 이 중에 포함되고 나머지는 없는 까닭에, 일체의 것의 관 계는 결코 각자 독존고립이 아니라 상의상자相依相資의 의미가 된 다는 것이다. 이 의미를 연기라고 하고, 이 설을 연기설이라 칭한 다."
>
> _ 〈원시불교자료론〉 前揭

어느 쪽이 우이가 생각하는 진짜의 것인지 이 인용개소를 보는 것만으로는 확실치 않지만, 그가 단순히 12지연기를 동시생기로, 또 동시에 쌍방향의 관계로 간주하고 있는 것은 아닌 것은 알 수 있다.

단지 동시에 우이가 12지연기의 관계를 비시간적인 조건-피조건의 관계로 파악하고 있는 것은 의문의 여지가 없이, "12지연기의 하나하나는 결코 원인결과의 관계 순서로 설해지고 있는 것이 아니라 오히려 조건과 귀결의 관계를 따라서 열거한 것이라고 이해해야 할 것이다. 아니 좀 더 적절하게 말하면, 각 지는 상관적 상의적인 관계에 있는 것을 조건에 따라 순서를 세워 거론한 것으로 보지 않으면 안 된다" 〈인연의 해석〉 4절라고 역설하고 있다. 나아가 "이것이 있을 때 저것이 있다. 이것이 생기는 까닭에 저것이 생긴다"는 차연성의 공식을 "이 관계가 전체에서 나타나고 있음을 보이고 있다"〈인연의 해석〉 6절라고 일반화한 뒤에 다음과 같이도 말하고 있다.

> "모두가 현재를 입장으로서 모두가 거기에 나타나는 것도 상의상관의 관계에서 나타나는 것이며, 거기에서 소멸하는 것도 또 그러하기 때문에, 모두가 현재 성립존재하고 있는 것은 상의상관의 관계에서 가능한 것이다."
> "그리고 12지 가운데 행도 유도 모두 소위 세계 또는 인생이라는 모두를 포함하여 나타내며, 또 명색이나 명색과 식도 그 모두를 나타내고 있기 때문에, 12지에 대하여 모두가 상의상관이라고 하면, 세계는 모두 상의상관의 관계에서 성립하고 있는 것과 동일한 것이 된다는 것은 어쩌면 필연적인 일이다."
>
> _ 우이, 前揭書

우이의 12지연기론을 요약해 보면, 다음과 같이 정리할 수 있을 것이다.

① 12의 지분의 연접은 시간적 인과 관계가 아니라, 논리적 인과 관계를 나타내고 있다.

② 12지연기의 양단 즉 무명과 노사를 제외하면 다른 연기지는 모두 하위의 지분에 대하여 생기의 조건이며, 동시에 상위의 지분에 대해서는 그것을 조건으로서 생기한 결과가 되고 있다. 예를 들면 명색은 식이라는 조건에 의해 생기하는 피조건의 지분이지만^{식→명색}, 동시에 6처의 성립 조건으로서의 지분이기도 하다.^{명색→6처}

③ 단 이것은 시간적 변화 속에 현상하는 시간적 인과가 아니라, 논리적, 동시적인 인과이며, 각각의 지분은 모두 현재에 동시로 있고, 또 그런 까닭에 일거에 전체를 나타낸다.

④ 따라서 부분을 보면, 상위의 지분과 하위의 지분은 조건-피조건의 관계에 있고, 피조건이 조건이 되는 상의의 양상을 드러내고 있다고 이해할 수 있다.

우이의 연기관은 '중국화엄철학'적

우이는 더욱 나아가 "근본불교에서는 우리들 신심身心의 것을 세계라고도 우주라고도 인생이라고도 하는 것으로, 이 신심이 행, 유, 명색 또는 명색, 식 어느 곳에도 다 포함된다"라고까지 말한다. 그래서 "세계는 완전히 식의 통일 하에 상의성을 이루고 있다고 말할 수 있다. 이렇게 12인연의 뜻은 세계의 상의를 분명히 하는 것에 있는 까닭에, 나는 12인연설을 상의설이라고도 칭한다"라고 결론을 내리고 있다.前揭書

마츠모토 시로松本史朗는 이와 같은 연기 이해를 초기불교의 그것이 아니라 "중국화엄철학의 '시시무애時時無碍 중중무진重重無盡'의 연기를 설명하고 있는 것에 다름 아니다"라고 평하고 있다.〈연기에 대하여 - 나의 여래장사상 비판〉《駒澤大學佛敎學部論集》第17号

다케우치 요시노리도 동일하게 '후세의 화엄철학의 방식과 같은 것'을 예상하고 있다.〈연기설에 있어 상의성의 문제〉上揭 또 이것은 아카누마 치젠과 후나바시 잇사이가 주창한 '일체법인연생의 연기'설제1장, 제4장을 참조과 아비달마불교의 4연설 가운데 '증상연增上緣'과도 가깝다. '증상연'이란 간단히 말하면 "모든 현상과 행위는 전세계, 전우주의 일체의 연이 간접적으로 관련하여 성립한다"고 하는 것이다.

어쨌든 분명히 해두어야 할 것은, 우이가 12지연기를 상의상관의 관계로 해석한 것을 와츠지 테츠로는 인정하고 있고, 동시에 그것을 너무 앞서간 이해라고 비판하고 있다는 사실이다. 와츠지의 우이설 비판은 다음 장에서 상세하게 보지만, 와츠지는 연기지를 법으로 파악해 12지연기를 계시적 인과 관계가 아니라 각 지분의, 와츠지식으로 말하면 그 법과 법의 논리적 조건의 관계로 간주한다. 여기까지는 우이설과 거의 같지만, 우이나 기무라와 같이 동시적 상의 관계로는 보지 않는다. 따라서 특히 와츠지와 우이의 입장을 정말로 일괄적으로 취급하는 것이 옳은지 의문이 떠오른다.

근년의 논평 대다수가 이 차이를 잘 인식하고 있지 않은 것에 대해 다케우치요시노리는 과연 정확한 독해를 보이고 있다.

> "원시불교의 연기설에서, 연기지 상호의 관계가 일방적인 기초에 의거한 계열인지 혹은 상호매개적인 것인지는 학자들 사이에서도 이론이 있었던 것으로, 일방적 기초라고 생각한 것은 와츠지 테츠로설이며, 상호매개론은 우이 하쿠주의 설이 대표적이다. 와츠지설에 의하면, 연기지의 관계가 만약 완전히 상호적이라고 한다면, 근거가 되는 계열에 연기지 전체를 질서지우는 것도 본래 불가능하게 된다. 이것에 대하여 우이설은, 원시불교의 연기에서는 각각의 연기지가 자기 속에서 전계열을 반영하며, 소위 세계나 모나드와 같이 상호 반영하는 관계에 있게 된다. 그 결과 연기지 A와 B 사이에 예정 조화에 기초한 상호융입相互融入

의 관계가 성립한다. 요컨대 상즉상입相卽相入이라는 화엄철학의 상호매개를-일즉일체一卽一切의 세계관을 전제로 하면서-원시불교 연기설의 상의성에 접근하려고 하는 것이 우이설의 특색이다."

_ 上山春平, 梶山雄一編《佛教の思想-その原形をさぐる》中公新書

글 속의 '모나드'라는 것은 라이프니치의 모나드론에 유래하는 비유일 것이다"모나드는 세계를 비추는 살아있는 거울이다." 또 '상호매개적'이라는 용어는 본서에서 말하는 '상의적', '상의상관적'과 동일한 말이다.

다시 한 번 강조해 두지만, 다케우치도, 마츠모토 시로와 동일하게, 우이 학설의 배경에 대승의 화엄철학의 영향을 추론하고 있는 점에 유의해야 할 것이다.

기무라와 우이의 대립점이 12지연기의 윤회적 해석, 삼세양중설의 평가에 있는 것이 아니다. 그리고 12지연기의 흐름이 일방향적인지 쌍방향 혹은 동시적인 것인지 또 시간적 인과 관계인지 공간적 상관 관계인지의 파악의 차이에 있는 것도 아닌 것은 대체로 알 수 있다. 일반적으로 유포되고 있던 '쟁점'은 피상적인 독해에 의거하고 있었던 것을 알 수 있다.

진정한 대립점으로

제1차 연기 논쟁의 해부(하)

01

우이의 기무라설 비판

그러면 대체 기무라와 우이 그리고 와츠지의 진정한 대립점은 무엇이었던가. 이것을 논하기 전에 우이 하쿠주의 족적을 개관하기로 한다.

우이는 1882년 출생. 출생지는 아이치愛知현의 호이寶飯군 미또御津. 기무라와 동일하게 12세에 같은 군의 조동종 절 동점사東漸寺에서 득도하고, 도쿄제국대학에서 다카쿠스 준지로高楠順次郞에게 사사했다. 입학 당시 우이는 본과생本科生, 기무라는 선과생選科生이었다. 당시 구제舊制 고교를 졸업하여 통상의 코스로 들어온 본과생과 보결로 특별히 입학을 허가받은 선과생 사이에는 대우에도 특별한 차별이 있었고, 이 라이벌은 서로 간 신상의 차이도 의식했을 것으로 생각된다. 독일, 영국 유학 후 조동종대학, 동북제국대학, 동경제국대학에서 교수직을 역임하였다. 제자로는 나카무라 하지메中村元가 있고, 1963년 가마쿠라鎌倉시 니카이도二階堂의 자택에서 서거, 향년 81세.

두 사람의 모습을 비교해보면, 기무라 타이켄이 도회적이며 신사연한 풍채를 띄고 있는 반면 우이는 촌티나는 고찰古刹 주지와 같은 느낌을 갖는다. 당시 얼굴로 봐서는 기무라가 우위였다.

하지만 그 모습에서 주는 어눌한 인상과는 반대로 우이는 "결국 내가 말하는 불타의 설 또는 근본불교의 설은 우리들의 논리적 추론 위에 구성된 것으로, 그 밖에는 도저히 알 수 없는 곳에 귀착한다" 〈원시불교자료론〉《印度哲學研究 第2》라고 하는 절제감을 나타내는 이지적理知的인 자세를 평생 드러냈다. 우이는 12지연기의 근본인 즉 무명에 대해서도 매우 분명하게 말하고 있다.

> "4제의 하나하나에 대한 무지無知, aññāṇa라고 하는 것과 같이, 무명은 무지라는 의미에 다름 아니다."
>
> _〈인연의 해석〉

> "가장 중요한 하나를 말한다고 한다면, 불타의 근본사상에 대한 무지라고 할 수 있을 것이다."
>
> _ 前揭書

무명은 무지이다. 우이에게 있어 붓다의 근본사상을 모르는 것이 무명이다. 하지만 이 무지를 유럽의 전통에서 이어지는 주지주의의 문맥에서 이해하려고 한다면 오해가 생길 것이다. 후대 그와 같은 오해와 부당한 독단에 근거해 '논점 정리'가 쏟아졌다.

여기에서 말하는 '붓다의 지혜'란, 통상의 지성이나 이성만으로 파악할 수 있는 것과는 다르다. 좀 더 말하면 언어에 의해 충분히 표현할 수조차 없다. 그것은 통상의 '사고 영역'도 초월하고 있는 것이다. 무명과 동일하게 연결되는 무지란, 그것들 전체를 지각할 수 없는 사태를 말하는 것이다. 뒤에서 말하지만, 이것은 와츠지의 논고에서 한층 명확해진다. 뒤집어서 우이는 말한다.

> "개념상 무명에는 활동성이 사상捨象되어 있다. 고로 무명 그 자체로서는 활동성이 없는 것이 되지 않으면 안 된다."
> "이미 무명 그 자체로서는 본래 활동성을 생각할 수 없다고 한다면, 학자가 때때로 무명을 세계 또는 인생의 창조 발전의 근본 원리와 같이 해석하고, 따라서 12인연은 그 창조 발전의 과정을 나타내는 것으로 보고, 이것을 수론학파數論學派의 전변설轉變說을 설하는 25제諦와 비교하거나 또는 25제의 영향에 의해 생각하게 된 것이라고 하는 설은 결코 승인할 수 없게 된다."
>
> _ 방선 인용자, 〈인연의 해석〉

명시되어 있지는 않지만, 여기에서 전혀 승인할 수 없다고 부정되고 있는 것은 기무라 타이켄의 설이다. 와츠지 테츠로는 "우이씨는 전혀 기무라씨를 언급하고 있지 않다"〈부록 기무라 타이켄씨의 비평에 답함〉《和辻哲郎全集 第5卷》所收라고 단정하고 있지만, 이러한 한 구절을 덧붙이고 있는데서, 적어도 기무라의 연기론이 우이의 뇌리에 있었던 것은 의심할 수 없다. 글 속의 '수론학파'란 힌두교 정통 6파철학 중의 하나인 상캬학파, '25제'란 상캬학파에서 세계 창출에 관한 24개의 실체24제에 순수정신인 푸루샤를 더한 것이다. 기무라가 〈사실적 세계관〉에서 12지연기를 논할 때, 불교에 영향을 준 선행사상으로서 이것을 거론한 것은 앞에서 이미 언급했다.

논박하는 기무라 타이켄

이것에 대하여 기무라는 《원시불교사상론》 부록의 반론문 〈연기관의 전개〉의 '상'에서, 약간은 기묘한 논법으로 반박하고 있다.

12연기의 무명을 '불타의 근본사상을 모르는 것'으로 이해하여, "12연기의 목적은 소위 이 불타의 근본사상을 모르는 사람凡夫의 심행心行이 어떻게 되어 있는가를 분명히 하는 논리적 방식에 지나지 않는다고 논했다"라고 우이의 설을 정리한 뒤에, "그러나 이것으로는 예의 '불타가 출세하든 출세하지 않든 다르지 않다'라고 하는 연기법칙, 항상성의 의미가 확연히 나타날 수 없는 것은 아닌가. 불타가 출세出世한 뒤의 무명은 그것으로 괜찮다하더라도 출세하기 전의 무명은 적어도 그것만으로는 설명할 수 없는 결점이 따른다"라고 논란하고 있다.〈연기관의 전개〉상 2절

'불타가 출세하든 출세하지 않든 다르지 않다'라는 것은, 제1장에서 인용한 《상유타 니카야》의 《연緣》의 일절로 생각된다. 다시 해당 부분을 살펴보면 "비구들이여, 연기란 무엇인가. 비구들이여, 생에 의해 노·사가 있다. 여래가 출현하더라도 여래가 출현하지 않더라도 이것은 확립되어 있다"並川孝儀,《構築された佛教思想/ゴータマ·ブッダ》佼成出版社

고 되어 있다.

이 경은 연기가 보편적, 항상적인 이법으로, '불타가 출세하든 출세하지 않든'='여래가 출현하든 출현하지 않든' 간에 세계를 관철하는 법칙인 것을 설하고 있다.

하지만 어찌하여 무명을 무지라고 하면, 붓다, 여래가 '출현하기 이전의 무명'을 설명할 수 없는 폐단이 생긴다고 하는 것일까. 마치 뉴턴의 만유인력의 법칙이 발견되기 이전에는 만유인력은 만물에 작용하지 않았다는 것인가라고 묻는 것과 같은 것이 아닌가. 여래가 출현하기 이전에도 무명은 있었던 것이다. 그리고 태고적부터 무명에서 생기는 갖가지 고가 사람들 사이에 실제 있었던 것은 당연하다.

왜냐하면 불타 출현 이전에 살았던 사람들은 당연히 붓다의 교설을 알 수도 없었고, 단적으로 말해 무지하였던 것이다. 붓다가 세상에 출현하여 비로소 무명으로부터 노사까지의 연기에 대한 속박으로부터 해방되는 방법으로 연기지의 하나하나를 소멸시키는 방법이 발견된 것이다.

흠잡을 데 없는 이치라고 생각되지만, 기무라는 이것으로 무엇을 반증하고 싶었던 것일까.

신앙론의 영역으로 들어가게 되지만, 만약 붓다가 이 세상에 출현하지 않았다고 한다면, 연기의 이법은 인류에게 알려지지 않고, 우리들은 영원히 무명의 삶에 속박될 수밖에 없었다고 믿는 사람들이 불교도이다. 이 위기적 의식이 불교인의 신앙에 기층을 형성하고 있다. 그런 의미에서 연기설은 항상적이며 영원한 진리일 수 없다. 그것 자체가 무상하고 변화와 소멸의 위기를 잉태한 '진리'인 것이다.

기무라의 이러한 빗나간 비판에 비하면, 종교적 텍스트에 있을 수 있는 일종의 순환논법에 빠져있다고 논란하는 쪽이 오히려 이치에 부합한다. 하지만 그는 그렇게 하지 않고, 계속해서 이렇게 말하고 있다.

"만약 불타의 근본사상이 불타의 근본사상에 의해 대표되는 법의 진상眞相이란 의미로, 따라서 무명이란 그것을 이해하지 못한다는 의미라고 한다면, 물론 이것은 이전보다도 깊고 올바른 견해이다. 그러나 그렇다 하더라도 왜 우리들 범부는 법의 진상을 이해하지 못하는가. 본래 이해할 수 없게 하는 근본동력이 무엇인가를 논구하지 않으면 정리될 수 없는 일이다."

_〈연기관의 전개〉 상 2절

'본능'과 '실각'

어찌하여 무명에 빠진 범부는 세계의 진상을 이해할 수 없는가. 언제까지나 '자연적 입장'에 빠진 채로 만족하며, 무지의 상태로부터 벗어날 수 없는 것인가. 돌변하여 이 질문은 예리하다. 우이 견해의 사각을 찌르고 있다.

여기에서 감히 사적인 견해를 덧붙이면, 붓다가 도달한 '법의 진상'을 알지 못하게 하고 거기에서 범부를 멀리하는 '근본동력'은, 인간의 생물로서의 본능인 것이다. 덧붙여서 본능이라는 용어는 너무 개략적으로 설득력이 약한 용어로서, 현재 생물학과 심리학, 인지과학 등의 전문분야에서는 그다지 사용되지 않는다. 그와 같은 자연과학 용어의 엄밀성에 배려할 필요가 없어진 지금이야말로 무명의 이해를 돕는 개념으로서 불교에 이 말을 도입할 수 있다고 나는 생각한다. 유전적으로 이어받은 행동의 양식과 능력 정도의 의미이다. 이 생물적인 본능과, 성장의 과정에서 획득한 문화적, 사회적인 유사본능으로서의 언어 이 두 가지가 우리들에게 자기와 세계에 대한 원초적인 인지를 형성하고, 우리들의 직각直覺, intuition과 실감實感을 통괄적으로 정리하고 있다.

직각과 실감. 이 두 가지 말의 의미를 하나의 용어로 나타내기 위해, 지금은 사용하지 않는 '실각實覺'이라는 옛 용어를 사용하기로 한다. 여기에서 말하는 실각이란, 예를 들면 어떤 사물을 기분 좋게 느끼는 심신의 움직임을 말한다. 그것을 좋아한다거나 아까와 한다. 한편으로 어떤 사물은 기분 나쁘게 느낀다. 거의 무의식적으로 그것을 싫어하고, 미워하며, 배척하고자 한다. 이것이 실각이다.

또 기분 좋은 것, 유쾌한 것, 사랑스런 것을 좋아하고 그것들에 집착한다. 한편 불쾌한 것, 추한 것, 위험한 것을 피한다. 만약 싫은 것이 가까이 오면 힘껏 배제하려고 한다. 이러한 몸과 마음의 작용을 실각이라 부르기로 한다. 실각은 극히 '자연적'인 것이지만, 불교에서는 우리들을 괴롭히는 몸과 마음의 작용에 다름 아니다. 이것은 불교의 본질에 관한 사안이다. 《소부》에 포함된 《담마파다》에는 다음과 같은 붓다의 말이 나타난다.

> "꽃을 꺾는 데 정신이 팔려있는 사람에게 죽음이 다가 오듯이, 잠자고 있는 마을에 홍수가 밀려오듯이……."
>
> _ 中村元譯, 《ブッダの眞理のことば·感興のことば》岩波文庫

눈앞의 들판에 아름다운 꽃이 피어있으면, 사람은 그것의 존재를 알고, 찬미하고, 또 그것을 따고 싶은 의욕이 일어난다. 그것들 모두가 '실각'이다. 또 한밤중 사람들이 자려고 하는 것도 피로의 자각과 수면욕 등의 '실각'에 의한 것이다. 하지만 그것에 심신을 맡겨서는 '죽음'이나 '홍수'를 면할 수가 없다고 하는 것이다.

기무라의 '심리적 과정'론

따라서 기무라의 무명관은 이 점에서는 정확한 이해이다. 12지 연기를 '심리적 경과'라고 보는 해석도 정곡을 찌른다. 생득적 본능이든 '제2의 본능'이라고 하든, 한 마디로 정리하면 근본번뇌라고 할 수 있을 것이다. 혹은 기무라가 말하는 '생명 활동에 담긴 선천적 무의식적 성격行'을 생물로서의 본능이라고 하고, 동일하게 '선천적 성격을 배경으로 한 의식의 각성識', '의식의 반성에 의한 자기분열의 결과로서 자기의 객관화名色'를 언어의 작용으로 보는 것도 가능하다.⟨연기관의 전개⟩하, 3절 예를 들면 식이라는 말의 연원을 찾아가면, '나누어 아는팔리 vijānāti' 것 즉 언어적으로 분별하는 것, 분절화하는 것으로부터 viññāṇa식라고 하는 것을 알 수 있다. 명색은 언어인 명칭nāma과 그것의 지시대상인 색rūpa의 결합을 의미한다. 그렇게 해석하면 앞에서 본 식과 명색의 상호의존도 쉽게 이해할 수 있다. 이것은 언어적 분별에 의한 인식주체 형성의 과정을 나타낸다고 할 수 있다.

기무라는 식을 다음과 같이 설명하고 있다.

"경에는 이것을 '아는 까닭에 식이라 칭한다'라고 설하고 있지

만, 아마도 이 '안다'는 것은 구별하여 아는 것, 즉 이것은 적색이
지 백색이 아니다. 이것은 쓴 맛이지 단 맛이 아니다. 이것은 고
苦이지 락樂이 아니라고 판단하여 아는 뜻으로 이해해야 할 것이
다."

_〈사실적 세계관〉 제3장 〈심리론〉 4절

현재 《대연방편경》에는 언어표상과 윤회의 연속성에 대하여
다음과 같이 서술되어 있다. 12지 연기 중 식識별작용과 명색名稱과 형태
의 인과성에 대해 붓다와 제자 아난다와의 문답을 보기로 한다.

"그런데 명칭과 형태를 성립 조건으로서 식별작용이 있다고 이
와 같이 [나는] 말했다. 아난다여! 이 명칭과 형태를 성립 조건으
로서 식별작용이 있다고 하는 것은, 다음과 같은 이유에 의해서
도 이해해야만 한다. 아난다여, 식별작용이 명칭과 형태에 있어
서 그 기반을 갖지 못한다면, 대체 미래에 태어나는 것, 늙는 것,
죽는 것 즉 고의 집기·생성을 [사람이] 인지할 수 있겠는가."
"아닙니다. 스승이여! 그것은 있을 수 없습니다."
"그런 까닭에 아난다여! 이 경우 식별작용에 있어 명칭과 형태
이것이야 말로 원인原因이고, 이것이 기원起源이며, 이것이 기인起
因이고, 이것이 성립 조건成立條件이다.
아난다여! 태어나고, 늙고, 죽고, [다른 생으로] 옮겨가고, 다시
태어나려고 하는 한, 이름을 붙일 수 있는 한, 말을 해명하는 길
이 있는 한, 표시를 할 수 있는 한, 지혜의 영역이 있는 한, [반드

시 그것은 있는 것이다.] 즉 명칭과 형태가 식별작용과 함께 있다."

_〈생성의 유래에 대한 큰 경 - 대연방편경〉
《原始佛典第2卷 長部經典 II》春秋社

팔리어의 원문으로도 해석이 어려운 경이지만, 적어도 '이름을 붙일 수 있는'이라든가 '말을 해명하는 길', '표시를 할 수 있는' 것은 모두 언어 표현에 관한 것은 쉽게 알 수 있다. 즉 언어에 의해 인식주체는 형성되고, 인식주체의 형성에 의해 3세 즉 윤회세계가 전개한다. 《대연방편경》의 붓다는 그렇게 가르치고 있다.

무명을 '생의 맹목적 긍정盲目意志'이라고 하는 기무라의 해석은 이런 의미에서는 올바르다.〈연기관의 전개〉하, 3절 문제는 앞에서도 지적했듯이, 기무라가 이 무명에 어떤 류의 '포지티브한 주체성', 우이의 말을 빌린다면, '세계 또는 인생의 창조 발전의 근본 원리'〈인연의 해석〉와 같은 것을 찾으려고 하는 점이다.

05

—

와츠지에 의한 우이 비판

그러면 와츠지 테츠로는 12지연기의 근원인 무명을 어떻게 이해하고 있는가. 일반적으로 우이와 동일하게 주지주의적인 해석으로부터 무명=무지설에 의거하고, 동시에 12지연기를 상호의존적, 상호규정적인 관계로 보는 해석을 채택했다고 하고 있지만, 그것들은 과연 정당한가. 와츠지는 후자에 대하여 다음과 같이 평하고 있다.

"[우이의 학설은] 식, 명색 등의 관계를 중시하고, 12연기를 논리적으로 해석한다고 하는 문제보다도 오히려 모든 형태의 연기 계열에 통용하는 근본취의의 탐색을 문제의 중심으로 삼은 점에 있어서, 연기설의 연구를 한층 넓은 범위에서 보다 깊게 다루었다고 보아야 한다. 그렇다 해도 우리들은 가령 이 근본취의를 인정한다 해도, 갖가지 형태의 연기 계열이 세워질 때 그것이 일체의 것의 상의相依를 나타낸다고 하는 사유동기에 의해서만 생각되는 것이라고는 볼 수 없다. 우이씨의 소위 '관념 방식의 순서'는 이 순서에 있어서 인정되는 상의성相依性 그 자체와는 구별되지 않으면 안 된다. 상의성 그 자체는 이 순서가 반대라고 해도,

또 순서가 다르다고 해도 동일하게 인정될 수 있다. 그러나 관념의 순서 자체는 내적 필연성을 가지고, 불가결한 조건의 추궁으로서 나타나는 것이다. 따라서 인연의 계열이 다른 것은 조건추궁의 방식이 다른 것을 나타내는 것으로, 그 추궁 방식의 차이는 각각 다른 사상적 입장을 나타낸다고 보지 않으면 안 된다."

_〈실천 철학〉〈제2장 연기설 제1절〉

나아가 같은 〈실천 철학〉의 제2장 6절의 주에서 이렇게도 말하고 있다.

"우이씨.《인도철학연구 제2》p.330. '반야경, 용수불교의 일체개공설一切皆空說은 연기설을 다른 말로 나타낸 것에 다름 아니다.' 우이씨는 연기설의 근본취의를 상의 관계로 인정하는 것으로부터 이렇게 결론을 짓지만, 12연기의 계열 그 자체에 의의를 인정한다고 한다면, 연기설은 아직 거기까지 철저하지 않다고 인정해야 할 것이라 생각된다."

_와츠지, 前揭書

와츠지에 의하면 갖가지 연기 계열은 각각 독자의 사유동기를 배경으로 하고 있다. 그것들의 '관념방식의 순서'는 각각 '내적 필연성을 가지고 불가결한 조건의 추궁으로서' 나타나는 것이다. 그리고 12지연기에 대하여, 그 의미를 상의 관계로 인정하는 것은 너무 앞서가는 것이라고 우이설을 분명히 비판하고 있다.

한편 우이는 와츠지의 비판에 대해 다음과 같이 당황하면서도 대체로 얼버무리는 듯한 반응을 보이고 있다.

> "[와츠지]씨가 지적한 나의 결점에 대하여 언제라도 감사하며 읽고 있지만, 단지 유감스럽게도 나의 소양과 능력의 부족으로 인해 씨의 뛰어난 사색과 이해를 따라 갈 수 없어 그렇기에 완전히 그 진의를 파악할 수 없는 걱정의 마음이 사라지지 않는다."
>
> _〈아함연구의 다음에〉《印度哲學研究 第4》岩波書店

제1차 연기 논쟁에 관해서는 야마오리 테츠오山折哲雄를 비롯해, 기무라를 공동의 상대로 하면서 와츠지와 우이를 같은 진영에 놓는 방식이 일반적이었다. 예를 들면 스에키 후미히코末木文美士는 이렇게 해설하고 있다.

> "기무라는 비교적 전통적인 해석을 중시하고, 연기의 시간적 인과성을 강조한 것에 대하여, 우이는 그것을 비판하여 연기를 일관하여 논리적 상의 관계로서 해석하려고 하였다. 와츠지는 우이설에 편을 들어 엄격한 기무라 비판을 전개했다. 기무라의 급서라는 우연한 사정도 있어, 그 후 일본의 원시불교 해석은 우이설을 전개시키는 방향으로 전개했다. 와츠지의 설은 우이설을 보다 더 가다듬는 형태로 영향력을 가졌다."
>
> _〈와츠지 테츠로의 원시불교론〉《近代日本と佛教 近代日本の思想·再考 II》
> トランスビュー

와츠지가 우이설의 어느 것을 '가다듬었다'고 하는 것일까. 만약 우이의 '논리적 상의 관계'의 연기설을 가리키는 것이라면, 앞서 본 와츠지의 우이 비판을 보면 분명하듯이, 그것은 있을 수 없다. 또 전장에서도 확인했듯이, 적어도 〈사실적 세계관〉의 기무라는 '연기의 시간적 인과성'에 오히려 부정적이다.

이러한 구도설정의 연원을 거슬러 올라가면, 기무라의 〈연기관의 전개〉에 있어서의 정리에 다다른다. 야마오리 테츠오는 "와츠지의 연구는 우이의 '논리주의적 해석'을 이어받아, 그 논리주의적 해석을 한층 논리화하고 인식론화하여 소위 칸트의 범주론에 가까운 곳까지 나아간 것"이라고 기무라의 정리를 그대로 따르고 있다.〈말라빠진 불타〉《近代日本人の宗教意識》所收 岩波現代文庫 하지만 그것은 오독이었던 것이 아닌가.

06

무명, 무지, 자연적 입장

그러면 와츠지의 무명관을 보기로 하자. 먼저 위와 동일하게 무명을 '알지 못하는 것=무지'라고 파악한다.

> "그러면 무명은 무엇을 모르는 것인가. 경전은 5온 혹은 6입처의 무상을 모르는 것 혹은 5온 및 그 집멸미환리集滅味患離은 혹은 集滅道를 모르는 것, 4제를 모르는 것, 혹은 더 나아가 상세하게 전제후제, 내외, 업보, 불법승, 4제, 인연, 선불선, 죄습罪習, 승렬勝劣, 염정染淨을 알지 못하는 것 등이라 설하지만, 한 마디로 말하면, '부지성법不知聖法'이다."
>
> _〈실천 철학〉〈제2장연기설 제6절〉

부지성법, 즉 성법, 붓다의 지혜를 모르는 것이 무명인 것이다.

> "성법을 모른다는 것은 일체법에 대하여 불여실지不如實知인 것, 즉 범부의 입장, 자연적 입장에 서는 것에 다름 아니다."
>
> _와츠지, 前揭書

'일체법'이란 일체 존재, '불여실지'란 그 진실된 모습을 모른 다는 것이다. 요컨대 붓다가 파악하고 설한 사물존립의 실상, 즉 사물 이 가상假象에 지나지 않는다고 하는 진상을 완전히 알지 못하는 것, 이것을 와츠지는 '자연적 입장'이라 부른다. 이것은 현상학의 술어를 사용한 그의 독자적인 표현으로 주의할 필요가 있다.

앞에서도 논했듯이 우리들은 본능에 의해 움직이고, 언어에 의 해 이끌리며, 의지와 사념을 형성하며, 행위한다. '좋은 것을 좋아하 고', '바라는 것을 손에 넣는' 것은 자연적인 행위이고, 물론 '자기를 사랑하는' 것도 자연적인 의향이다. 불교는 그 자연성을 즉 실감적實 感的 자명성自明性을 비판하는 것이다. 그것들이 고의 원인이기 때문이 다.

불교를 반직각적反直覺的 'counterintuitive' 또는 반실각적인 것 이라 하는 것은 이상의 이유에 의한다. 반복하지만, 유쾌한 것을 기분 좋게 느끼고, 귀여운 것을 사랑하며, 추악한 것을 혐오하며, 불안과 고 통을 멀리 하려고 하는, 없애기 어려운 직각과 실감이야말로 근본적 인 번뇌이고, 우리들을 미혹의 생에 묶어 놓는 집착의 근원인 것이다.

이러한 자연적 입장은 허망에 지나지 않는다. 그것이 허망인 것을 모르는 것이 곧 무명인 것이다. 이러한 불교의 기본에 대하여, 와츠지는 아비달마불교의 개념을 사용하며 다음과 같이 말한다.

"본래 부지不知가 부지로서 알려지는 것은 행에 의해 성립하는 유위의 세계에 대하여 무위를 인식하는 보다 높은 입장, 달리 말 하면 '법에 근거하여 존재하는 세계'를 벗어나 그 법 자신을 관하는 '명' 혹은 '반야'의 입장에 서는 까닭이다."

_ 前揭書

이것은 자기를 포함하는 전全존재를 존재하게 하는 법을 관하는 메타레벨에 선다는 의미이다. 전현상은 법이라는 형식에 의해 한정됨과 동시에, 존재기제로서의 법 그 자체에 의해 존재한다. "존재자는 요별了別되어짐에 의해 비로서 존재자로서 존재한다. 즉 요별이라는 형식에 의해 존재자가 성립한다."〈제1편 제1장 무아의 입장〉《佛敎倫理思想史》《和辻哲郞全集 第19卷》所收 岩波書店

더욱이 그 존재기제로서 법의 영역과 속성을 한정하는 법이 있다. 앞에서 서술한 사이구사 미츠요시의 말을 빌린다면 '법'존재의 법, 색수상행식의 5법과 '법의 법'존재의 법을 확정하는 법, 무상고무아의 법과의 관계이다.

그런 까닭에 와츠지는 앞의 인용문에 이어서 "따라서 무명을 연으로 한다는 것은 명에 대하여 무명의 영역을 한정한다는 것을 의미한다. 이 한정이 행의 연인 것이다"라고 쓰고 있다.

07

___

와츠지의 '2층의 법'

제1장의 전반에서 '연기법송緣起法頌'에 대하여 설명했다. 최초기 붓다의 제자 앗사지Assaji/p가 붓다 가르침의 핵심을 게송시으로 읊은 것으로, 이교도이었던 사리풋타舍利弗와 목갈라나目連가 그것을 듣고 귀의를 결심한 계기가 된 내용이다. 그 시구는 다음과 같다.

"제법은 원인으로부터 생긴다. 여래는 그것들의 원인을 설한다. 또 그것들의 소멸도 [설한다]. 위대한 사문沙門은 이와 같이 설한다."

나카무라 하지메는 앗사지에 대하여 "초기의 대다수 불교자와 같이 무상을 직관적으로 인상지워 설하는 것을 좋아하지 않고, 더욱 깊이 고찰하여, 사물간의 인과 관계를 강조하려고 한 것이다"〈제6편 사상체계화의 길 제3장 연기설의 성립〉《中村元選集[決定版]第16卷/原始佛敎の思想II 原始佛敎VI》春秋社라고 평하고 있다.

'연기법송'에서 말하는 '제법'이란, 말할 것도 없이 갖가지 존재하는 사상事象의 법을 말한다. 그러면 "제법은 원인으로부터 생긴다"라고 하는 연기의 법은, 그 언급 대상인 '제법'과 동질적인 것인가 아니면 이질적인 것인가.

와츠지 테츠로는 동일한 법이라도 '존재의 법'과 '그 존재의 속성, 성질을 규정하는 것으로 법의 영역을 확정하는 법'과는 카테고리가 다르다고 생각했다.

전자의 법, 와츠지가 말하는 '색수상행식의 5법'은 시간적으로 변이하는 무상한 존재[자]에 대한 초월항超越項으로, 이것은 무상하지 않다. 한정되고 존재하는 대상으로서의 색, 수, 상, 행, 식은 〈니카야〉에서도 나타나고 있는 바와 같이 무상이며, 가상이지만, 그것들을 한정하고, 존재하게 하는 '법', 현상의 형식은 그렇지 않다고 하는 것이다.

더욱이 후자의 '법의 법', 와츠지가 말하는 '무상·고·무아의 법'은 그 존재[자]와 '법'을 구별하는 것으로, '법'의 영역을 확정하는 나아가 상위등급의 초월항이다. 물론 이것도 변이하지 않고, 무상한 것이 아니다. 존재[자]로서의 5온 각각만이 무상인 것이다.

"그러면 존재하는 것의 법으로서 색수상행식의 5법과 무상·고·무아의 법과는 어떠한 관계인가. 후자는 존재가 어떠한 경우에도 시간적 변이인 것을 나타내며 따라서 존재자와 법의 구별을 확립했다. 전자는 이러한 존재자의 존재의 법을 세운 것이다. 여기에 우리들은 이미 2층의 법을, 즉 존재자와 법을 구별하는 법과, 이러한 존재자 자신의 존재의 법을 발견할 수 있다. 우리들은 '색은 무상하다'라는 명제 속에 이미 이 양자가 포함되어 있는 것을 인정하지 않으면 안 된다."

_ 〈실천 철학〉〈제1장 근본적입장 제3절〉

와츠지는 2종의 법을 인정하고, 거기에 '2층'을 발견했다고 하지만, 양자가 어떠한 계층성을 이루고 있는가에 대해서는 〈실천 철학〉의 기술에서는 반드시 확연하지 않다.

논리적으로 구별해 보면, '존재의 법'과 '존재와, 존재의 법을 구별하는 법'과는 논리의 계층형태가 다를 것이다. 계층형태를 달리하지 않는다면 두개의 법은 모순된다.

전자는 존재[자]를 대상 레벨로 하는 것이지만, 후자는 그 존재[자]와 '존재의 법'을 구별하는 것으로, '존재의 법'의 영역을 확정하는 법이다. 즉 '존재의 법'을 대상레벨로 하는 법이다. 그런 까닭에 후자는 '존재의 법'에 대하여 한 단계 위의 레벨에 있는 '법의 법'으로 생각된다.

그러나 와츠지는 '2층'을 오히려 관취觀取의 단계로 보고 있고, '존재와 존재의 법을 구별하는 법'을 '존재의 법'의 기초 내지는 전제로 삼고 있다.

"무상·고·무아의 법에 의해 '존재하는 것'의 영역이 '법'의 영역과 구별되고, 나아가 그 존재하는 것의 '법'으로서 5온이 세워진다고 할 때, 우리들은 그것에 의해 경장이 단지 5온만을 존재하는 것의 법으로서 설하고 있다는 것은 아니다."

_ 〈실천 철학〉〈제1장 근본적 입장 제4절〉

5온색수상행식 뿐만 아니라 6근안이비설신의, 6경색성향미촉법으로부터 연기설까지, 현상학적 용어를 사용하면서 '2층의 법'의 틀 속으로 회수해 버린다.

> "색수상행식 혹은 안이비설신의가 무상·고·무아인 것을 여실히 yathābhūtam 관찰한다는 것은, 이미 말한 바와 같이 일체 존재자의 존재가 무상·고·무아인 것과 그 일체 존재하는 것의 법이 색수상행식 혹은 안이비설신의인 것의 2층의 법을, 있는 그대로, 현실에 즉하여, 어떠한 독단적인 예상을 미리 설정하는 일 없이, 인식한다고 하는 것이다. 바꿔 말하면, 소박실재론 및 형이상학의 편견을 버리고 무아의 입장을 취하며, 실천적 현실을 그대로 현실로서 받아들이며, 그 실천적인 현실 자체 내에 현실성립의 근거인 법을 보는 것-좀 더 달리 말하면, 자연적 입장을 차단하고 본질직관의 입장에 서서 실천적 현실의 여실상을 보는 것, 이것이 진실의 인식이다."
>
> _ 〈실천 철학〉 〈제1장 근본적 입장 제8절〉

어떻든 존재[자]에 대하여 보다 높은 차원에 있는 법은, 와츠지에 있어서는 존재하는 것이 아닌 따라서 무상하지 않은 것이다. 〈실천철학〉 출간에 앞선 강의노트인 《불교윤리사상사》에는 이 법의 영역의 확립이야말로 초기불교의 '최대의 공적'이라고 명기되어 있다.

> "이 무상·고·무아는 존재자에 대하여 타당한 법으로, 그 자체는

시간적으로 존재하는 것이 아니다."

"가령 존재자가 무상이라는 것 자체는 무상이 아니다. 초시간적
으로 타당하다."

_〈제1편 제1장 무아의 입장〉《和辻哲郎全集 第19卷》所收 岩波書店

필자로서 나는 여기에서 그가 메타레벨의 법을 실체로서 간주
하는 과오에 빠졌다고 생각한다. 이것에 대해서는 최종장에서 다시
논하기로 한다.

08

'한정한다'의 의미

어쨌든 와츠지가 말하는 "'명明' 혹은 '반야'의 입장에 선다"는 것은 세속의 대상 레벨의 실재성을 초출하여, 나아가 제법도 대상으로서 현관現觀할 수 있는 메타레벨을 획득한다는 것이다.

인용문 중의 '보다 높은 차원의 입장'이라는 것은 통상의 가치관에 있어서 '높음'을 의미하지 않는다. 자기인식과 존립 규칙도 포함하는 전영역을 대상화 할 수 있는 레벨이라고 이해해야 할 것이다.

> "따라서 무명을 연으로 한다는 것은, 명에 대하여 무명의 영역을 한정하는 것을 의미한다. 이 한정이 행의 연인 것이다. 행은 존재의 법에 있어서 구극의 통일원리이지만, 그 통일하는 영역은 필경 한정된 영역에 지나지 않는다."
>
> _〈실천 철학〉〈제2장연기설 제6절〉

이 인용문 가운데 '한정한다', '한정'이라는 어구에는 주의를 요한다. 와츠지는 이렇게 쓰고 있다.

"가령 빨강을 보는 것은 빨강이 그 자신를 푸름이나 노랑과 구별
하는 것으로, 구별하는 것은 행이 자기를 한정하는 것이다."

여기에서 '한정'은 분절과 같은 말로, 시차성示差性에 있어 즉
타자와 차이에 있어 대상을 인식한다는 의미이다.

그러면 사상을 '한정한다'는 것은 대체 무엇인가.《불교윤리사
상사》에서는 식이라고 하고 있다. 식이 요별하고, 구별하고, 한정하는
것이다.

"눈앞의 장미꽃이 장미꽃으로서 다른 꽃이나 잎사귀와 구별되
는 것-이 구별이 없으면 장미꽃은 존립할 수 없다-에 착안해 말
하면, 이 장미꽃은 구별되어 있는 것이다. 요별되어 있는 것이다.
그리하여 일반적인 현상의 사물은 요별되어 있는 한에 있어서
존재하는 것이다. 따라서 요별 일반 즉 식을 근거로 하지 않는 사
물은 존재하지 않는다. 이 경우에도 개개로 구별되어 있는 것은
식의 자기한정으로 간주된다."

_ 〈제1편 제1장〉《和辻哲郎全集 第19卷》所收 岩波書店

사상일반의 요별구별, 한정이 오로지 식의 작용으로 보는 것은
옳다. 예를 들면 색이란 자연과학의 용어로 말하면, 전자파 속에서 인
간의 안근이 파악할 수 있는 가시광선을 분별한 명칭이다. 가시광선
은 '자주색'으로 감수되는 파장이 짧은 것으로부터 '빨강'으로 감수되

                                                                              | 불교 연기 논쟁 |

는 파장이 긴 것까지 연속적인 색의 스펙트럼으로 이루어진다. 이 연속체를 말名로서 임의로 구별한 것이 '녹색'이라든가 '짙은 푸른색', '우유빛색'이라고 하는 우리들이 일상적으로 사용하는 색이다. 색은 말에 지나지 않는다. '코발트 블루', '프러시안 블루'나 '남색' 등에 자성이 있는 것은 아니다. 다른 것과의 차이에 있어 가설된 명칭에 지나지 않는다.

물론 이러한 자연과학적, 색채광학적인 인식도 또 분별의 하나인 것은 틀림없다. 실제로는 예를 들면 '피부색'이나 '신호기의 청색'과 같은 명칭과 지시대상의 관계가 안정되지 않은 애매한 색이 순간적인 객관성의 허구를 폭로해 버린다. 그와 같이 무수한 방식에 의한 분별이 있어 결정할 수 없다는 사태 그 자체가 색의 비실체성을 말하고 있다.

'행' 즉 갖가지 형성작용은 무명=무지를 연으로 분절된다. 세속은, 범부가 아닌 부처가 메타레벨에 오르게 됨으로서 비로서 하위의 레벨로서 대상화된다. 자연적 입장을 세속의 영역에 한정된 진실 세속제의 입장이라고 달관할 수 있는 것은 지혜가 '명', '반야'라고 하는 메타레벨에 도달했기 때문이다.

> "더구나 이 한정된 영역은 그것이 한정된 것으로 인식되어졌을 때 소멸한다. '무엇에 의해 무명이 있는가'라고 묻기 위해서는 무명이 인식되지 않으면 안되고, 그 인식은 명의 입장에서 가능한 까닭에 인식되어졌을 때는 이미 더 이상 무명이 아니다."
>
> _ 와츠지, 前揭書

'한정한다'의 의미

아무래도 궤변과 같이 보일지도 모르지만, 그렇지 않다. 와츠지의 행론은 가끔씩 단락적으로 이해되는 결함이 나타나며, 이 설명도 그 전형이다. 그는 "명이란 무명을 찾아내는 것인 동시에 무명을 소멸하는 것이다"〈제2편 제1장 제1절 세속제와 제일의제〉《佛敎倫理思想史》《和辻哲郎全集 第19卷》所收 岩波書店라고 명쾌하게 쓰고 있다.

'무명을 찾아내는' 것과 '무명을 소멸하는' 것은 확실히 '명'의 속성이지만, 반드시 '동시에' 일어나는 사상은 아니다. '찾아내는' 것은 시작에 지나지 않고, 불교의 용어로 말하면, '발심發心'에 해당하는 경우도 있다. 거기에서 수행이 시작되어 '그것이 실로 무명에 다름 아닌 것'을 심신 상 철저하게 정착시킴으로서 비로서 '무명을 소멸할' 수 있는 것이다. 앞서의 예시에 빗대어 보면, 빨강이라는 색이 적극적인 실체가 아니라 즉 '자성'을 갖는 것이 아니라, 다른 색 즉 파랑색, 노랑색 등과의 차이에 있어서 존재한다고 머리로는 이해할 수 있어도 빨강의 자성, '빨강색은 있다'라는 느낌이 곧바로 사라지는 것은 아니다. 와츠지는 이것을 이해하지 못했던 것은 아니다. 그 중요성을 알고 있었기 때문에 나가르주나를 인용하여 이렇게 말하고 있다.

> "반야는 세속제에 있어서 '법'을 찾아내지만, 그러나 그것만으로 법을 소멸하는 것은 아니다. 열반滅의 영역에 도달하기 위해서는 법의 인식反若이 극한을 초월하는 것바라밀이 요구된다."
>
> _ 와츠지, 前揭書

하지만 와츠지는 '찾아내는' 것과 '소멸하는' 것 사이의 간격에

| 불교 연기 논쟁 |

대해 충분히 설명하지 않았다. 그런 까닭에 그의 불교관은 주지주의적이고, 논리편중이며, 수행을 등한히 하고, 체감을 무시한다고 하는 등의 오해가 지금도 따라다니고 있다.

마츠오 노부아키松尾宣昭는, 와츠지가 "아가 있다고 헤아리는 범부에게만 고가 있다"라고 말하는 것에 대해 "와츠지가 충분히 말하고 있지 않는 것은 앞의 '헤아리는' 것의 성격, 그것의 뿌리깊음이다"〈'윤회전생' 고1〉《龍谷大學論集》第469號라고 비판하고 있으며, 이것은 정곡을 찌르고 있다.

09

범부의 아, 범부의 고

하지만 그것이 '충분한지' 어떤지는 차치하고, 와츠지가 그 '뿌리깊음'을 문제로서 의식하고 있지 않았던 것은 아니다. 어떤 범부가 교리연찬을 거듭하고, 수행을 쌓고, 무지를 완전히 불식시켰다고 한다면, 그 사람은 더 이상 범부가 아니다. 여기서 말하는 지와 무지란 근대적인 지성과 지식과는 전혀 다르다.

따라서 와츠지는 《불교윤리사상사》에서 다음과 같이 기술하고 있다.

"범부의 입장에서는 행의 자기 한정이 현상의 세계를 전개하며, 부처의 입장에서는 행이 그 자신에게 돌아가는 즉 부정Negation으로서 멸의 세계, 무위의 세계를 전개한다."
"이 부정의 이해는 그것을 체득體得함으로써 비로서 얻어지는 것으로, 여기에 불교철학이 특히 실천 철학으로서 특징 지워지는 이유가 존재한다. 우리가 여기에서 시도하고 있는 philosophieren은, 불교의 용어를 빌린다면, 지혜의 입장에 서는 것에 다름 아니지만, 그러나 그 지혜의 입장이 곧바로 멸이 되어 실현되기 위해

서는 단순히 인식이 아니라 체현體現되지 않으면 안 된다.″

_〈제1편제2장 연기설〉《和辻哲郎全集 第19卷》所收 岩波書店

글 속의 philosophieren필로조피렌이라는 독일어는 '철학적으로 사유하다' 정도의 의미이다. 와츠지는 여기에서 철학적 사색에 근거한 인식으로는 멸의 세계를 통달할 수 없다는 것을 밝히고 있다. 지혜의 입장이 멸이 되어 실현되는 것은 단순한 인식만으로는 불충분하고, '체득', '체현'을 필수로 한다. 그는 그렇게 단정하고 있다. 그런 까닭에 "원시불교에 있어서 연기관을 먼저 인간에 있어 인식의 고정적 지평으로 돌려서 해석하려고 한다"山折哲雄 〈말라빠진 불타〉《近代日本人の宗敎意識》所收 岩波現代文庫는 등으로, 와츠지의 연기론을 근대의 논리주의나 주지주의로 과도하게 치우쳐 이해하려는 논평은 와츠지의 의도를 완전히 벗어난 것이다.

또 종교학자 게타 마사코氣多雅子에 의한 "와츠지 사고방식의 근본적 문제점은 붓다의 지지혜에 있어 선정의 의의를 인정하지 않는데 있다"든가 "수행의 중요성을 등한시했다"氣多〈불교를 사상으로서 추구하는 것 - 와츠지 테츠로의 원시불교 연구를 중심으로〉實存思想協會編《思想としての佛敎 實存思想論集 XXVI》理想社라는 논평도 올바르다고는 할 수 없다.

와츠지는 앞서 인용한 《불교윤리사상사》에서 이렇게도 말하고 있다.

"'무명이 멸하면 행이 멸한다'라고 알려졌을 때, 무명은 곧바로 지양될 것인가. 관념적으로는 그렇지만, 그러나 우리들이 무아,

연기를 안다고 생각할 때, 그것이 진정 알려져 파착把捉 begreifen 구체적인 실현되는 즉 체현된다고는 말할 수 없다. 가령 '아'가 본질이 없는 것이라고 진정 알려졌다고 한다면, 이기주의의 입장은 지양되겠지만, 무아의 고찰은 반드시 아집의 탈각을 동반하지는 않는다. 단지 추상적으로 무아를 생각하며, 진실로는 아를 실재하는 것이라고 생각하고 있는 경우도 극히 많다."

_ 방선 인용자, 〈제1편제3장 도덕의 근거〉《和辻哲郎全集 第19卷》所收 岩波書店

와츠지 논고의 동일한 부분을 인용하면서 이 점에 주목한 사람이, 티베트불교의 입장에서 와츠지의 불교 연구를 비판적으로 검토하고 있는 요시무라 히토시吉村均이다. "근대적이라고 평가되는 점이 많은 와츠지의 불교 이해에 있어 아함경전이나 아비달마에 대한 이해방식에는 상상 이상으로 나가르주나와 공통점이 많다"고 지적하고 있다.

"와츠지는, 불교가 고라고 파악해 거기에서 해방을 목표로 한 것은, 낙수樂受에 대한 고수苦受가 아니라, 이와 같은 '자연적 입장'이라고 하고 있다.全集19, 140項 대상을 가치를 띤 것으로서 실체적으로 파악하는 것을 고통의 진정한 원인이라고 하는 것은, 인도로부터 티베트에 전해진 전통적 불교이해와 기본적으로 일치하며, 나가르주나도 다음과 같이 말하고 있다."

_ 〈와츠지 테츠로와 나가르주나 - 인도·티베트 전통적 이해와의 대비〉
《比較思想研究》第41号

그래서 요시무라는 《60송여리론》의 제24게송을 인용한다.

"어리석은 자異生는 존재에 불변의 실체我를 생각하여 있다든가 없다든가에 빠지는 잘못으로 인해 번뇌에 지배되기 때문에, 자신의 마음에 의해 스스로 속는다."

_ 瓜生津隆眞譯,《大乘佛典14 龍樹論集》中公文庫

와츠지의 자연적 입장이란, '이 나'가 실체로서 존재하고, 실체로서의 '이 세계'에 직접적으로 대면하고 있다고 하는 믿음에 서있는 것이다. 그 입장에는 미추美醜, 쾌고快苦, 선악善惡과 같은 가치 판단도 동반한다.

"그 속에서 나는 인식하고 느끼며 의욕하고 현실적인 세계를 살아간다. 이 나에 대하여 밖에 다른 많은 아가 있어 같은 세계 속에서 대체로 동일한 생활을 하고 있다. 이것이 범부의 입장에 있어서의 현실이다."

_ 〈제1편 제1장〉《佛敎倫理思想史》《和辻哲郎全集 第19卷》所收 岩波書店

하지만 이 '현실'에 빠져 그것을 의심하지 않는 '자신의 마음'에 의해 속는 것이 범부의 고통인 것이다.

"전통적 이해에 있어 수행이 불가결하다는 것은, 이 '자연적 입장'을 변화시키기 위해서는 단순한 지식이 아니라, 실제로 자신의 이해방식을 바꾸어 갈 필요가 있기 때문이다."

와츠지와 나가르주나와의 무명해석, 불교이해의 공통성을 보
았지만, 그러면 초기불교의 법통을 잇는 테라바다불교와의 관계성은
어떠한지 다음에서 살펴보기로 한다.

10

테라바다불교의 무명관

알루보물레 수마나사라Alubomulle Sumanasara는 팔리아비담마 개설서에서 무명無明을 이렇게 해설하고 있다.

"경전에서는 '진리를 모르는 것이 무명이다'라고 설명합니다. 진리란 사성제·고집멸도이기 때문에 '존재가 고집멸도인 것을 아직 모르는 것'이 무명입니다."

_《ブッダの實踐心理學 第6卷 緣起の分析》サンガ

무명을 무지無知라고 하는 경전은 상당히 많고, 대표적인 것을 하나 들기로 한다. 《상응부》 경전, 〈인연편〉의 《분별》이라는 제목의 경전에는 다음과 같이 설해져 있다.

"비구들이여, 무명이란 무엇인가. 비구들이여, 고에 대해 모르는 것, 고의 원인에 대해 모르는 것, 고의 소멸에 대해 모르는 것, 고의 소멸로 이끄는 실천에 대해 모르는 것, 비구들이여, 이것을 무명이라고 한다."

_《분별》《原始佛典 II 相應部經典[第2卷]》春秋社

이 경전에서 무명의 대상으로 거론되는 '고, 고의 생기, 고의 소멸, 고의 소멸로 이끄는 길'이란 4제 즉 고제, 집제, 멸제, 도제를 말한다. 즉 무명이란 단적으로 4제에 대한 무지라고 말해진다.

좀 더 수마나사라의 설법을 보기로 한다.

"'행'은 두 가지로 나누어서 볼 수가 있습니다. 무명이 있는 것을 모르는 사람은 알고 있는 듯한 착각에 빠져서 행동합니다 위험한 행동이 됩니다. 무명이 있는 것을 아는 사람은 무명을 없애기 위해 행동을 합니다 해야 할 바른 행동. 그러나 어느 것이든 무명으로부터 생긴 행입니다. 세계는 무명이 있는 것을 모르고 행을 합니다. 불제자는 무명을 없애기 위한 행을 합니다."

"4성제를 완전하게 안다면 무명이 없는 것입니다. 따라서 행 행해야 할 것도 소멸합니다. 이것이 해탈에 도달했다는 의미입니다."

_《ブッダの實踐心理學 第6卷 緣起の分析》サンガ

수마나사라의 표현은 실로 평이하지만, 내용을 세밀히 보면, 와츠지의 난해한 무명론과 놀랄 만큼 일치하고 있는 것을 알 수 있다.

또 세계 최초의 테라바다불교의 종합사전 《상좌불교사전》의 무명의 항목에는 다음과 같은 정의가 내려져 있다. 이케다 렌타로 池田 鍊太郎의 집필에 의한 정의를 보기로 한다.

"불교가 설하는 근본적 번뇌. 무지. 명이 올바른 지혜·인식을 의미하는 것에 대하여, 무지는 그것을 결한 상태로, 진실과 사물의 도리에 대한 무지를 의미하며, 특히 연기와 4제 등 불교의 가르침을 모르는 것을 말한다."

_ パーリ學佛敎文化學會 上座佛敎事典編集委員會編《上座佛敎事典》めこん

이것도 또 우이, 와츠지의 무명=무지라는 것을 지지하고 있다.

제1차 연기 논쟁의 최대의 쟁점이었던 무명의 성질에 관한 이해의 차이는, 각각의 행론의 일관성과 정합성, 상대방 논점의 치밀성을 살펴보아도, 팔리 아비담마나 중관철학의 전통적 교설에 비추어 보아도 명백하게 결론이 나왔다고 판단하지 않을 수 없다.

11

기무라설의 특이성

야마오리 테츠오는, 우이, 와츠지의 초기불교의 연기관, 무명관
을 다음과 같이 재단裁斷하고 있다.

> "기무라가 그것을 인간에 있어서 생명 발동生命發動의 다이나믹
> 한 지평에서 재구성하려고 한 것에 대하여, 세계와 현상을 논리
> 의 그물로 잡으려는 방식으로 해석한 것이다. 그 결과 무명이란,
> 근본불교의 입장에 대한 무지, 세계와 현상에 관한 상호규정성
> 에 대한 무지라고 해석하기에 이르렀다."
>
> _ 야마오리,《近代日本人の宗教意識》, 前揭

이러한 이해는 논의를 기존의 도식에 갖다 맞춘 구도일 뿐으
로, 그들 즉 기무라나 우이, 와츠지의 논의에 대한 섬세한 배려를 결
하고 있다.

반복되는 것이지만, 우이와 달리 와츠지는, 초기불교의 연기를
"세계와 현상을 논리의 그물로 잡으려는 방식으로 해석한다"고 말하
지 않고, 12지연기의 무명을 '세계와 현상에 관한 상호규정성에 대한

무지'라고 설정하지도 않는다. 그것은 기무라에 의한 상당히 일방적인 논점 정리를 무비판적으로 수용한 사람들에 의해 부당하게 정리된 환상의 '와츠지설'에 지나지 않았던 것이다.

　오히려 불교의 연기를 "인간에 있어서 생명 발동의 다이나믹한 지평에서 재구성하려고 했다"고 하는 기무라의 연구 목적에, 나는 당시 일본의 지식계를 석권하고 있던 일대사조였던 '다이쇼생명주의大正生命主義'의 반향을 느끼지 않을 수 없다.

　또 구수모토 노부미치楠本信道에 의해 논의되듯이 "논리만으로는 파악할 수 없는 기무라의 해석은, 언뜻 올바르게 보이지만, 무명을 윤회의 주체로까지 간주하여 해석하는 것은 기무라에게만 보이는 특이한 견해"《《俱舍論》における世親の縁起觀》平樂寺書店인 것이다.

12

와츠지설의 난점

물론 와츠지의 논고에도, 원시불교론 전반에 있어서 혹은 오온론, 연기론에 있어서나 또는 그 이외의 불교전반의 이해에 있어서도, 몇 가지의 의문점, 문제점이 발견된다. 예를 들면 그가 말하는 실천철학의 '실천'은, 야마오리 테츠오나 게타 마사코 등이 거론한 비판의 논점과는 다른, 아마도 그들의 비평의 문맥과는 반대의 면에서 심각한 문제를 안고 있다. 와츠지는 현상학의 '본질직관'이라는 용어를 자주 사용하며, '실천'이라는 말 안에 형이상학과 신비주의를 원시불교의 해석론 속에 도입하려고 하고 있기 때문이다.

> "즉 무아·무상·오온 등의 법이 초시간적으로 타당하다는 것은 어떠한 것인가. '여실지如實知, paññā' 여기에서 진리란 존재자가 시간적으로 변화해 가는 것, 그 시간적인 존재자가 오온소생인 것 등의 여실지이다."
>
> _〈제1편 제1장〉《佛教倫理思想史》《和辻哲郎全集 第19卷》所收 岩波書店

> "여실지는 절대적인 것이다. 그래서 본질이 타당한 것도 여실지

에 의해 권리를 부여받는 것이다. 여실지는 곧 신비적인 직관이
며, 타당영역은 이 직관에 의해 성립하는 것이다."

_ 와츠지, 前揭書

"'형이상학적인 것. 철학 이외' 그것은 초감각적인 형이상학적인
것이다. 인식불가능한 것으로서 철학의 영역으로부터 추방되어
야 할 것이다. 본질직관은 이렇게 무아의 입장이 방치된 형이상
학적인 것을, 고래古來의 형이상학과는 다른 의미에서, 곧 존재자
와 연이 없는 것으로서, 인식불가능한 것으로서 다시 세우는 것
이다. 거기에 '인식불가능한 것'을 존재자로서의 인간이 지향한
다고 하는 신비주의Mystik가 성립하는 것이다."

_ 前揭書

좀 더 말한다면, 앞에서 말한 '법'과 '법의 법'을 마치 플라톤의
이데아와 같이 변멸變滅하지 않는 실체로 간주한 과오이다. 이 과오는
중대하며, 무명의 해석을 둘러싼 대립과 함께 제1차 연기 논쟁의 최대
의 논점이라 생각된다.

하지만 이제까지 보아왔듯이 비판자들의 논고에는, 텍스트에
대한 정밀한 독해가 빠져있고, 주지주의와 논리주의 이름으로 끝내버
리는 것이 눈에 띈다.

13
—

실존고에 대한 기무라의 위기감

한편 기무라 타이켄의 종교적, 실존적인 문제의식에 대한 깊이 성과 예리함, 거의 위기감이라해도 지나치지 않을 첨예성은 높이 평가할 수 있다. 그것의 실제 인생에 있어, 특히 노사로부터 출발한 구체적이며 동시에 실존적인 고를 어떻게든 해소하지 않으면 안 되는 절심함이 배어 있다. 예를 들면 그는 생의 지분에 대한 설명에서 "우리들에게 노사 등의 고뇌가 있는 것은 소위 태어났기 때문이다. 태어나지 않았다고 한다면, 고뇌苦惱도 우비憂悲도 없었다고 하는 것은, 곧 노사의 조건으로서 다음에 생이 오는 이유이다"라고 말하고 있다.〈사실적 세계관〉제5장 5절 니힐리스틱이라고도 염세적이라고도 간주할 수 있는 이 한 구절에, 기무라의 실존고實存苦에 대한 심각한, 절박한 위기감이 느껴진다. 또 12지의 연쇄를 심리적인 과정이라고 하는 해석도 가능하게 느껴진다. 당시의 용어로 바꾼다면 '인식과정론'이 될 것이다.

단지 문제의식의 절실성이 기무라의 원시불교를 약간은 성급한 쪽으로 몰고 갔다. 그런 까닭인지 주의주의主意主義에 과도하게 기울거나, 유아론有我論에 한없이 나아가, 기무라의 행에 대한 논의에는 일관성이 약하거나 위험성도 따르고 있다. '훈권薰圈'같은 애매한 영역을 설정하거나 혹은 최종적으로 절충으로 치닫는 모습은 이러한 논의의 성격에 기인하는 것은 아닌가.

그렇다 해도 앞에서 말했듯이, 그는 무아설을, 인격향상이라는 윤리적, 실천적인 목적을 위해 내세운 것에 지나지 않고, 교리의 근간에 관련된 것이 아닌 것같이도 시사하고 있다.

> "불타가 무아론을 강하게 주장한 다른 한 이유는, 무아론을 주장하는 것은 유아론을 주장하는 것보다도 우리들의 인격적 가치를 증진하는 위에서 오히려 유효하다고 하는 실천적 이유에서이다. 아니 이것은 불타에 있어서 이론적 방면보다도 중대한 근거이었는지도 모른다."
>
> _〈사실적 세계관〉 제2장 4절

그런데 와츠지에 있어서 무아는 주객과 물심의 구별을 초월하여, 오온, 연기 등의 제법을 관하는 고차高次의 법의 입장이다.

> "오온에 있어서 아가 있다고 헤아리는 범부만이 기뻐하고 슬퍼하고 노여워하고 괴로워한다고 말한다. 이러한 기쁨이나 괴로움이 존재하는 것이라고 보는 것은 '나의 기쁨이나 괴로움'으로서이다. 무아의 입장을 지키는 한 물리적인 물과 심리적인 물과의 구별은 있을 수 없고, 존재의 방식과 체험은 하나이지 않으면 안 된다. 여기에서 우리들은 일체의 대상계를 의식에 내재시키는

시도가, 의식을 대상계의 범주라고 하는 것에 의해 이루어지고 있는 것을 본다."

_ 〈실천 철학〉 〈제1장 근본적입장 제5절〉

이 무아에 관한 기무라와 와츠지의 평가에 대한 차이는 너무 크고 깊어 그 틈을 메우기는 어렵다. 말하자면 양자의 혹은 기무라와 우이, 와츠지의 쟁론의 본질은 무명, 무아의 성질을 최대의 논점으로 한 것은 아닐까.

와츠지는, 기무라의 "원시불교를 관통하는 솔직함과 실증성이 나타나지 않는다"라는 비판에 대하여 이렇게 답하고 있다.

"만약 이 비평이 나의 해석에 있어 추상적, 논리적인 것을 비난하는 것이라고 한다면, 나는 기무라씨의 철학에 관한 이해력을 의심하지 않을 수 없다. 나는 원시불교의 철학 속에 '내용이 없는 단순한 논리형식'을 전혀 제시하지 않았다. 나는 단지 가장 구체적인 살아있는 현실에 대한 파악만을 제시한 것이다. 나는 그것을 반복하여 상세히 서술하고자 했을 뿐이다."

_ 〈부록 기무라 타이켄씨의 비평에 답함〉 前揭

'구체적인 살아있는 현실'을 비판적으로 파악하려고 한다면, 그것을 일정한 틀이나 괄호에 넣고, 그래서 얻어진 일정한 틀의, 상호 관련이나 양태를 객관적으로 관찰하여 성찰할 필요가 있다. 와츠지가 경도한 현상학의 술어를 일부러 쓴다면, '에포케판단정지할' 필요가 있다. 그것을 만약 추상적, 논리적인 형식화라고 비난한다고 한다면, 더이상 12지연기로 대표되는 각각의 유지연기도, 오온도, 6처도, 18계도 동일한 논란을 면하기는 어렵다. 불교는 가령 최초기의 단계라고 해도 그 정도로 '지적知的'이었고, '비판적'이었던 것이다.

14
—
무지와 근본번뇌

단 우이, 와츠지가 등한시한 반면 기무라가 그 허를 찌른 한 가지가 있다. 앞에서도 논한 '범부를 분명히 멀리하는 근본동력'이란 무엇인가, 하는 문제이다. 나는 기무라설을 부연하는 형태로 그것을 본능과 언어에 의해 움직이는 맹목적 생존 욕망, 근본번뇌라고 추정했다. 즉 근본번뇌에 덮혀있기 때문에 무지인 것이며, 무지한 까닭에 근본번뇌에 덮혀있다. 맹목적인 까닭에 무지가 되며, 무지한 까닭에 맹목적이 된다. 이 둘은 상의의 관계에 있다.

나가르주나는 "만약 무명의 인연을, 더욱이 그 근본을 구한다면 곧 무한정이 되어, 변견邊見에 떨어져 열반의 길을 잃게 된다. 그런 까닭에 구해서는 안 된다. 만약 더욱 구한다면, 희론에 떨어지며, 이것은 불법이 아니다"《大智度論》第90卷라고 경고하고 있다.

그러나 일부러 기무라, 우이, 와츠지를 본받아 무명의 근본을 추구하려고 한다면, 무지와 근본번뇌의 상호의존에 부딪친다. 상의 관계는 무한정 순환하기 때문에 그 이상 소급할 수 없다. 곧 무명이 근본이며, 연기의 기원이며, 종극이다. 이것이 나의 무명해석이며, 연기론의 근저이다. 이것에 대한 해설은 원고를 달리해 논술할 예정이다.

　　제1차 연기 논쟁은 표층적으로는 원시불교 교리의 성격을 둘러싸고 벌어졌지만, 실제로는 후대의 부파불교나 아비달마, 나아가 중관 유식 등 대승불교의 논의들도 포함되어 있었던 것이다.

15

논쟁에서 물러난 전통 계승논자

그런데 이 논쟁의 참가자 가운데 거의 언급하지 않은 사람이 아카누마 치젠赤沼智善이다. 아카누마는 기무라에 의해 12지연기의 윤회론적 해석을 한결같이 하는 자로 간주되고 있다.〈연기관의 전개〉상, 3절

우이, 와츠지의 설을 일괄하여 논리주의라고 결정한 것과 같이, 아카누마의 설을 윤회론으로 결정지웠다. 더군다나 '오래된 연기경'으로부터 취할 수 있는 인생의 현실, 노병사의 고관에 이르는 심리활동을 응시할 수 없다고까지 혹평하고 있다.

"나는 오래된 경전이라고 해도 이미 그 가운데 윤회의 의미를 포함하고 있는 것을 감히 부정하는 것은 아니지만, 공평하고 정직하게 경전을 읽는 한, 역시 현실활동주로 심리적 경과의 양식에 중점을 둔 관찰이었다는 것은 논쟁의 여지가 없는 사실이라고 생각한다."

_〈연기관의 전개〉상, 3절

이러한 비판에 대하여 아카누마는 사실상 논쟁으로부터 물러

나 버린다.

"12연기설에 대해서는, 최근 중요한 연구논문이 발표되어 불교학계를 활기차게 하고, 특히 우이, 와츠지 두 사람에 의한 훌륭한 연구 성과는 경복敬服을 금할 수 없다. 나는 우이박사의 〈12인연의 해석〉이 잡지 《사상》에 발표된 같은 달에, 〈12연기설의 전통적 해석에 대하여〉라는 논문을 잡지 《종교연구》에 발표하여, 몇몇 전통적 해석을 설명하는 것에 힘을 쏟았기 때문에, 전통적 해석의 지지자인 듯 생각되어졌지만, 실제 나의 연기에 관한 생각은 몇 번인가 바뀌었다. 어떤 때는 연기설의 전통해석이 어떻게 되어 있는가, 전통해석은 경전의 근거를 어디에 두고 있는가를 조사한 결과, 정리된 것을 발표한 것으로, 지금까지 12연기설에 대하여 나타난 논문으로서는 기무라박사의 《원시불교사상론》 중의 그것이 가장 주요했기 때문에, 그것에 대응해 글을 진행시켜, 별 생각 없이 전통적 해석을 지지하는 듯한 의미가 눈에 띄게 나타난 것으로, 같은 달 발표된 우이박사의 논문을 읽고, 계발된 점이 많아, 나의 논의의 부족함 특히 전통적 해석이 경전적 근거로서 삼고 있는 것, 그것을 향한 비판이 부족했던 점을 느낀 것으로, 결코 언제까지나 전통적 해석의 지지자인 것은 아니다."

_ 〈아함경강화〉 제5장 5절 《原始佛教之硏究》 所收 法藏館

자신은 기무라 타이켄의 논고에 자극을 받고 그것을 보완할 의도로 전통적 해석을 계승하고자 한 것으로, 단지 우이 하쿠주의 논고를 읽고 반성을 한 것이라고 말하고 있다.

16
—
아카누마의 '2종연기설'

이렇게 논쟁의 전선에서 일찍 물러나 버렸지만, 아카누마의 초기불교 연구에는 볼만한 점이 있다.

아카누마 치젠은 1884년 니이가타현新潟縣 나가오카시長岡市의 진종대곡파의 절에서 태어났다. 성장하며, 동본원사의 학료를 전신으로 하는 진종대학을 졸업. 나아가 스리랑카, 영국에 유학했다. 귀국 후 진종대학에서 팔리어, 원시불교를 가르치고, 연구 활동에도 힘을 쏟았다. 1937년 불의의 화를 당해 서거. 향년53세. 업적은 다양하지만, 초기경전의 연기설의 분류, 분석은 잘 알려져 있다. 〈니카야〉와 한역 〈아함경〉을 상세히 조사하여, 연기지의 수에 따라 35종으로 분류하고, 그 유형을 발견해 일람표를 작성했다. 더욱이 그것들을 12지연기를 중심으로 '정계正系'와 '별계別系'로 구분하고, 나아가 상세한 분석을 시도하였다.〈12인연의 전통적 해석에 대하여〉《原始佛敎之硏究》所收 法藏館

단 별계의 연기설도 정계의 유지연기에 대한 보완설명에 지나지 않는다는 아카누마의 입장은, 갖가지 연기 계열에는 각각 독자의 사유동기가 있고 개별적으로 추구되어 발달했다고 하는 와츠지 테츠로의 설과는 대립한다.

또 붓다의 교단을 구성한 4중衆, 즉 출가수행자인 비구, 비구니, 재가신자인 우바새, 우바이의 출신계층에 대한 조사 등은 실로 흥미 깊다. 아카누마는 〈니카야〉와 그 주석, 각종의 율, 대승경전, 율장 등을 조사하여 이름이 전해지는 자의 출신 바르나종성, 카스트에 기반하는 신분를 확정하고 있다.〈석존의 4중에 대하여〉《原始佛教之研究》所收 前揭

우리들은 이미 사이구사 미츠요시, 모리 쇼지森章司에 의한, 보다 세밀한 자료정리와 실증연구의 성과를 갖고 있지만三枝《初期佛教의 思想》東洋哲學研究所, 森〈원시불교의 연기설에 대하여 - 그 자료정리〉《中央學術研究所紀要》第18号 등, 당시 아카누마에 의한 연기 계열의 분류, 경전의 기술에 대한 실증적 분석 등은 획기적이었다고 생각된다.

이러한 조사에 기초한 지견에 의거하여 그는 연기설 연구에 있어 매우 중요한 가설을 이끌어낸다. 제1장에서 후나바시 잇사이의 논고를 소개하는 형태로 거론한 초기불교에 있어 연기는 '유정수연기有情數緣起'와 '일체법인연생一切法因緣生의 연기'의 둘로 이루어진다고 하는 '2종연기설'을 처음으로 제창한 것도 아카누마이다.

이 두 개의 연기론은 태평양전쟁을 거쳐 전후 제2차 연기 논쟁에도 이어지며, 더욱이 현대의 연기설 연구에도 영향을 미친다. 아카누마 치젠의 선구적 업적의 부산물이라 할 수 있다.

2종연기설에 관해서는 다음의 제2차 연기 논쟁의 고찰에 있어, 후나바시 잇사이에 의한 전개를 보는 속에서 보다 세밀하게 다루기로 한다.

제4장

불교학자들의 논전

제2차 연기 논쟁의 심층

01

논쟁을 주도한 사이구사 미츠요시

제1차 연기 논쟁에서 리더의 역할을 한 사람은 기무라 타이켄이었다. 제2차 연기 논쟁에서 기무라와 같은 역할을 맡아 논쟁을 주도한 사람은 사이구사 미츠요시三枝充悳이다.

이 '전후戰後의 논쟁'이 제1차 논쟁과 다른 점은, 본서 제2장의 서두에서 지적했듯이 등장인물이 모두 인도불교학, 초기불교를 전공으로 하는 연구자 즉 불교학자로서, 와츠지 테츠로와 같은 불교 연구의 비전문가인 지식인의 참가가 없었다는 점이다. 《원시불교의 실천철학》은 와츠지의 박사 논문으로, 그를 원시불교, 초기불교의 사상을 객관적인 시점에서 기술하고, 분석하고, 평가하는 사상사가思想史家로 본다면, 그 논쟁을 할 만한 충분한 전문성을 갖추었다고 말할 수 있다. 비유해서 말하면, 헌법학자 사이에 오고간 헌법 해석상의 논쟁에 법리학자가 법철학적 관점에서 개입한 것과 같다고 할 수 있다.

이러한 타분야의 학자에 의한 참여는 없었던 대신, 제2차 논쟁은 쟁점이 명확하고, 논의주제가 다양하게 전개되고 있다. 단 그러한 까닭에 불교학 내부의 논리 정합성과 문헌학적 실증성을 둘러싼 논의에 지면이 할애되어 철학적인 깊이나 사상적인 폭이 부족했다는 아쉬

움이 남는다.

또 하나의 특징으로 들 수 있는 것은 논쟁의 무대가 한정되어 있는 점이다. 기본적으로 〈중외일보中外日報〉라는 종교 전문의 신문을 그 무대로 하고 있다.

〈중외일보〉는 교토에 본사를 둔 중외일보사가 내는 신문. 일간 이었던 때도 있었지만, 현재는 기본적으로 주2, 3회로 발행된다. 종교 사상사가 마타니 루이코츠眞溪淚骨에 의해 1897년에 창간된 〈교학보지 敎學報知〉를 전신으로, 1902년 지명을 현재의 〈중외일보〉로 바꾸었다. 당초는 종파에 관계없이 '불교의 각성과 종교계의 혁신'에 기여하는 것을 목적으로 한 불교 전문지이었지만, 지명을 바꾸어 종교를 불문 하고 '종교를 중심으로, 정치, 문학, 예술, 산업 그 밖의 내외 각 방면 에 걸친 폭넓은 보도, 논평과 화제를 제공'하는 것을 의도한 종합종교 문화지로 탈바꿈하였다.

02

총 49차례의 논쟁

〈중외일보〉에서의 논쟁은 사이구사 미츠요시, 후나바시 잇사이舟橋一哉, 미야지 카쿠에宮地廓慧 이 세 사람 사이에서 전개되었다. 한 사람 당 1회씩 2~9차례 논고를 게재하고, 이것을 세 사람이 돌아가며 반복했다. 그리고 최후로 사이구사가 반론과 통괄을 행한 뒤 마무리하였다. 먼저 그 내역을 보이면 다음과 같다.

[연기 논쟁] 시리즈		
1	三枝充悳	[상] 1978년 4월27일자　[중] 동년 5월2일자　[하] 동년 5월4일자
2	宮地廓慧	[1] 동년 9월14일자　[2] 동년 9월30일자　[3] 동년 10월5일자 [4] 동년 10월7일자　[5] 동년 10월10일자　[6] 동년 10월14일자
3	舟橋一哉	[상] 동년 11월30일자　[하] 동년 12월2일자
4	三枝充悳	[1] 1979년 3월24일자　[2] 동년 3월27일자　[3] 동년 3월29일자 [4] 동년 4월3일자　[5] 동년 4월10일자　[6] 동년 4월 12·14일 합병호

		[지상대론 연기 논쟁] 시리즈		
5	宮地廓慧	[1] 동년 6월14일자 [2] 동년 6월16일자 [3] 동년 6월19일자 [4] 동년 6월21·23일자 합병호 [5] 동년 6월26일자 [6] 동년 6월28일자		
6	舟橋一哉	[1] 동년 6월30일자 [2] 동년 7월3일자 [3] 동년 7월5일자 [4] 동년 7월7일자		
		[긴급지상대론 연기 논쟁] 시리즈		
7	三枝充悳	[1] 동년 8월11일자 [2] 동년 8월14일자 [3] 동년 8월 16·18일 합병호 [4] 동년 8월21일자 [5] 동년 8월23일자		
8	舟橋一哉	[1] 동년 9월13일자 [2] 동년 9월15일자 [3] 동년 9월18·20일 합병호		
		[긴급지상대론 속·연기 논쟁] 시리즈		
9	宮地廓慧	[1] 1980년 2월7일자 [2] 동년 2월9일자 [3] 동년 2월12일자 [4] 동년 2월14일자 [5] 동년 2월16일자 [6] 동년 2월19일자 [7] 동년 2월21일자 [8] 동년 2월23일자 [9] 동년 2월26일자		
10	三枝充悳	[1] 동년 2월28일자 [2] 동년 3월1일자 [3] 동년 3월4일자 [4] 동년 3월6일자 [5] 동년 3월8일자		

기간은 1978년 4월부터 1980년 3월까지 거의 만 2년에 걸쳐 전체 49개의 논쟁문이 게재되었다. 숫자만 보면 논의가 열정적으로 이어진 듯하지만, 신문의 게재로 1회분의 지폭이 엄격히 제한되어 총 량은 그다지 많지 않다.

이하 〈중외일보〉 지상의 논고를 가리키는 경우, 예를 들어 사이

구사의 1978년 4월27일자 최초의 기사라고 하면, (三枝⟨1⟩[상])
이라 표기한다. 이 일련의 기사 즉 [상][중][하] 모두를 나타내
는 경우에는 (三枝⟨1⟩)로 약기한다. 동일하게 후나바시의 1979년
7월3일 게재문이라면 (舟橋⟨6⟩[2]), 미야지의 1980년 2월7일자~
동년 2월26일자까지의 일련의 9편의 논고 전체라면 (宮地⟨9⟩)이
다. 표제 등은 적절히 필요에 따라 붙인다.

이 논쟁에 앞서 몇 가지 책이나 논문을 '전사前史'로서 참조할
필요가 있다. 또 ⟨중외일보⟩에서의 논쟁이 끝난 뒤, 당사자에 의해 쓰
여진 문헌도 적당히 참조한다. 이것들은 논의를 전개하는 중에 소개
하기로 한다.

사이구사가 쏜 첫 번째 화살

먼저 본 논쟁의 효시嚆矢가 된 사이구사가 쏜 첫 화살을 보기로 한다.三枝⟨1⟩ 바로 눈에 띄는 것이 ⟨12인연설의 독단⟩이라는 큰 표제어이다. 더욱이 그 [상]의 지면에는, "석존의 깨달음을 '연기'라고 설하는 것에 강하게 반론한다"라는 중간의 표제어가 나타난다. 간단히 말해 도전적인 지면구성이다.

이미 본서 제1장에서 보았듯이 사이구사는 "석존=고타마 붓다는 보리수 아래에서 12지연기12인연의 이법理法을 깨달았다"라는 설을 전면적으로 부인하고 있다.

사이구사에 의하면, ⟨니카야⟩ 등 초기불교의 자료를 정밀히 조사하면, "소위 연기설, 더욱이 그 원형이 되는 것, 혹은 적용·응용된 것이 얼마나 많고 얼마나 잡연雜然한 지가 곧바로 판명될" 것이라고 한다. 동시에 그것은 "연기설이 일정한 틀을 가진 연기설로서 확정되지 않았고, 극히 잡다했다고 하는 것이 명백해진다." 하물며 12지연기 등은 연기설 전체의 거의 일부에 지나지 않고, 그것을 붓다의 성도 내용으로서 나타내는 자료는 《쿠다카 니카야소부》에 실린 《우다나》, 《율장》의 《대품》 등 약간의 자료에 불과하다. 12지연기 등은 '희미한 존

재'에 지나지 않는다고까지 확언하고 있는 것이다.三枝〈1〉[상]

　　사이구사가 유지연기有支緣起의 내용으로서 중시하는 것은, 성도 기사가 아니라 '사색추구'의 과정부분이다. 제2장에서 인용한《디그하 니카야》의《대연방편경大緣方便經》이나《상응부》12·20과 같이 "노사는 왜 있는가"라는 물음으로부터 그 원인을 추구하여 점점 거슬러 올라가 최종적으로 무명근본번뇌 ↔ 근원적무지에 이르는 과정 쪽이 현실감이 있다고 하는 것이다. 이 프로세스를 우이 하쿠주는 '자연적 순서'라고, 기무라 타이켄은 '왕관往觀'이라 부른 것, 더욱이 왕관의 쪽이 '박력이 있다'라고 한 나카무라 하지메中村元의 평가도 소개하고 있다. 12지연기의 왕관자연적 순서와 환관역적 순서의 문제는 제2장에서 상세히 고찰했다.

차연성은 연기 일반을 나타내지 않는다

더욱이 사이구사는 〈1〉[중]에서, 차연성의 내용을, 유지연기와는 독립한 보다 일반적인 의미에서 '연기라는 사상'의 표현으로 파악하는 사조를 딱 잘라 부정하고 있다.

다시 한번 말하면, 차연성의 내용은 다음의 2구로 나타난다.

"이것이 있을 때, 그것이 있다. 이것이 생기는 까닭에 그것이 생긴다."

"이것이 없을 때, 그것이 없다. 이것이 소멸하는 까닭에 그것이 소멸한다."

이 2구를 '연기라는 사상'으로서 '보편화'하는 설에 대한 사이구사의 비판은 다음과 같다.

"'이것이 있을 때……'의 문구는 항상이라고 해도 좋을 정도로 유지연기설[12]인연설이 대부분과 함께 나타나고, 앞의 문구만이 독립적으로 설해지는 일은 없다."

제1장에서 정리했듯이, 차연성의 내용은 12의 각 지분의 관계를 나타내는 식으로 이해하는 것이 타당하며, '이것'과 '그것'에 인접하는 두 개의 지분을 대입시키면, 12지연기의 일부를 얻을 수 있는 것을 나타내는데 지나지 않는다. 예를 들어 '이것'에 무명을 대입시키고, '그것'에 행을 대입시키면, "무명이 있을 때, 행이 있다" 혹은 "무명이 없을 때, 행은 없다" 등의 4가지 구가 얻어진다. 이런 방식으로 12지연기의 무명과 행의 2항에 관한 순관과 역관이 얻어진다.

따라서 예를 들면 "괴로움이 있으면 즐거움이 있다"나 "시작이 있으면 끝이 있다" 혹은 "씨를 뿌리면 싹이 튼다", "꽃봉오리가 터지면 꽃이 핀다", "한 몸 독립하여 한 나라 독립한다" 등의 관계설을 "이것이 있으면 그것이 있다"의 구체적인 예로서 간주해서는 안 된다. 요컨대 "이것이 있을 때"의 구는 연기일반을 정식화 한 것이 아니라, 어디까지나 유지연기의 관계를 정식화 한 것에 지나지 않는다. 곧 유지연기 없이 차연성은 있을 수 없다고 하는 것이다.

따라서 "이것이 있을 때……"의 차연성의 내용을 가지고, '연기라는 사상 그 자체'라고 하는 것은 '분명하게 잘못'이라고 사이구사는 단정한다.三枝〈1〉[중] 이 점에 대하여 사이구사의 논증은 흠잡을 데가 없고 이견도 그다지 없을 것이라 생각된다. 하지만 그것에 이어지는 다음의 구절이 논쟁의 표적이 되었다.

"따라서 그와 같은 말하자면 공허한 '연기라는 사상 그 자체'를

가지고 무상이나 고, 무아 또 4제를 설명 해석하는 것 등은 완전히 어불성설이라고 말하지 않을 수 없다."

_ 三枝〈1〉[중]

그러면 '연기라는 사상 그 자체'는 원시불교, 초기불교에는 존재하지 않는 것인가. 사이구사는 서둘러 "그렇지 않다"라고 덧붙인다. '연기라는 사상 그 자체'는 연기라는 말로 명시되지 않더라도 개념으로서 서술되고 있다고 말한다.

> "'에 의해'를 포함하는 어·구·문 그리고 나아가서 명사의 격어미 변화로 '에 의해'를 나타내는 어·구·문 등에서 발견할 수 있을 것이다."
> "그와 같은, 어떤 것이 다른 것에 '의존해 있다', '의해……한다'라는 말하자면 의존 관계에 있는 것을, '연기라는 사상 그 자체'로 간주하는 것이 타당할 것이라고 나는 생각한다."

_ 三枝〈1〉[하]

이와 같이 사이구사는 12지연기와 차연성의 세트를 '연기라는 사상 그 자체'와 구별하고, 쌍방을 긍정한다.

그런 바탕 위에 양자 모두 일방적인 의존 관계이며, "상의로 확대해서는 안 된다"라고 유보를 붙인다. 또 '연기라는 사상 그 자체'를 인정하더라도 "무상·고·무아·4제 등의 설명에 그것을 사용해서는 안 된다"고 못을 박고 있다. 유지연기와 차연성이든, 연기사상 일반이든,

다른 불교의 중핵적인 교의인 고나 4제, 무상론과 무아설은 연기에 의해서는 설명할 수 없다고 한다.三枝〈1〉[하]

05

사이구사의 다섯 가지 테제

이 일련의 기사에 사이구사가 제기한 모든 것이 나타나고 있는 까닭에 그것들을 정리해 둔다.

(A) 12지연기는 붓다의 깨달음의 내용이 아니다.

(B) 12지연기로 대표되는 유지연기에 붙어있는 차연성의 내용은 연기설 일반을 형식적으로 표현한 것이 아니라, 유지연기에 있어 서로 인접한 2지 사이의 생기와 소멸의 인과 관계를 정식화한 것에 다름 아니다.

(C) 일반적 연기설연기라는 사상 그 자체은 12지연기나 차연성과는 별개로 제시된다.

(D) 유지연기·차연성도, 일반적 연기설도, 일방향의 의존 관계를 나타낼 뿐 상호의존의 관계는 나타내지 않는다.

(E) 유지연기·차연성도, 일반적 연기설도, 무상, 고, 무아, 4제 등의 불교 기본 교리의 기초가 되는 것은 아니다.

이러한 사이구사의 설을, 제2의 논자로서 〈중외일보〉의 무대에 등장한 미야지 카쿠에는 거의 인정한다.

06

미야지 카쿠에의 '모티브'론

단 미야지가 강하게 고집한 것이 '석존 깨달음의 독자성'이다. 확실히 12지연기는 붓다 깨달음의 내용을 설한 것은 아니지만, 그 깨달음의 성격, 의의 또는 덕용德用을 설하고 있다고 말한다.宮地〈2〉

깨달음의 성격, 의의, 덕용이란 무엇인가.

"원시불교의 연기설은 '무명' 즉 불교적 예지叡智의 결여에 의해 '노사우비고뇌민老死憂悲苦惱悶'이 결과로 따르는 것을 분명히 하려고 하는 것으로, 그것이 유지연기설 전체에 공통적인 근본 모티브이다."宮地〈2〉[2]

무명과 고의 필연적인 관계를 설하는 것이야말로 연기설의 근본의도로서, 미야지에 의하면 "'무명'이야말로 '고뇌'의 근원-따라서 '명'이야말로 '정락淨樂'의 근본-이라는 기본원칙"에 투철해 있다고 하는 것에 안목이 있다.

미야지의 방법은 자료에 기초한 엄밀한 문헌학적 추정보다도 연기사상의 동기나 진의, 실로 '모티브'를 중시하여 그것을 개발하고,

어느 정도 그 깊이를 얻은 지견에 기초하여 다시 경과 논의 해석을 하는 것이다.

예를 들어 연기의 이시異時, 동시同時에 관한 문제를 고찰하는 가운데, 동시적 관계因果俱時를 승인하고, 그것을 승인한 이상, "소위 '논리적' 해석의 입장에 서지 않을 수 없게 된다"라고 말한다.宮地⟨2⟩[3]

그리고 나아가 동시적 해석을 더욱 깊이 고찰하여 연기설의 가능성을 자유롭게 넓혀간다.

> "특히 동시연기에 있어서 역관의 의미는 중시해야 할 것이다. '무명'이 소멸하여, 그것에 동시연기하고 있던 일체의 지-행·식 내지 고뇌-의 '의미'가 동시에 소멸한다는 것은, '고뇌'의 세계를 지탱하는 모든 것이 일시에 그 의미를 잃는 것이다. 거기에는 '무명'의 경지와 '명'의 경지가 상호배제하는 관계가 인정된다."
>
> _ 宮地⟨2⟩[4]

07

매정한 '반론의 반론'

이러한 미야지의 비문헌학적인, 원시불교, 초기불교의 문전에 머무르지 않고, 아비달마나 대승불교의 연기교설도 시야에 둔 철학적인 추론은, 문헌학적인 실증을 중요한 원칙으로 하는 사이구사에게 있어서는 의미가 없는 것으로 보였을 것이다.

그의 실증과 언급의 대상은 어디까지나 '초기불교의 연기설'이며, 미야지와 같이 자료를 정독하여 그 넓이나 깊이를 확인하고, 사상의 핵심이나 발전성을 취하고자 하는 시도는 적어도 학술적인 지의 방식으로서는 정도正道라고 할 수 없는 것이다.

따라서 사이구사의 '반론의 반론'은 실로 매정하다. 예를 들어 미야지가 강조하는 '무명과 고뇌의 필연적인 관계'에 대하여, 12지연기의 무명의 지분이 3지~10지의 유지연기에는 없는 것을 들어 다음과 같이 비판한다.

"'고의 추구'를 근본 모티브로 한다는 의견은, 나도 졸저에서 반복해 기술했듯이 적극 찬성한다."

"그러나 '무명과 고뇌의 관계'라는 것은, 아무리 주장하고 싶어

224 | 불교 연기 논쟁 |

도, 무명이 존재하지 않는 장에서는 불가능하며, 결국은 역시 12인연설 그 자체와 떨어지지 않는다고 생각된다."

_ 三枝⟨4⟩[3]

미야지 논설의 의도를 깊이 읽은 후의 반론이 아니라 어디까지나 자료를 절대적으로 신뢰하고, 일견 그 기술과 모순된 논술을 신경질적으로 배척하는 모습이다. 이 논쟁에 있어 사이구사는 이러한 자세를 일관해 유지한다. 보는데 따라서는 매우 무뚝뚝한 모습의 대응이라고 할 수 있다.

08

사이구사의 완고한 자세

미야지 카쿠에도 사이구사의 너무나 완고한 비평태도에 쩔쩔
매는 모습을 감추지 않는다. 자신이 말하는 '무명'은 특히 12지연기의
지분으로서의 무명을 직시하는 것이 아니라, 이 맥락에서는 일반개념
으로서 '무명'을 사용하거나, 더구나 "대부분의 경우, '불교적 예지의
결여'라는 설명어를 병기해둔 이유"라고 반박하고 있다. '부지성법不
知聖法'이나 '불여실지不如實知'의 의미라고 한다.宮地⟨5⟩[3]

이것은 전장에서 본 와츠지 테츠로의 무명론과 동일하다.

"요컨대 '불교적 예지의 결여'가 '고뇌'의 근원이라는 주장이,
각종의 유지연기 계열을 일관하는 근본 모티브라는 것이 내가 말하고
자 하는 것"이라고 한 뒤, 무명의 지분이 '3지~10지의 유지연기에는
없는 것'이라는 사이구사의 비판을 역이용해, "그렇다면 박사가 '적극
찬성'이라고 하는 '고의 추구'라는 근본모티브도, 적어도 12연기설에
는 그대로 존재하지 않는데 어찌하면 좋을까요?"라고 되받아 치고 있
다.宮地⟨5⟩[4]

사이구사의 '객관적인' 논의에도 독특한 편향이 나타난다. 예
를 들면 그는 이다파차야타에 대하여 집요하게 '유지연기'라는 역어

를 붙이려고 한다. 후에 가지야마 유이치^{梶山雄一}는 이 사이구사의 태도를 "이것이 있을 때……"라는 구절의 비독립성, 비추상성을 강조하기 위해 "너무 힘이 들어간 나머지 이것을 '유지연기'라고 부르기에 이르렀다"〈연기설 논쟁 - 죽음에 이르는 병〉《東洋學術硏究》第20卷 第1호라고 평했지만, 미야지도 이 점을 예리하게 간파하고 있다.

> "박사는 idam此=지支, aṅga 로 보고, idapaccyatā=bhāva-aṅga. =지연기 =유지연기로 보고 계신 듯하지만, 이것에는 과연 얼마만큼의 언어학적 근거가 있는 것인가."
>
> _ 宮地〈5〉[4]

후나바시도 동일하게 비판하고 있다.

> "'유지有支'라는 말은 불교의 술어로서 어느 정도 정착한 말입니다. 따라서 우리들 범어를 알고 있는 사람들은 반사적으로 곧 bhāvāṅga를 연상합니다."
> "당신은 idam이 '유지'를 가리키는 것으로 이해하여 '유지연기'라고 번역한 것이지만, 이것은 당신의 해석으로, 가령 그 해석이 옳다 해도 역어로서는 적당하지 않습니다."
>
> _ 舟橋〈6〉[4]

이미 서술했지만, 이다파차야타의 직역은 '이것을 연으로 하는 것'이며, 여기에서 '유지연기'라는 역어는 나올 수 없다. 미야지, 후나바시가 표명한 위화감은 당연하다. 이 '차此'가 한결같이 지분을 가리킨다는 전제를 인정하고서야 비로소 성립하는 상당히 어려운 의역인 것이다.

더욱이 실용적으로도 문제가 있다. 만약 이 말이 채용되면, 12지연기 10지연기, 5지연기, 3지연기 등 지분을 요소로 하는 각 연기를 총칭하는 경우의 '유지연기'와 구별을 할 수 없게 된다. 분명히 적절성을 결한 역어일 것이다. 다행히 세월의 흐름 속에 자연히 사이구사의 안은 사라지고, 차연성이라는 역어가 정착했다. 본서도 이 용어법을 사용하고 있다.

이 하나의 일에 머물지 않고, 논전 전반에 걸쳐서, 사이구사의 '너무 힘이 들어간', '……에 이른' 류의 표현이 눈에 띄고, 조금씩 정상궤도를 벗어나고 있는 듯이 보인다. 일반의 지상紙上이라 해도 학자 간의 학술적 논쟁의 장에서, 왜 그는 이렇게 초조한 모습을 보이지 않을 수 없었던 것일까.

09

사이구사에 의한 후나바시 논박

사이구사 미츠요시의 자세는 후나바시 잇사이에 대해서도 전혀 변함이 없다. 후나바시와 사이에 주요한 논점은 (A)"연기설은 무상의 근거일 수 있는가?", (B)"초기불교의 연기사상은 '유정수연기'와 '일체법인연생의 연기'의 두 방면이 인정되는가?"로 집약된다. 물론 (A) (B)는 후나바시에게 있어서는 긴밀하게 연결되어 있다.

후나바시는 〈중외일보〉에서의 논쟁이 일어나기 훨씬 전, 1952년 출간한 저서 《원시불교사상의 연구》法藏館에서 "연기인 까닭에 무상이다"라는 논리를 전개하고 있다. 그리고 사이구사는 논쟁 개시와 거의 같은 시기에 상재한 저서 《초기불교의 사상》東洋哲學研究所, 후에 第三文明社 レグルス[레구루스]文庫에서 후나바시의 설을 전면적으로 부정하였다.

〈중외일보〉에서의 사이구사, 후나바시의 논쟁은 앞의 전단계를 거친 상태였다.

A와 관련된 논쟁을 개관함에 있어, 먼저 《원시불교사상의 연구》法藏館에 나타난 후나바시의 논지를 개관해 보자.

후나바시는 〈니카야〉 등의 원시경전, 초기경전을 세밀히 조사하여도 "무상의 논리적 근거는 끝내 추구되고 있지 않다"라고 먼저 서술한다. 그러나 왜 무상인가 라는 근원적인 물음을 소홀히는 할 수 없다. 그래서 후나바시는 무상의 논리적 근거는 연기에 있다고 판단한다. 여기에서 소위 연기란 무엇인가.

> "'모든 것은 다양한 갖가지 조건에 한정되어이것이 '緣'의 의미이다, 임시로 그와 같은 것으로서 성립하고 있다이것이 '起'의 의미이다'는 것이다. 그런 까닭에 조건이 변하면, 그것은 어떠한 것으로도 변화하는 것으로, 그 변화하는 것을 무상이라고 한다. 곧 다시 한 번 더 말하면, 고정불변하지 않는 것이 무상이다."
>
> _《原始佛敎思想の硏究》

> "그와 같이 일체법이 변화하는 것에 대하여, 앞에서 말한 바와 같이 연기설이 그 논리적 근거가 되고 있는 것이지만, 이것으로부터 연기설과의 관계에서도 이 무상이라는 것이 변화를 나타내는 말인 것을 알 수 있다. 곧 사물은 조건에 의해 성립하는 [즉 연기하고 있는] 것인 까닭에, 조건에 따라 사물은 어떠한 것으로도 변하는 것이다. 그런 까닭에 '연이생법緣已生法, pratitya-samutpanna, 즉 조건에 의해 성립하고 있는 것'이라는 말이, 또 '무상'의 대명사로 사용되는 경우도 많은 것이다."
>
> _ 후나바시, 前揭書

사이구사는 후나바시의 이 논의를 다음과 같이 정리하고 있다.
앞서 인용의 핵심을 이루는 "사물은 조건에 의해 성립하고 있는 즉 연기하고 있는 것이기 때문에, 조건에 따라 그것은 어떠한 것으로도 변한다"라는 명제를 달리 표현하면 다음과 같다.

> "어떤 것[가령 A]은 조건[가령 B 또는 BC]에 의해 성립하고 있기 때문에, 조건[B 또는 BC]에 따라, 그 사물[A]은 어떠한 것으로도 변한다. 이것을 논리적으로 정리하면 [편의상 사물=A, 조건=B로 한다], A는 B에 의해 성립하고 있기 때문에, B가 변화하면 A는 당연히 변화하는 것이 된다. 또 이 문장에서 변화를 무상으로 바꾸면, A는 B에 의해 성립하고 있기 때문에 B가 무상이라면 A는 당연 무상인 것이 된다."

_《初期佛教の思想》下, レグルス文庫版

한 번 읽으면 분명하지만, '변화'든 '무상'이든, 사물 A와 조건 BC……, 이하 생략와의 관계성을, 즉 연기를 원인으로 생긴 것이 아니다. 단순히 B에, 나아가 A에 외부로부터 주어진 것에 지나지 않는다. 어떻게 이 논리로 "연기인 까닭에 무상이다"라는 설명을 붙일 수 있는 것인가.

사이구사는 이 점을 용서 없이 논파한다.

> "'변화' 또는 '무상'에 관하여 말하면, 여기에서 A가 B에 조건지워져 성립하고 있다고 하는 것, 즉 연기라는 것은 말하자면 비어져 나온 것으로, 전혀 불필요한 것이 되어버린다."
>
> "그것을 거꾸로 말하면, 더욱 분명하다. 즉 A가 완전히 B에 한정되어 의존해 성립하고 있는=연기하고 있는 경우에도, 만약 B가

변화하지 않는다면, A는 변화할 수가 없고, 또 B가 무상하지 않다고 한다면, A도 또 결코 무상일 수 없다."

_ 사이구사, 前揭書

요컨대 후나바시의 도식에서는, 무상은 "B에, 나아가서는 A에 외부로부터 주어진 것에 지나지 않는다"는 말로 끝나 버린다. 사이구사도 같은 책에서 "그 B의 변화-무상은 그렇다면 어디에선가 나타난 것인가. 이것은 정말로 당돌하게 나타난 것이라고 밖에 말할 수가 없다"前揭書라고 논하고 있지만, 이 비판은 정당하다.

단지 후에 가지야마 유이치梶山雄一나 무라카미 신칸村上眞完에 의해 지적되지만, '변화하지 않는 B', '무상하지 않는 B'란 단적으로 '실체'라고 불려지는 것으로, 일반적으로 불교에서는 존재할 수 없는 것으로 간주되고 있다.

"사이구사씨는 앞서 소개했듯이, 만약 B가 변화하지 않는다면, A도 변화하지 않는다고 논하여 후나바시씨의 연기　무상을 부정했지만, 거기에서 사용한 '변화하지 않는 B'라는 것은 실체 이외에 어떠한 것도 아니다."

_ 梶山, 《緣起說論爭 -死にいたる病》, 前揭

만약 실체라는 개념을 논증의 매개로서 사용할 수 있다고 한다면, 7세기 중엽 대승불교의 학장 다르마키르티Dharmakīrti, ca.600-660에 의한 실체 부정 논증을 준용하여, "만들어 진 것, 연기된 것은 순간적 존재

즉 무상한 것이다"가지야마, 前揭論文는 것을 논증할 수 있을 것이라고 가지야마는 말한다.

또 무라카미 신칸도, B에 관하여 "무상이 아닌 조건즉 영원불변한 조건이라는 상정은, 단순한 상정, 상상으로서는 가능하더라도, 초기불교의 사고법 중에는 있을 수 없는 것으로 생각된다"〈연기설과 무상설과 다원론적 분석적 사고법1)〉《佛教研究》第29号)라고 사이구사의 전제에 의문을 던지고 있다.

10

무한후퇴하는 후나바시의 설

더욱 더 후나바시는 "조건이 변화하면 그것에 연하여 성립하는 것도 변화한다"라는 논리를 전개하고 있다.

> "내가 '사물은 조건에 의해 성립하고 즉 연기하고 있기 때문에, 조건에 따라 그것은 어떠한 것으로도 변한다'라고 했을 때, 구체적으로는 어떠한 것을 가르키는가."
> "어떠한 이유에서 인간의 심신은 변화하기 쉬운 것인가라고 한다면, 이 심신을 성립시키는 다양한 갖가지 조건이 일정불변하지 않기 때문이다."
>
> _ 舟橋〈3〉[하]

부연하면, 연기를 '갖가지 조건에 의해 생기하는 것'이라고 정의한다면, 예를 들면 A라는 사물은 B, C, D, E……의 '다양한 갖가지 조건'에 의해 성립하고 있는 것이 된다. 그리고 이것들 B, C, D, E……의 갖가지 조건의 존재방식은 무상이다. 각각 '일정불변하지 않다.' 그런 까닭에 이것들 무상한 갖가지 조건에 의해 성립하는 A는 무상한 것이 된다는 것이다.

　이 이유라면 각각 무상한 조건B와 조건C, 조건D, 조건E 등이 연기한 결과로서 A의 무상이 있는 것같이 보인다. '연기 → 무상'의 인과 관계가 논증된 것같이 보인다.

　하지만 더욱 "그것들 조건B, C, D, E……가 무상인 원인은 무엇인가"라고 물으면, "조건B……를 성립시키는 갖가지 조건이 무상인 까닭에"라고 답할 수밖에 없다. 즉 이 설명은 단적으로 무한후퇴에 빠지는 것이다.

11

반격하는 후나바시 잇사이

사이구사의 논란에 대하여 후나바시는 〈니카야〉의 내용을 인용하여 반론한다.

> "'무상'과 '유위'와 '연이생'이 동의어로서 설해지는 예를 들 수가 있다. 이와 같은 예는 초기불교에서는 극히 일반적인 것이다."
>
> _ 舟橋⟨3⟩[상]

이 인용문에서 후나바시가 주목하고 있는 것은 '연이생緣已生' 이다. 이것은 팔리어 파티차삼판나/p를 원어로 하며, '연기소생', '인연소생', '연생' 등으로도 번역된다. 의미는 '연에 의해 생긴 사상事象'으로, '연기의 결과'라고도 할 수 있다. 본서에서는 가장 일반적인 '연이생'의 역어를 채용한다. 덧붙여 말하면, 후나바시가 무상과 '연이생'의 동의어로 간주하는 '유위'의 본뜻은 '함께 만들어진 것'이다.

후나바시는 대다수의 경전에서 무상과 '연이생'이 동의어로서 함께 나타나며, 동시에 '연이생'은 "'연기의 도리에 따라 생겨난 것, 그와 같은 것으로서 성립하고 있는 것'이기 때문에, 연이생인 것에 우선하여, 먼저 처음에 '연기의 도리'인 것이 생각된다"舟橋〈3〉[상]라고 말한다. 즉 '연기 → 연이생'인 까닭에, '연이생'과 동의어로서 나타나는 유위와 무상에도 '연기 → 유위', '연기 → 무상'이라는 인과 관계가 당연히 내재되어 있다는 논리구성이 나타난다.

> "이들 세 개의 용어 사이에는 본래 사상적思想的인 관련이 있는 것으로, 그런 까닭에 이 세 개의 용어는 동의어로서 나타난 것이다. '유위'라는 말은 '함께 만들어진 것'이라는 의미로, 인연이 화합하여 생긴 것, 즉 조건에 의존하여 성립하고 있는 현상적 존재를 의미하는 말이다. 아마도 이 말이 사용된 최초의 시점부터 이미 그 속에 '무상'이란 의미를 포함하고 있었던 것이라고 생각된다."
>
> "그리고 '유위'라는 말과 '연기소생'이라는 말은, 완전히 동일한 구조를 갖는 말이다."
>
> "그런 까닭에 '유위'라는 말이 이미 '무상'이라는 의미를 가진 것과 동일하게 '연기소생'이라는 말 속에도 이미 '무상'의 의미가 포함되어 있다고 말하지 않을 수 없다."
>
> _ 舟橋〈6〉[2]

여기까지 확인한 뒤에 후나바시는 바로 결론으로 들어간다.

> "그렇다면 '연기 → 무상'이라는 것은 여기에서 나타낸 것처럼 될 것이다. 왜냐하면, '연하여 함께 생기한 것'이 '연기소생'으로, 그

것이 무상인 것에 대해, 그와 같이 '연하여 함께 생기하는 것'이
'연기'이기 때문이다."

_ 前同

12
—
사이구사의 퇴각전

이 후나바시의 공세에 대하여, 사이구사의 반론은 곧 '무상', '유위', '연이생연기소생'의 세 가지 용어는 단순히 병렬되어 있는 것으로 밖엔 해석할 수 없고, 이 세 개념을 서로 연계시키는 것과 같은 '사상' 등은 없다고 반복하는 것으로 시종하고 있다. 하물며 거기에 '연기 → 무상'이라는 인과의 증명을 찾을 수 없다고 말한다.

"4부 4아함 만에 한정하더라도, 세 용어가 각각 독립·단독으로 설해지고 있는 자료는, 졸저에서도 분명하듯이, 다수 현존한다. 그것들이 모두 각각 경전으로, 불설佛說로서 믿어져 전해져 왔다는 사실을 무시하는 것은 누구든 불가능한 일"이라고 문헌학적 축적을 바탕으로 압도하고 있다.三枝〈10〉[3]

뿐만 아니라 후나바시는,《쿠다카 니카야小部》에 있는《테리가타》의 한 구절을 경증으로 들어, 사이구사를 추격한다.《테리가타》는 한문의 명칭은《장로니게長老尼偈》이지만, 〈중외일보〉의 원문주교〈3〉[하]에서는《장로게長老偈》로 되어 있다.《장로게》는 같은《쿠다카 니카야》에 속한 다른 경《테라가타》의 한문 명칭이다. 아마도 오식일 것이다.

그러면 해당하는 게를 나카무라 하지메中村元의 역을 통해 확인해보기로 한다. 사쿠라 비구니의 고백이다.

> "갖가지 원인으로부터 생기고 괴멸하는 것인 갖가지의 형성된 것, 제행을, [자신과는 다른] 타자의 것, 나의 것이 아닌 것으로 간주해, 나는 모든 번뇌를 버렸다. 나는 청량하며 평온한 자가 되었다."
>
> _《尼僧の告白 テーリーガーター》岩波文庫

후나바시는 '갖가지 원인으로부터 생기고'라는 구절에서 '연기의 도리'를 발견하고, '괴멸하는 것'이라는 구절에서는 무상을 발견하고 있다. 그리고 "갖가지 원인으로부터 생긴 것인 까닭에 괴멸한다", 즉 '연기인 까닭에 무상'이라는 이치라고 말하고 있다.

> "즉 말하자면, '원인으로부터 생겨난 파괴되어야 할 것인 제행을 다른 것 즉 무아라고 보고......', '인연소생의 법인 까닭에 무상이며, 무아'라는 의미를 여기에서 찾을 수 있다고 나는 보지만, 그와 같이 보는 것은 그다지 무리한 견해는 아닐 것이다."
>
> _舟橋〈3〉[하]

사이구사는 이 지적에 대하여, '원인으로부터 생긴' 것과 '파괴되어야 할' 것의 두 개가 '제행'과 함께 단순히 병렬되어진 것일 뿐으로, "그 사이에 '인 까닭에'라는 논리관계를 넣어 읽어야 한다는 것은

| 불교 연기 논쟁 |

단정할 수 없는 일이다"라고 반론한다. 단 여기에서 사이구사는, 후나바시설에 일보 양보한다. "그와 같은 병렬적인 독해, 해석도 가능하다는 것을 남겨두고 싶은 것이 나의 생각이다"三枝〈4〉[4]라는 조심스런 태도를 보이고 있다.

13
—

시종 평행선인 채로

무상의 근거를 둘러싼 논의는 '원시불교의 논리적·철학적 해석'을 시도하는 후나바시와, '고집스러울 정도로 문헌학자의 입장을 지키며 자료의 범위에서 일보도 벗어나지 않는'가지야마, 前揭論文 사이 구사의 방법론, 연구에 대한 자세의 차이로부터, 논점이 어긋난 채로 진행되어, 그런 까닭에 양자 모두 최후까지 서로의 주장을 양보하지 않고, 결국 결론을 내지 못한 채 끝난다. 후나바시가 총괄하고 있듯이 舟橋⟨8⟩[3], 그와 사이구사의 상이점은 '평행선적인 것'인 채로 나아갔을 뿐이었다.

단지 객관적으로 보면, 후나바시의 해석에는 약간의 무리가 있고, 그가 증거로서 제시한 경전의 일절도 겨우 "연기하고 있는 것은 무상이며, 무상한 것은 연기하고 있다"는 것을 보이는데 그쳤다고 보는 것이 자연스러울 것이다. 이런 점에서 적지 않은 학자들이 최종적으로 사이구사의 쪽에 손을 들어준 것은 무리도 아닐 것이다.

동시에 '무상·고·무아'와 연기설의 사이에는, 적어도 초기불교에 있어서는 어떠한 관련도 연결도 없고, 동시에 "'연기라는 사상 그 자체'를 가지고, 무상이나 고나 무아나 또 4제를 설명 해석하는 것은 전혀 말이 되지 않는다"三枝⟨4⟩[2]고 하는, 사이구사의 엄격한 자료해석도 너무 시야가 좁지 않은가 하는 위화감을 감출 수 없다.

잠시 논쟁을 떠나 시점을 바꿔, 이 문제를 고찰해 보기로 한다.

14
—
"왜 무상인가"를 묻는 것의 무의미

　　본래 '무상의 근거'를 묻는 것에, 의의가 특히 불교적인 의의가 인정되는 것일까. 예를 들면 "이 세상의 일체가 무상이다"라고 하는 것에, 그 세계 안에서 "왜 무상인가"하는 물음을 일으키는 것은 전혀 의미가 없다. 그 답이 되어야할 무상의 원인이 되는 사항도 또 무상일 수밖에 없기 때문이다.

　　후나바시는 이 점에 대해 둔감하지 않다. 예를 들면《원시불교 사상의 연구》에서 "석존의 설법은 논리의 해설이 아니었다"라고 명언하고 나아가 "'연기인 까닭에 무상이다'라는 것은 오직 하나의 논리에 지나지 않는다"前揭書라고도 말한다.

> "종교는 무상과 직접 대결하는 곳에서 생겨난다. 적나라하게 '무상'이라는 현실 속에 뛰어들지 않으면 안 된다. 무상을 앞에 두고 객관적으로 관찰하는 것이 아니다. 그것은 무상을 해석하는 입장이다."
> "무상을 체득하는 입장은 두려워하거나 걱정하는 바 없이 무상을 무상인 채로 받아들이는 것이다."

"그런 까닭에 제행무상이라는 것은 논리적 추구에 의해 도달된 결론이 아니라 말하자면 종교적 예지의 직관에 의해 도달된 것이다."

_ 후나바시, 前揭書

이것은 말 그대로이다. 무상이란 언어와 논리의 대상이 아니라, 직관되어야할 것으로 절대적인 사실로서 있는 것이다.

단지 사람이 번뇌로 인해 집착하여, 자기를 포함한 무상한 일체의 사물을 마치 무상하지 않은 것처럼 착각한다. 근본번뇌인 근원적 생존욕은 본능에 뿌리를 두지만, 사물을 무상하지 않은 실체라고 세뇌시키는 역할을 담당하는 것은 주로 후천적으로 획득된 언어에 의한 분별이다.

그러나 본능과 언어가 아무리 강고하게 자아自我나 사물을 상주하는 실체라고 세뇌시켜도 마침내 사물은 소멸하고 자신은 나이가 들어 늙고 병들고 죽는다. "무상하지 않다"라는 믿음에 사로잡힌 자가 "무상하다"는 현실에 직면했을 때 고가 일어난다. 여기에서 말하는 고란 언어의 허구성에 대한 폭로에 지나지 않는다.

이 고를 가져오는 우리들 인식의 관습, 실각實覺의 체제를, 심신과 지知의 수련에 의해 해체하는 것이야말로 불교의 목적인 것이다.

후나바시는 〈니카야〉 전체를 통하여 "무상의 논리적 근거는 여전히 추구되어 있지 않다"는 것을 인정한다. 붓다는 "왜 무상인가 라는 것에 대해서는 어느 것도 설하고 있지 않다"는 것이다.후나바시, 前揭書 경전에서 무상은 언제나 무전제로, 때로는 당돌하게 등장하여, 자명한 것으로 취급된다. 그 원인과 기원에 대해 말하는 일은 없다. 후나바시는 이것을 의문시하여, 초기 경전을 '비평적으로 연구하여' 무상의 근거를 찾아내려고 한다. 스스로 무상이 논리에 의해 도달된 결론이 아닌 것을 인정하면서 논리적으로 그 탐색을 시작한다.

하지만 무상에 근거 등은 없다. 앞에서도 말했고, 앞으로도 반복해 서술하지만, 무상의 일단은 일상적인 실감實感에서도 알 수 있다. 단지 대다수를 신해信解하고, 전체에 육박하기 위해서는 일정한 수습을 필요로 한다. 무상은 그러한 전제적인 사실이며, 불교에서는 절대적이다. 이 '절대적'이라는 의미는, 예를 들면 '불변적인 것', '상주인 것', '동일적인 것'이 어딘가에 있어, 그것과의 대비에서 성립하는 것과 같은 상대적인 '개념' 등은 아니라는 것이다. 예를 들면 철학자 나가이 히토시永井均는 불교의 무상의 개념을 비판하여 다음과 같이 말한다.

"무상이라는 것이 자주 설해져, 이 세상의 모든 것은 생멸, 변화하여 동일하게 머무는 일이 없다고 한다. 그러나 본래 생멸과 변화는 무엇인가가 동일하게 머무는 것을 전제로 하여 성립하는 개념이다. 예를 들면 운동공간적 위치의 변화이라고 하면 공간의 동일성, 불변성이 전제가 되듯이. 이 세상의 모든 것이 무상이라는 등의 교설은 본래 그 의미를 갖지 않는다."

_ 永井·藤田一照·山下良道,《〈佛教3·0〉を哲學する》春秋社

그렇다. 무상은 무엇인가 의미를 가지고 있는 것은 아니다. 무

| 불교 연기 논쟁 |

상은 여기에서 나가이가 상정하고 있는 듯한 '개념'이 아니다. 의미의 바깥에 있는 절대적인 사실이 무상인 것이다. 진정한 죽음은 의미의 바깥에 있는 사실일 수밖에 없듯이 따라서 언어는 진정한 죽음을 표현할 수 없다. '죽음'이라는 말이 가리키는 것은 모두 거짓이다. 진정한 죽음은 언어의 지시대상으로서의 자격을 단적으로 박탈하고 있다. 진정한 무상도, 모든 개념들의 상대성 속에서, 그 전체의 의미를 생성시키는 일은 없다. 즉 무상은 사유의 영역에는 없고, 언어를 뛰어넘어, 개념적 존재로서 성립하지 않는다. 제1장에서 보았듯이, 붓다는 범천梵天의 권청勸請을 받았을 때 다음과 같이 말하고 있다.

> "내가 감득한 이 진리는 실로 심원하고, 보기 어렵고, 이해하기 어렵고, 적정하며, 뛰어나며, 사고의 영역이 아니며, 미묘하여, 현자에 의해 알려져야 할 것이다."
>
> _ 방선 인용자, 〈성스러운 것의 탐구-성구경聖求經〉
> 《原始佛典 第4卷 中部經典 I》, 春秋社

나가르주나는 《공칠십론》13절 "무상 등은 존재하지 않는다"에서, 이 논점에 대해 답론하고 있다.

> "반론자는 말한다.-'일체는 무상이다'라고 말하며, '일체는 무상이다'라고 보임으로써, 불공不空인 것도 드러내는 것이다.
> 이것에 대하여 답하여 말한다.
> 일체는 무상[이라고 말하지만], 무상한 것도 항상한 것도 어느

것이나 존재하지 않는다. 존재가 있다고 한다면, 항상한 것인가 무상한 것인가 어느 것이지만, 어디에 그와 같이 있을 수 있겠는가.[58]

'일체는 무상이다'라고 말하지만, 이 경우 설하고자 하는 것을 알지 않으면 안 된다. 왜냐하면 무상한 것도 항상한 것도 어느 것이나 없기 때문이다. 만약 존재가 있다고 한다면, 항상한 것인가 무상한 것인가 어느 것일 것이지만, 그것들 존재는 어디에 있겠는가, 어디에도 없다고 설한 것이다."

_ 瓜生津隆眞譯, 〈空七十論칠십시송의 공성론〉
《大乘佛典14 龍樹論集》中公文庫

그런데 현자가 아닌 범부에게 있어 무상은 고이며, 죽음도 또 단적인 공포이다. 왜 공포이며, 고인 것인가. 무상도 죽음도 의미의 영역, 명사의 영역으로 묶어둘 수는 없지만, 그럼에도 불구하고, 혹은 그런 까닭에 절대적인 사실로서 직관할 수 있기 때문이다.

야마구치 즈이호山口瑞鳳는 불교에 있어 무상의 구조를 '세 개의 시간론'으로 정리하고 있다.

"대체적으로 말하여 '세 개의 시간'이란 다음과 같다. 먼저 제1의 시간에서는, 지각원인이 되는 외계의 선험적 〈변화〉*가 과거와 미래의 경계가 되는 〈지금〉으로서, 미래로 경과하면서 정체됨이 없이 소실한다. 이 지각원인의 〈변화〉에 대응하고 있는 생체生

....

* 인용자주: 이 책에서는 〈 〉로 표기된 말은 선험적인 事象을 가리키는 말이다.

體가, 본래 부여받은 감수기능에 의해 외계의 시간적 경과를 지각으로 받아들여, 지속하는 순간의 공간적 궤적으로 바꾸어 정지, 이동의 표상으로 나타난다. 이 매순간의 허구적인 현재에 표상이 성립하고, 그 직후에 소실한다. 이것이 제2의 시간이다. 표상은 전후의 순간이 구별됨이 없이 정지적으로 파악되고, 거기에서 추상된 몰시간적 형태관념이 그것을 가리키는 명칭과 함께 '명색'으로 구성되고, 기억된 그 '명색'에서 언어 표현이 형성된다. 새롭게 경험되고 외계를 잘못 파악한다고 하는 표상은 모두 상기된 '명색'으로 간주되고, 언어 표현대로 '생·멸'하는 실체로서 인식된다. 이 실체를 지탱하는 '명색'의 몰시간적 영원성^{항상}이 마지막 제3의 시간이다."

_《評說 インド佛敎哲學史》岩波書店

"현실적으로는, 선험적인 외계에 〈지금〉〈변동〉하는 〈경과〉가 있고, 거기에서 거론된 원인이 경험주체에 의해 매순간 현재의 표상지각이 되는 결과의 세계만이 있다. 그러나 우리들의 마음을 지배하고 있는 것은 그 둘의 어느 것과도 관계없는, 시간의 개념^{歷時性}을 반영하지 않는 실체적인 '명색'으로 구성된 기억이며, 그것에 기초한 정지적인 '언어 표현'의 세계가 일상의 필요에 따라 형성된다. 결과의 경험표상이 외부로 투영되어 외계로 간주되고, 그것이 '명색'과 조합하여 실체로 인식된다. '언어 표현'은 실체로 구성되는 그 세계가 '생·멸'하고 '변화'한다고 거짓을 말하지만, '언어 표현'에 매몰되는 인간은 그것을 납득한다. 그와 같은 일상적인, 뿌리 깊은 구속이 우리들을 실체로의 집착으로 끊임없이 결부시켜 간다."

야마구치는 계속하여, 그 집착의 '가장 궁극적인 것이 '죽음'의 공포'라고 결론을 내린다. 이것은 중관파의 대학장大學匠 샨타라크쉬타Śāntarakṣita, ca.725-783의 교설을 참조하면서 세운 시간론이지만, 본래 언어 표현으로는 익숙치 않은 무상의 구조를 추론으로서 끝까지 추구해 간 예라고 할 수 있다. 하지만 본래 언어로 표현할 수 없는 것을 표현하려고 한 까닭에 대단히 난삽難澁한 표현이 되어버렸다.

좀 더 부언하면 다니 타다시谷貞志는 이 야마구치의 무상론에 대하여, "칸트철학과 같이 현상의 선험적 조건을 구성하는 듯한 초월론적인 것을 전제로 하는 것이 가능한 것일까. 지각과 추론에 있어서 말할 수 없는 것과 같은 것을 전제로 하는 것이야말로, '역시적歷時的 인과'의 형이상학이 아닐까"라고 당연한 의문을 제시하고 있다.《刹那滅の研究》, 春秋社

단 야마구치에 있어서 '제1의 시간'과 '역시적 인과'가 "지각과 추론에 있어서 말할 수 없다"고 하는 것은 지나친 평가일 것이다. 그것은 '선험적'이라고는 해도 선험적 사상事象은 아니다. 확실히 범부에게 있어서는 '제1의 시간'을 정확히 지각하는 것은 곤란할 것이지만, 그러나 전혀 지각할 수 없는 것은 아니다. 오히려 지각할 수 있기 때문에 우리들은 고苦인 것을 느끼는 것이다. 그런 까닭에 '죽음'의 공포를 기억하는 것이다. 그리고 발심하는 계기를 잡을 수 있는 것이다.

수마나사라Sumanasara도 "무상은 어떠하든 간에 경험, 체험할 수 있다. 따라서 현상의 관찰은 무상으로부터 시작하는 것이다"라고 말한다.《般若心經は間違い?》, 寶島SUGOI문고 이것에 대해서는 다음 장의 무상을 둘러싼 논의 속에서 다시 살피도록 한다.

추론의 경우와 동일하게 언표의 영역, 의미의 영역의 밖에 있는 것, 붓다가 말하는 '사고의 영역을 초월한' 것에 관하여, 언어로 표현하는 것은 불가능하더라도, 근접할 수 있고, 암시할 수 있다. 현재 야마구치 즈이호는 타자가 이해 가능한 범위에서 추구하고 있다.

더욱이 심신의 수습을 쌓는 것으로, 통상의, 자연적인 '지각과 추리'로서는 통달할 수 없는, 즉 '사고의 영역'에는 없는 사상의 실상을 상당히 알 수 있게 된다.

15

후나바시의 '2종연기설'

그러나 후나바시는 어찌하여 무리하면서까지 무상의 근거를 연기에서 구하지 않을 수 없었을까.

첫 번째로는 불교의 종교성을 어떻게 담보하는가 하는 문제의식이 있었다고 생각된다. 후나바시는 다음과 같이 말하고 있다.

"'무상'을 논리의 도마 위에 올려 어떻게 요리를 하더라도, 거기에서 종교는 생겨나지 않는다."

"'무상'을 논리적으로 설명·해석해 보아도, 무상을 초월하는 길로 이어지지 않는다. 도리어 무상에 철저해지는 것으로부터 무상을 초월하는 길은 열려지는 것이다."

"그런 까닭에 석존은 무상의 논리적 근거를 제시하지 않았지만, 초기불교의 교의상에서 그것을 추구해 가면, 그것은 연기의 사상이다."

_ 舟橋⟨3⟩[상]

따라서 '연기인 까닭에 무상'이 요청된다고 한다. 전반부의 "어떻게 하여 무상으로부터 종교가 생겨나는가" 달리 말하면 "무상에 있어서 불교의 종교인 이유는 무엇인가"라는 물음은, 앞서 본 《원시불교의 사상》의 일절과 서로 통하며 잘 이해된다. 하지만 어떻게 '연기 → 무상'이라는 인과 관계의 인정이 그 답일 수 있는가. 이 비약은 채워지지 않는다.

두 번째는 "일체법이 연기하고 있다"라는 일반적 보편적인 연기설을 교리상에서 기초를 세우기 위해 무상의 근거로서 연기를 상정하지 않을 수 없었던 가능성이다.

반대의 관점에서 보면, 전통적인 해석의 12지연기설에 의해서는 그것이 오로지 시간적인 인과 관계라 해도, 무상의 기제機制를 실시간에 따른 형태로 설명할 수는 없다고 할 수 있다. 12지연기의 전통설인 환관-순관은, 곧 무명으로부터 노사에 이르는 흐름이며, 동시에 번뇌와 행위와 고의 생기의 과정을 나타낸다. 그러나 제1장에서 본 '찰나연기'와 '연박연기連縛緣起'의 설을 채용하지 않는 한, 번뇌와 행위와 고의 계기는 '지금 여기'에서 무상으로서 나타날 수 있는 사태는 아니다. 12지의 연접은 실시간의 무상의 양상을 기술하는 것이 아니며, 그것을 목적으로 하는 것도 아니다. 하물며 왕관과 역관의 도정에서는 말할 필요가 없다. 무상을 하나의 교설로서 취급하더라도 실제로는 12지연기설과의 관련성은 적다. 여기에 12지연기를 반성적으로 파악한 논리적 인과 관계로 간주하는 근거가 있다.

후나바시에게 있어 '일체법'이란, 먼저 6근안·이·비·설·신·의, 6경색·성·향·미·촉·법 등 유정의 생존을 구성하고 있는 내외의 전요소를 가리킨다. 이것들 전 생존요소가 연기에 의해 존립하고 있다는 것이다. 후나바시는 이것을 '일체법인연생의 연기'라고 부른다.

이미 제1장과 제3장 말미에서 안내했듯이 '유정수연기'와 '일체법인연생의 연기'라는 말을 사용해 초기불교에는 2종의 연기설이 있다고 최초로 주장한 것은 제1차연기 논쟁의 참가자 아카누마 치젠赤沼智善이었다.

후나바시는 아카누마의 설을 인용하고 표현을 달리하는 정의도 나타내 보이고 있다. 논쟁의 종결로부터 대략 3년이 지난 1983년, 그는 제2차 논쟁에서 큰 쟁점이 된 이 논제에 대하여 자신의 입장을 바꾸어 정리한 논문을 발표하였다. 그 논문 〈'일체법인연생의 연기'를 둘러싸고〉《佛敎學セミナー》第37号에서 후나바시는 이렇게 말하고 있다.

"'일체법인연생'이란, '미혹의 생에 있어서는, 일체는 다양한 갖가지 조건에 의해 조건지워져 존재하는 것, 즉 조건에 의존하는 것으로, 조건을 떠나 조건과 무관계로 존재하는 것은 하나도 없다'라는 것으로, 그러한 것을 설하는 연기설을 '일체법인연생의 연기'라는 것이다."

그러면 '유정수연기'란 무엇인가. 같은 논문에 의하면, '유정이 미혹의 세계에 유전하는, 그 유전의 모습을 설하는 연기설'이라는 것이 되지만, 요컨대 3지~12지의 유지연기를 말하는 것으로 보면 된다.

단지 후나바시의 '2종연기설'은 아카누마의 그것과 동일하지 않다. 아카누마 자신도 인정하듯이 2종의 연기를 완전히 별개의 것으로 파악하면, '일체법인연생의 연기'를 나타내는 '이 방면의 가르침은

극히 적다.'〈불교개론〉제2장 연기《佛敎敎理之硏究》所收 法藏館

후나바시는 "이와 같은 아카누마 교수의 설에서는, '일체법인 연생의 연기'는 극히 그 영향이 약한 것으로, 도저히 그대로는 용인할 수 없다"고 단언한 위에, 다음과 같은 방법론을 제시한다.

> "그래서 나는 '일체법인연생'과 '유정수연기'는, '연기설'이 갖는 두 개의 면이며, 두 개의 의미로, 초기불교에 있어서 '연기설'이라고 하면, 소위 12연기설 및 그것에 준하는 연기설만이지만, 이 연기설이 나타내는 의미는 일단 이와 같이 두 개로 나누어 이해하는 것이 적당하다고 생각했다."
>
> _〈'일체법인연생의 연기'를 둘러싸고〉 前揭

이 양면성은 우이 하쿠주에 의해서도 설시되는 것으로, 후나바시는 우이의 《인도철학연구 제2》로부터 "12지에 대하여 모두가 상의상관相依相關이라고 하면, 세계 자체는 모두 상의상관의 관계에 있어서 성립하고 있다는 것과 동일하게 되는 것은 어쩌면 필연적이다"의 일절을 인용하고 있다. 이것은 제2장에서 인용한 마츠모토 시로松本史朗 등에 의해 초기불교의 연기설일 수 없는, 중국 화엄철학의 연기설에 지나지 않는다고 비판된 곳이다.

16

후나바시 논의의 흔들림

　　그러면 후나바시는 '일체법인연생의 연기'를 '상의상관'하는 것이라고 간주하고 있는 것일까.

　　그렇지 않다. 그는 우이의 설을 비판하여 말한다.

　　"우이 박사는 근본불교의 연기설을 해석하는데 상의상관의 사고방식을 가지고 와, 이것이야말로 근본불교 연기설의 특색인 것을 강조하지만, 오늘날 보면 그것은 지나친 것으로, 말하자면 박사의 지나침에 의한 실수인 것이다. 그와 같이 해석되는 것은 실제로는 대승불교 이후부터이며, 그것도 중관파에 있어서 그렇게 된 것이라 보인다."

_ 후나바시, 前揭論文

　　후나바시는 '오늘날 보면'이라고 단정하고 있지만, 제2장, 3장에서 보았듯이, 와츠지 테츠로는 당시부터 우이의 상의상관설을 너무 앞서 간 설로서 배척하고 있다.⟨실천 철학⟩《和辻哲郎全集 第5卷》所收 岩波書店 후나바시의 평가는 이것에 이어지는 것이다.

그렇게 보면 그는 '일체법인연생의 연기'가 상의상관의 관계가 아니라고 단정하는 듯이 보인다. 하지만 논의가 진행되는 가운데 견해가 미묘하게 바뀌고 있다.

> "[우이] 박사의 문장 가운데, '상의상관'이라는 말을 '무엇인가에 의지해 존재한다는 관계적 존재'라는 말로 바꾸어 이해한다면, 그대로 근본불교의 연기설을 올바로 이해하고 있는 것으로 생각된다."

_ 후나바시, 前揭論文

이 '무엇인가에 의지해 존재한다는 관계적 존재'는 사이구사 미츠요시도 인정한 초기불교에 있어서 '연기라는 사상 그 자체'와 다르지 않다.

> "그와 같은, 어떤 것이 다른 것에 '의존해 있다', '의존해……한다'라고 하는, 소위 의존 관계에 있는 것을 '연기라는 사상 그 자체'라고 상정하는 것이 타당할 것이라고 나는 생각한다."

_ 三枝〈1〉[하]

그리고 사이구사도 또 이 의존을 상의로 확대 해석 해서는 안된다고 못을 박고 있다.

서술된 글만을 비교해보면, 후나바시의 '일체법인연생의 연기'와 사이구사의 '연기라는 사상 그 자체'는 동일한 대상을 가리키는 것으로 밖에 볼 수가 없다. 양자의 대립점은, 이것이 12지연기의 해석에도 적용될 수 있는가 없는가 하는 점에 모아지고 있다고 생각된다.

미야지 카쿠에도 또 후나바시가 말하는 '일체법인연생의 연기'와 자신이 말하는 '연성緣性'은 동일한 개념일 것으로 추론하고 있다.宮地〈5〉[6] 하지만 미야지의 '연성'은 한마디로 말하면 '차연성'을 나타내는 것으로, '일체법인연생의 연기'나 사이구사가 말하는 '연기라는 사상 그 자체'와도 차이가 있어 도저히 같은 뜻이라고는 생각할 수 없다.

이러한 논의 대상의 차이에 의한 대화의 혼선은 논쟁에 당연히 따르는 부수적 요건이라 하더라도 제2차 연기 논쟁에서는 너무 많이 나타난다.

앞에서 말한 바와 같이 후나바시 잇사이는 논쟁 후에 쓴 논문〈'일체법인연생의 연기'를 둘러싸고〉의 전반에서, '일체법인연생의 연기'는 상의상관의 관계가 아니라고 분명히 밝히고 있다. 하지만 논의가 진행되는 속에 이러한 입장은 흔들려, 후반이 되면 "'연기'가 '무상'과 '무아'의 논리적 근거로서 생각될 때, 그와 같은 의미를 갖는 '연기'는 '상의상대相依相待'적인 해석을 갖는 것에 어울리는 내용을 가지고 있는 것은 확실하다"라고 서술하기에 이른다. 같은 논문 안에서 입장의 변화가 나타난다.

이러한 논지의 변화는 논쟁 속에서도 보인다. 그렇다면 미야지가 "'일체법인연생'이 '유정수연기'와는 별도로 독립된 의미를 가지고 있다는 견해,-그리고 그것이 '무상'의 논리적 근거라는 견해-등은, 역시 우이박사 일파의 '상의상자相依相資'를 중시하는 주장에 영향을 받

| 불교 연기 논쟁 |

왔던 것은 아닐까"^{宮地〈5〉}[6]라는 의구심을 드러내어도 어쩔 수 없는 일
이다.

17

유무중도와 연기

한편 후나바시는 〈니카야〉에 '일체법인연생의 연기'가 포함된 것을 증명하기 위해,《상유타 니카야》의 일절을 인용하고 있다. 〈인연상응因緣相應〉에 있는 《카차야나》의 일절이다.

어느 때 붓다는 제자 카차야나로부터 "올바른 견해란 무엇인가"라는 질문을 받았다. 붓다가 가르침을 전한다.

> "카차야나여, 통상 세계는 존재유와 비존재무의 두 가지 [사고방식]에 의거하고 있다. 카차야나여, 세계의 생기를 있는 그대로 올바른 지혜로 보고 있는 자에게는, 세계에는 비존재라는 성질은 없다. 카차야나여, 세계의 소멸을 있는 그대로 올바른 지혜로 보고 있는 자에게는 세계에는 존재라는 성질은 없다."
> "카차야나여, '일체의 것은 존재한다'라는 이것은 하나의 극단의 논이다. '일체의 것은 존재하지 않는다'라는 이것은 하나의 극단의 논이다. 카차야나여, 여래는 이것들 양극단의 논을 가까이 하지 않고 중용中庸으로서 가르침을 설한다."
>
> _〈카차야나 種姓의 사람〉《原始佛典Ⅱ 相應部經典 第2卷》, 春秋社

이것을 말한 뒤, 붓다는 "무명을 연하여 행이 있다. 행을 연하여 식이 있다. ……"라고 12지연기의 순관을 설하고, 또 "무명을 남김 없이 소멸함에 의해 행의 소멸이 있다. 행의 소멸에 의해 식의 소멸이 있다. ……"라고 12지연기의 역관을 설한다.

후나바시는 이 경의 앞에서, 세계의 존재, 비존재에 대하여, 그 어느 것에도 집착하여 사로잡히지 않는 중도가 제창되고 있는 것으로 부터, 그것에 이어지는 뒷부분의 12지연기설은 '인생의 방식'만을 문제로 하고 있는 것이 아니라, '일체법의 존재방식'도 문제로 하고 있다고 추단推斷한다.

> "따라서 여기에는 '일체법인연생의 연기'가 설해지고 있는 것으로, '유정수연기'가 아니다. 그리고 '일체는 존재한다'라는 '유의 견해'와 '일체는 존재하지 않는다'는 '무의 견해', 이것들 양방의 극단적인 사고방식을 떠난 이 중도적인 사고방식은 그대로 '일체는 변화하면서 상속한다'는 사고방식이 될 것이다."
>
> _〈'일체법인연생의 연기'를 둘러싸고〉前揭

이 해석에서는 일체법의 유무에 관하여 중도가 설해지는 까닭에 연기가 설해지는 것이 되며, 또 세계의 생멸이 설해지고 있는 까닭에 무상이 설해지고 있는 것이 된다. 초기불교에 있어 중도는 연기설로서 설명되었다고 하는 해석은, 근년 나카소네 미츠노부仲宗根充修가 제창하고 있다.〈중도사상과 연기설 -《가전연경》의 성립을 중심으로〉《印度學佛敎學硏究》第53号 第1号

이와 같이 후나바시는 이 경의 일절이 '일체법인연생의 연기 → 무상'의 증거가 된다고 하고 있다. 《카차야나》라는 경은 《카티야야나에의 가르침》으로서 나가르주나의 《중론》에서도 중시되고 있다. 제15장의 제7게, 제8게를 보자.

"[제7게] 존재하는 것유과 존재하지 않는 것무을 잘 아는 세존은, 《카티야야나에의 가르침》 속에서 '무엇인가가 존재한다'는 것과 '무엇인가가 존재하지 않는다'라는 것, 그 어느 것도 부정하셨다."

_ 桂紹隆譯 《龍樹 〈根本中頌〉 を讀む》 春秋社

"[제8게] 만약 무엇인가가 본성으로서 존재한다유고 한다면, 그것이 존재하지 않는다는 것무은 생겨나지 않을 것이다. 왜냐하면, [사물에 본래 갖춰져 있는] 본성은 다른 상태로 변화하는 일은 결코 있을 수 없기 때문이다."

_ 가츠라, 前揭書

이 게송은 나가르주나가 초기경전에 보이는 유무중도설을 계승하여 더욱 심화시킨 것으로 알려지지만, 여기에서도 연기설이 근거가 되고 있다. 제8게에 보이는 '무엇인가', 즉 만상은 본성으로서 존재하거나 존재하지 않거나 하지 않는다. 곧 실체로서 유도 아니고, 무도 아니다. 연기하고 있는 것으로서 임의로 '존재하는' 것과 같이 보이고 있을 뿐이다.

대승불교가 파악한 '언어라는 문제'

후나바시는《대지도론》제18권의 유명한 일절, "인연고무상 무상고고 무상고고공 고공무아因緣故無常 無常故苦 無常苦故空 空故無我; 인연인 까닭에 무상이며, 무상인 까닭에 고이며, 무상으로서 고인 까닭에 공이며, 공인 까닭에 무아이다"도 함께 인용하며, 나가르주나는 "아비달마불교에서 돌아보지 않았던 일체법인연생의 연기를 다시 한 번 부활시켰다"고 말하고 있다.《'일체법인연생의 연기'를 둘러싸고》前揭

확실히, 특히 대승불교 이후 계속된 전통 속에서, 대다수의 경우 '연기인 까닭에 무상'이라는 인과 관계는 인정되었다. 실마리조차 찾기 힘든 초기경전과는 달리, 대승경전에는 그것을 엿볼 수 있는 기술이 두루 나타난다.

이렇게 하여 '대승 후'의 입장으로부터 초기불교의 연기나 무상이 해석되어, '연기 → 무상'이라는 관계가 정착했을 것이다.

예를 들면 제1차 논쟁에서는 전통설에 가장 친화적인 입장을 취한 아카누마 치젠은, 후나바시에 앞서서 "사물이 무상이라는 사실이 어떻게 일어나는가의 이유를 구하면, 사물은 인연생인 까닭이라는 사실에 근거한다. 인연생 즉 만들어 진 것은 파괴된다는 이것이 무상이라는 사실이다"라고 확신하고 있다.〈불교개론〉제2장 연기《佛敎敎理之硏究》所收 法藏館 후나바시와 거의 같은 논리구성이다. 혹은 그다지 정통적이라고 할 수 없는 티베트불교의 수도에 관한 논저에서조차 다음과 같은 일절이 나타난다.

"이 세계의 모든 것은 서로 의존하여 존재하고 있다. 어떤 하나로서 그것만으로 고립하여 있는 것은 없다. 그런 까닭에 이 현상의 세계에는 그것만이라는 고정된 실체를 갖는 것은 하나도 없다. 하지만 우리들은 언어를 사용해 이 현상의 세계에 이름을 붙일려고 한다. 저것은 산이고, 저것은 나무이고, 이것은 나라고 하듯이. 그것 자체는 이 현상세계에 나타나 있는, 있는 그대로의 차이를 파악하려고 하는 근원적 지혜의 작용이 나타난 것으로 생각할 수 있다. 그러나 일단 이름이 붙여지면, 그것만으로 산과 나무와 내가 무엇인가 고정된 실체를 가지고 있는 듯이 생각된다. 언어를 입으로 말하지 않더라도 그것이 마음속에 떠오른 순간, 우리들은 세계를 고정적으로 파악할 위험에 빠져버린다."

"언어와 관념은 우리들로 하여금 있는 그대로의 세계와는 다른, 경직된 세계를 만들어내는 힘을 가지고 있다. 우리들은 거기에서 고정된 '나'에 집착하게 된다. '내'가 나이들어 죽어가는 것을 두려워 한다고 생각하게 된다. 사랑하고 있던 것이 사라져 가는 것에 깊이 슬퍼한다."

"이 환상의 커튼을 열어 제쳤을 때 우리들 앞에는 항상 끊임없이 움직이는 있는 그대로의 세계의 장대한 광경이 나타난다. 거기

| 불교 연기 논쟁 |

에 한량없는 기쁨이 넘치고 있다. 이 현상의 세계가 한 시라도 멈추는 일이 없는 것을 아는 무상에 대한 명상은 있는 그대로 사물을 보는 능력을 키우는 오랜 수행의 제1보가 된다.”

_ 라마 계춘 상포, 中澤新一,《虹の階梯》平河出版社

후단의 ‘장대한 광경’이나 ‘한량없는 기쁨’과 같은 ‘있는 그대로의 세계’를 장엄하는 표현에는 저항감이 생기며, 본래 여기에 연기하고 있는 것은 이 ‘있는 그대로의 세계’의 ‘있는 그대로의 사물’이 아니라, 그것을 불완전하게 받아들여 마치 실체와 같이 표상하는 ‘이 언어’가 아닌가 라는 깊은 의문도 남지만, 설명 자체는 대체적으로 전통에 따르고 있다. ‘언어라는 문제’를 확실히 시야에 둔 중관파 이후 대승불교의 표준적인 연기관이라고 해도 좋다.

이것은 본서에서도 표현을 달리하면서도 반복하여 설명하고 비판적으로 검토해온 연기관이며, 앞으로도 계속 설명하게 될 것이다. 그리고 유의해야 할 것은 여기에서도 분명하게 ‘연기로부터 무상에’라는 뜻이 나타난다고 하는 점이다.

19

'일체법인연생의 연기'설 비판

단 이 주장도 왜 무상의 원인이 연기에 있다고 하는가에 대한 물음에 분명한 답을 주지는 못한다. 이러한 전통교설의 파탄에 초점을 맞추어, 초기불교의 문헌, 자료에 관한 압도적인 수집력을 무기로 사용하였던 것이 사이구사 미츠요시였다.

12연기가 붓다 증오證悟의 내용이라는 것을 강하게 부정하고, 차연성에 연기의 보편적인 방식을 보려고 하는 해석론을 엄하게 비판하여, "연기인 까닭에 무상이다"라는 논증도 없이 전해져 온 명제를 철저하게 배척한다. 이 논쟁에서 사이구사의 자세는 약간 이상하다. 어디까지나 자료와 논리에 준거하여 연구자다운 견실함으로 논을 진행시키는 까닭에 글은 언뜻 보아 보수적으로 보이지만, 주장의 내실과 타설을 배척하는 태도는 공격적이라고 할 수 있다.

이것에 대하여 후나바시나 미야지는 한결같이 수구적守舊的이며, 전통종문의 테두리를 벗어나지 않는다. 그렇다고 하여 반드시 잘못했다고는 할 수 없는 것이 '종교사상'의 난점이다.

예를 들면 후나바시는 〈'일체법인연생의 연기'를 둘러싸고〉에서 아카누마 치젠의 2종연기론을 평하여 이렇게 말한다.

"이것들 2종의 연기설을 비교해 보았을 때 가장 현저한 차이는 유정수연기에서는 그 역관이 그대로 실천의 길을 보이고 있는데 대해, 일체법인연생의 연기에서는 순관도 역관도 그 나타내는 의미는 완전히 같다."

즉 12지연기는 그 역관에서, 무명의 멸로부터 노사의 멸까지의 멸진의 연쇄가 명시되어, 실로 실천의 길이 설해져 있다. 그런데 순관은 단지 무명으로부터 노사까지 생기의 방식이 기술되어 있을 뿐이다. 이것은 제2장에서 상세히 고찰했다.

후나바시에 의하면, 일체법 인연생의 연기에서는 순관도 역관도 동일하다. 유정수연기는 개인을 실천으로 나아가 깨달음과 구제로 이끌지만, 일체법인연생의 연기는 말하자면 객관적 세계관의 제시라는 것이다.

"일체법인연생의 연기에서는 A가 있는 까닭에 B가 있다라고 해도 또 A가 없는 까닭에 B는 없다라고 해도 그 나타내는 의미는 동일하여 '따라서 B는 무상이다'라는 결론에 도달되지만, 유정수연기에서는 A와 B가 있는 것은 미혹의 세계를 나타내며, A와 B가 없는 것은 깨달음의 세계를 나타내고 있다."

_ 후나바시, 前揭論文

앞의 내용은 후나바시에게 있어 "연기인 까닭에 무상이다"라는 내용의 증거가 되지만, 지금까지 보아왔듯이 그 인과 관계의 입증으로서는 약하다. 뒤의 내용에 대해 보면, 적어도 초기불교의 주류는 의심할 바 없이 유정수연기로서, "순관도 역관도 그 나타내는 의미는 완전히 같다"라는 입장은 '번뇌즉보리'라든가 '윤회즉열반'이라는 대승불교적 입장의 전환이 있어야만 가능할 것이다.

이러한 후나바시의 '일체법인연생의 연기'설에 대하여, 미야지 카쿠에는 사이구사 이상으로 부정적인 견해를 표명하고 있다. 미야지에게 있어 불교 독자의 세계관을 나타내고 있는 것은 오온과 육처의 교설로서 유지연기의 설은 아니다.

> "'오온·육처'의 개념은 '우리들의 일상생활적 경험내용의 전체'를 나타내기 위한 다섯 또는 여섯의 범주로, 이것에 의해 무상·고·무아 등이 우리들이 경험하는 한의 일체 사상事象, 법에 타당한 보편의 진리법인 것을 주장한 것이다."宮地〈9〉[2]

새삼스레 확인해 두지만, 오온이란 색·수·상·행·식을 말한다. 일반적으로는 '심신의 구성 요소'를 말하지만, 미야지는 이 전통적인 해석을 채택하지 않는다. 온칸다/p, 스칸다/s의 원뜻은 '요소'는 아니라고 한다. 그리고 본래는 '동류의 것들의 집합'의 의미로, 현대의 용어로서 '범주'에 해당한다고 보아도 좋다고 한다. 오온은 존재의 범주인 것이다.

저서《근본불교의 교리와 실천》永田文昌堂에 의하면, 색온은 '감각적 혹은 직감적 경험일반', 수온은 '생활경험 속의 감정적 요소의 일체', 상온은 '의식작용 일반', 행온은 '우리들이 유의미한 행동이라 부르고 있는 것의 일체를 포함하는 영역', 식온은 '분별, 사유 등의 이성적 작용의 일체'를 가리킨다고 한다.

육처는 이미 말한 것과 같이 안·이·비·설·신·의를 말한다. 안시각, 의청각, 비후각, 설미각, 신촉각, 통각, 압각, 온도각 등의 체성감각, 의사고작용의, 여섯가지 기능 및 그 기관을 가리킨다. 여기에서도 미야지는 "우리들이 일상경험하는 일체의 내용을 여섯가지의 영역으로 나누어 표현하려고 한"것으로 풀이한다. 미야지는 와츠지 테츠로를 따라 "안은 '보는 것 일반', 이는 '듣는 것 일반', 비는 '냄세 맡는 것 일반', 설은 '맛보는 것 일반', 신은 '접촉하는 것 일반', 의는 '생각하는 것 일반'에 지나지 않는다"고 말한다. 기능이나 기관이 아니라, 그 '~것 일반'을 가리키는 것으로 인정한다.

미야지의 오온, 육처의 해석은 기본적으로 와츠지의 '사물에 내재하는 것'이라는 입장을 이어받고 있다고 할 수 있다. 그런데 미야지는 와츠지가 이것들을 단순히 '존재의 법'이라 표현한 점에 이의를 제창한다.

20

미야지의 실천적 연기관

"오온·육처의 체계는 단순한 존재론이 아니라 어디까지나 인간 실존이 직접 경험하는 '경험적 사실' 단지 그것만을 문제삼아 그 것을 다섯 또는 여섯의 범주로 분류하여, 거기에 누구도 의심할 수 없는 진리-무상·고·무아 등-라는 보편타당성의 근거를 두려 고 하는 것에, 그 설정의 의미가 있었던 것이다."

_ 미야지, 前揭書

그리고 미야지는 와츠지의 이해에 대하여, 서양 철학의 존재론 과 범주론을 불교에 갖다 맞춘 것으로 보지않고, 불교 독자의 존재론 을 설정하여 정립하려고 했다고 평가하면서, 그 한편에서 "[와츠지] 박사의 표현으로는, 이 점의 해명이 충분치 않은 것이 인정된다"라는 유보를 붙이고 있다.미야지, 前揭書

그러면 미야지에게 있어 연기는 어떻게 위치하고 있는 것일까. 미야지는 후나바시의 '일체법 인연생의 연기'론에 대한 반론에서 다 음과 같이 질문을 던지고 있다.

| 불교 연기 논쟁 |

"연기지는 과연 '일체법' 즉 '인간생존의 구성 요소'와 같은 의미
의 것일까?"

"만약 그렇다고 한다면, 그 경우, 유지연기설은 오온육처설과 어
떠한 차이도 없는 것이 될 것이다."

_ 宮地〈9〉[3]

'오온육처설'은, 미야지에게 있어서는 '무상·고·무아'의 보편
적 타당성의 근거가 되는 인간의 경험적 사실을 범주화한 것이다. 이
것에 대하여 12지연기를 비롯한 유지연기는, 더욱 동적이며 보다 실
천적인 것이다. 인생의 '노사우비고뇌민'은 어떻게 하여 성립하는가,
'노사우비고뇌민'으로부터 어떻게 하여 해방되는가를 순관·역관의
형태로 나타낸 것이 12지연기인 것이다. 그 생기의 조건 즉 연을 추구
하여 그 조건의 소멸 즉 연의 소멸을 꿰뚫어보는 것이 유지연기의 의
의인 것이다.

"'무명'-즉 우리들의 일상생활적 경험 내용의 일체오온·육처·일체법
가 무상·고·무아인 것을 체험적으로 올바로 알지 못하는 것-또
는 '식'·'애' 등과 같은, 이것에 상당하는 마음의 작용에 그 근원
을 찾고순관, 역으로 무상 등을 올바로 아는 것 즉 '명'-'무명의 소
멸'- 등에 의해 그것들 고뇌가 소멸되는 것역관을 주장하는 것이
그 근본취지이다."

_ 宮地〈9〉[3]

미야지는 "연기는 붓다 깨달음의 내용이 아니다"라고 단언하는 사이구사설에 대해서는 앞에서도 서술했듯이, 연기는 "깨달음의 내용 그 자체는 아니지만, 깨달음의 성격, 의의, 덕용을 나타낸다"라고 응답하고 있다. 그것은 성도 후에 반성적으로 관찰된 것이기 때문에, 깨달음의 내용인 근본지 그 자체일 수는 없지만, 그것과 밀접히 관련한다. 그래서 나아가 "그것은 본래 '깨달음의 내용'은 아니었지만, '깨달음을 열었다'라는 체험은, '연기의 원리연성'를 직접 깨닫고 나타냈다는 것이기 때문에, 그런 의미에서 '연기를 관觀하여 깨달음을 열었다'라고해도 좋다"라고 인정하기에 이른 것이다.미야지, 前揭書

총체적으로 뛰어난 실천적인 의미를 연기설에서 찾으려고 했다고 말할 수 있다. 따라서 '일체법인연생의 연기'에 대하여 "순관도 역관도 그 나타내는 의미는 완전히 같다"라고 하여, 거기에서 실천론도 수도론도 도출할 수 없는 후나바시설에 이의를 제창하는 것은 당연하다. 미야지의 '연성'론과 '일체법인연생의 연기'를 유지연기의 객관적인 세계상을 제시한 일면으로 보는 후나바시의 연기설과는 완전히 서로 다르다.

이렇게 미야지 카쿠에와 후나바시 잇사이의 논쟁도 평행선을 걷는 채로 막을 내렸다.

| 불교 연기 논쟁 |

21

사이구사 미츠요시의 초조

사이구사 미츠요시는 〈중외일보〉를 무대로 한 일련의 논쟁의 최종회三枝〈10〉[4][5]에서, 후나바시설, 미야지설의 각각에 타협안을 제시하고 있다. 그것은 후나바시나 미야지에게도 도저히 받아들이기 어려운 안이었지만, 본디 최종국면에서 어느 정도 양보할 작정이었다면, 무슨 이유로 이상하리만치 첨예한 자세로 종래설을 부정했는지 이해하기 어려운 점이 있다.

사이구사로서도 당초부터 강경했던 것은 아니다. 일찍이 "연기인 까닭에 무상이다"라는 후나바시설에 대해서도 그 정도로 부정적이지는 않았다. 제2차 논쟁의 대략 20년전, 1958년의 논문〈연기의 고찰 – idappaccayatā 로부터 pratītyasamutpāda로〉《印度學佛教學研究》第6卷 第2号에서는, "〈아함〉·〈니카야〉에서는 '연기-무아'는 극히 적다. 그러나 '연기-무상'은 직접적으로 설하지 않더라도, 그것을 찾는 것은 우이박사, 후나바시 잇사이 박사 등의 논증에서 나타나듯이 오히려 적극적으로 진행시킬 수 있다"라고 오히려 시인하고 있었던 것이다.

사이구사의 표현에서 이러한 여유가 사라진 것은 왜일까. 여차하면 고루하게조차 보이는 태도 속에 대체 무엇이 있는가. 그는 마지막 논쟁문에서 그 동기의 일단을 나타내고 있다.

> "개념의 규정이 불철저하게 되면 이것저것들이 하나가 되어버려, 소위 불교 보자기론에 의해 각각의 것들이 애매모호한 채로 한 장의 보자기에 싸일 위험성이 있어, 그것은 불교 독자의 사상들의 다양성과는 전혀 비슷하지 않다는 것을 충분히 고려해야 할 것이다."
>
> _ 三枝〈10〉[3]

　　필자가 보는 바로는 불교나 불교학을 둘러싼 시대상의 변화가, 사이구사가 경직된 원인인 듯 생각된다. 이러한 추세는 마침내 '포스트모더니즘'이라는 말로 불려, 불교 및 불교학에 끼친 영향에 한정해 말하면, 후에 '옴 진리교'를 만들어내고 키운 사상적 토양을 준비했다. 또 한편으로는 그 반동으로 '비판불교'의 출현을 가져왔다.

　　바로 '전전戰前의 논쟁'에서 당사자들이 의식을 했는지 안했는지 관계없이 당시 다수의 지식인을 끌어들인 지적 활동에 '다이쇼생명주의'의 사조가 보이지 않는 영향을 미쳤듯이, '전후의 논쟁'에도 1970년대 후반부터 80년대에 걸쳐 일어난 지적 변동이 영향을 미치고 있다.

　　사이구사는 12지연기설과 같은 사람을 사로잡기 쉬운 강력한 교설이 문헌학의 틀을 떠나 홀로 돌아다닌 것을 두려워했던 것은 아닐까. 12지연기의 과거를 돌아보면, 부파불교 시대에 삼세양중설에 기초한 태생학적 해석이 인구에 회자된 것은 너무나 유명하며, 실체론적인 유아론에 친화적이었던 일면이 나타나기도 하였다. 매혹적이지만, 일단 자료의 제약으로부터 떠나면 어디로 향할지 알 수가 없다. 12지연기의 교설에는 이러한 위험성이 잠복되어 있다.

그의 초조감은 이러한 위험의식에 근거하고 있는 듯이 생각된다. 물론 방대한 초기불교 연구서를 출간하고, 관계 자료에 관한 압도적인 수집력과 통찰력을 자랑하는 연구자로서의 기세나 위세도 배경에 있었음에 틀림없다. 사이구사의 실증연구는 타의 추종을 불허하여, 당시 세계의 정점에 서있었다고 해도 과언이 아니기 때문이다.

그러나 그 후 이 제2차 논쟁에 대해 여러 논자들이 이구동성으로 하는 말과 같이, 문헌학적 비판에 의해 명확해진 사실성, 실재성을 중시하는 사이구사의 논법에는 중대한 맹점이 있다. 특히 종교학자 게타 마사코의 말은 주의할 필요가 있다.

"여기에서 일어나는 문제의 하나는 불교를 주제로 할 때, 이런 의미에서의 역사적 사실성 내지 실재성에의 근거가 어디까지 타당성을 갖는가하는 것이다. 즉 그와 같은 사실성·실재성은 불교가 사상적으로 내포하는 사실성의 파악, 실재성의 파악과 어긋나는 것은 아닌가. 그렇다면 불교사상의 근저는 처음부터 벗어나 있게 되는 것이다."

_〈불교를 사상으로서 추구한다는 것 - 와츠지 테츠로의 원시불교 연구를 중심으〉
《思想としての佛敎 實存思想論集 XXVI》[實存思想協會編], 理想社

이것은 와츠지 테츠로의 초기불교 연구의 방법론에 던져진 비판이지만, 사이구사에게도 해당된다.

하지만 와츠지라든가 사이구사라도 그러한 어긋남을 완전히 무시하고 있었던 것은 아닐 것이다. 그럼에도 불구하고, 그들은 좀더 과잉적인 어투로 논쟁하고 쟁론하는 것을 마다하지 않았다. 특히 사이구사는 그렇게 함으로써 조직신학적인 불교학의 구축을 나아가서는 불교의 혁신을 기도하였다고 생각된다.

마지막장에서는 불교학과 불교사상이라는 본연의 문제영역으로부터 조금 거리를 두고, 논쟁 참가자들을 둘러싼 시대의 사조를 고찰하여 특히 와츠지와 사이구사가 말한 것의 배경이 되는 사상사적 과제를 세밀히 살펴보고자 한다.

제5장

생명주의와 포스트모던

불교의 일본 근대와 그 후

2011년 진종대곡파眞宗大谷派는 종조宗祖 신란親鸞의 750회 원기
遠忌를 앞둔 테마로서 '지금, 생명이 당신을 살리고 있다'는 제목을 내
세웠다.

대곡파의 문도를 비롯해 이것이 동본원사에 크게 게시된 것을
본 적지 않은 사람들이 '생명이 당신을 살린다'란 어떤 의미인지 고개
를 갸우뚱거렸다고 한다. '생명'이 주격으로, 그것이 2인칭 단수대명
사인 '당신'을 '살리고 있다'라는 것이다. '당신이 [생명을] 살리고 있
다'도 아니고 '생명이 당신을 살아가게 하고 있다'도 아니다. '생명에
의해 당신은 살아가고 있다'도 아니다. 많은 사람들이 알기 어려운 테
마라고 당혹해 한 것도 무리가 아니다.

이것은 어떤 의미에서는 시詩적인 레토릭으로, 문법적 이화작
용異化作用에 의해, 본래 '산다'란 무엇인가를 생각케 하는 효과를 노린
것이다. 일부러 부연하면 "'생명'인 것이 '당신'이라는 경험적 시간을
임의로 살고 있는 것이다"宮崎·吳智英, 《知的唯佛論》新潮文庫정도의 의미가
될 것이다.

하지만 종문 내부로부터 혹은 불교학의 입장에서 생긴 교리적

인 의혹의 핵심은 거기에는 없었다. 실제 주격의 '생명'이 문제가 되었다. 이 테마에서 '당신'의 인칭은 임의의 설정에 지나지 않는다. 좀 더 나아가면 '나'나 '그', '그녀'도 가설에 지나지 않는다는 주장을 담고 있다. '생명이 나를 살리고 있다'라고도 '생명이 그녀를 살리고 있다'라고도 할 수 있는 것으로, 이 테마의 내용은 달라지지 않는다.

이 주체의 가상성假象性에 대한 인식은 불교의 근본교리인 무아설에 따르고 있다. 그런데 이 테마는, 그 가설인 '나'나 '당신' 등의 본체가 주격인 '생명'이라는 것이다. 하지만 그러한 본체는 어디에도 존재하지 않는다는 것이 불교의 가르침 아닌가. 그렇기에 여기에서 표현된 '생명'이란 본래 무엇인가가 새삼 문제로서 제기된 것이다.

대곡파 사원의 주지이자 유식사상 연구의 권위자이기도 한 우미노 코겐海野孝憲은 이 원기의 테마를 비판한 소책자에서 "불교에는 '생명력·살아가는 원동력'과 같은 상주의 '생명'이라는 개념은 없다"라고 단언하고 있다.

> "단지 예외적으로 '생명'이라고 오해되는 듯한 원리原理·알라야식을 말하는 대승불교의 학파가 존재한다. 그러나 그 경우도 그 원리 자체는 가유이며, 찰나멸이며, 본질적으로 실체적인 개념이라고는 할 수 없다."
>
> _《'いのち'の意味》法藏館

> "알라야식은 그것 자체, 찰나마다 소멸을 반복하며, 찰나마다 습기·종자잠재력를 현세화하는 작용과, 현세화한 대상 인식의 습기

를 받아들이는 작용을 반복하며, 다음 찰나의 식을 만들고는 변화하며 이어가는, 단순한 '식의 계기', '식의 흐름'에 지나지 않는다. 그런 까닭에 알라야식은 상주의 '생명'이 아니다."

_ 우미노, 前揭書

이 식에 대한 견해는 대승불교 유식파의 내용이지만, 그 윤곽은 〈니카야〉의 불설에 기초하고 있다. 예를 들면 제1장 전반에서 소개한, 식을 윤회의 당체로 간주하는 잘못된 견해에 빠진 제자 사티에 대하여, 붓다가 식의 연기성을 설하며 논파하는 예를 들 수 있다.《맛지마 니카야》제38경《大愛盡經》

01

불교는 생명 찬미의 교가 아니다

'생명', '목숨'이라는 말=개념은 지시 대상이 애매하고 정의하기 어려운 데도, 실각적實覺的으로 파악할 수 있다고 과신해 버리기 쉬워, 불교에서는 특히 주의를 요한다.

그런데 진종대곡파 뿐만 아니라 불교계 전체로서 '생명', '목숨'을 마치 모든 가치의 원천인양 다루는 예가 많다.

하지만 원시불교의 가치 평가를 비추어보더라도 태어난 것 자체, 살아가는 것 자체는 고苦, 두카로 파악되고, 그 고의 근원은 유정의 생에 대한 집착, 생존 욕망에 있다고 간주된다. 불교사상에는 본래 반생명주의, 'anti-vitalism'의 측면이 있다. 철학자이며, 정토진종 본원사파 주지인 마츠오 노부아키松尾宣昭는 이렇게 말한다.

"불교는 기본적으로 현세 부정의 종교이다. 부정이라는 말이 너무 강하다면, 이 세상을 결코 축복하지 않는다고 말하면 좋을 것이다. 생명체가 태어나고, 늘어나고, 대지를 채운다는 것은 '화택무상火宅無常의 세계'에 더욱 기름을 붓는 것과 같은 것이다. 그렇지만 불교 가운데 정토교에서는 육식도 생식 행위도 금지하지 않는다. 그러나 그것은 앞에서 말한 의미에서 '어쩔 수 없다'는 것에 지나지 않는다. 식물연쇄植物連鎖와 생식 행위로 짜여진 생물계의 모습이 '생명이 빛나는' 훌륭한 세계로서 찬양될 이유는 없는 것이다. 그것들은 어디까지나 '화택'의 세계, 즉 번뇌의 불로 타오르는 세계에 지나지 않는다."

_《仏教は何を問題としているのか - 龍谷大學 講話集》永田文昌堂

"대승불교는 현세를 긍정하고, 생명을 긍정한다고 이해하는 분들이 계시지만, 과연 그럴까요. 어디까지나 개체성에 사로잡혀 있는 방식에 부정적인 눈길을 주는 것이 아니라, 자연계에 있어 생명의 영위를 그대로 축복하는 것은 더 이상 불교라고 말할 수는 없다. 불교는 생명 찬가의 교가 아닌 것이다."

_ 마츠오, 前揭書

　제2장, 3장에서 서술했듯이 기무라 타이켄의 연기관과 업론에는 생기론을 생각게 하는 생명주의적 경향이 보인다. 더욱이 그 '생명'에 대하여, 주로 부정적인 견해가 나타나고 있다고 한다면 수긍할 수 있지만, 기무라의 설에는 '생명'에 대하여 긍정적으로도 받아들이는 논술이 자주 나타난다. 오히려 부정되는 것은 상좌부의 오온가화합에 대한 교설 쪽으로, 기무라는 그것을 '기계론적'인 관찰, 해석, 설명이라고 배척하고 있다.

초기불교의 생명관

　　하지만 생명을 그와 같이 긍정적인 전체성으로 파악하여 연기를 생명 활동의 창조적 과정으로 보는 것에 교리적 근거는 있는 것일까. 어디에서 경증을 찾을 수 있을까.

　　당연한 것이지만, 초기경전에 근대적인 의미에서 '생명'이라는 포괄적 개념은 찾을 수 없다. 또 생의 갖가지 현상을 언급하는 경우에도 결코 긍정적인 평가를 내리는 일은 없다. 예를 들면 《상유타 니카야》의 저명한 게를 들면 다음과 같다.

> "색육체은 거품과 같고
>
> 　수감각는 물방울과 같고,
>
> 　상표상은 아지랑이와 같고,
>
> 　행의지은 파초와 같고,
>
> 　식의식이 마술과 같다는 것은
>
> 　태양족 성자의 말이다."
>
> _〈포말[泡沫]〉 상응부 경전 22, 95 增谷文雄編譯《阿含經典1》ちくま学芸文庫

여기에서 '태양족 성자日種의 尊'란 태양족의 후손인 석가족의 성자 즉 붓다를 가리킨다. '거품취말'이란 강변에 부풀어 오른 많은 거품덩이를 말하고, '파초'란 바나나 나무이다. 심재를 찾아 파초 줄기의 잎을 벗겨내어도 연재軟材에 조차 도달하지 못한다. 마치 양파의 껍질을 벗기는 것과 같이.

곧 이 게송에서는 인간의 심신을 구성하는 오온색수상행식의 일체는 헛되고, 공허하고, 실체가 없고, 환상과 같은 것을 비유로서 강조하고, 이것이 붓다의 가르침이라고 선언하고 있다. 거품과 같고, 물방울과 같고 등등은 〈니카야〉의 정형적 표현이며, 각각의 오온을 공이라고 보라는 의미를 나타내고 있다. 원시불교의 '공관'에 대해서는 《숫타니파타》 제5장의 1119에서 학생 모가라주의 질문에 대한 붓다의 대답에서 그 기본적 자세가 나타난다.

> "항상 잘 주의하여 자아에 고집하는 견해를 끊고, 세계를 공이라고 관하라. 그러면 죽음을 초월할 수 있을 것이다. 이와 같이 세계를 보는 사람을 '죽음의 왕'이 보는 일은 없다."
>
> _ 中村元譯,《ブッダのことば》岩波文庫

"죽음의 왕이 보는 일은 없다"라는 것은 죽음이라는 관념에 사로잡히거나 불안에 괴로워하거나 공포에 떠는 일은 없다는 것을 뜻한다. 생사 자체를 초월한 경지에 나아간 것을 가리킨다. 동일하게 색 등 오온의 하나하나가 무상이며, 변해가며, 고라고 설하는 것은 〈니카야〉에 무수히 나타난다. 기무라와 같이 '생명'이라는 포괄적인 개념을 가설했다 해도, 그것은 어디까지나 부정적인 현상일 수밖에 없는 것이 초기불교의 전제인 것이다. 더욱이 교리의 기본이라는 것보다는 심신의 방식, 생명 그 자체가 고라고 하는 자각이야말로 범부로 하여금 불도로 향하게 하는 요인要因인 것에 주의해야 한다.

03

기무라 타이켄의 '유동적 생명'론

그런데 기무라는 "심적 요소를 갖가지로 나누는 것은 관찰이라는 방식 외에는 다수의 근거를 찾을 수 없는 것이 아닌가"⟨사실적 세계관⟩ 제2장 ⟨유정론일반⟩ 4절 ⟨유정의 본질에 대하여⟩라고 의문을 제기한다. 그리고 부파불교에서도 독자부의 푸드갈라 등 윤회의 주체로서 가설된 아체我體나 의식체의 항존을 인정하는 교설이 나타나고, 대승불교에 이르면 유식파에 유아론적 주장이 생겨난 것을 근거로 기무라는 이것들의 대두를 "이상하지 않은 일"이고 "지나치게 기계적 관찰적인 상좌부의 주장보다도 도리어 불타의 진의에 가까운 것이다"기무라, 前揭書라고 평가하고 있다.

> "이론적으로 불타의 생명관을 요약하면 마침내 앞에서 서술한
> 바와 같이 일종의 유아론적 결론에 도달한다는 것을 잊어서는
> 안 된다."
>
> _기무라, 前揭書

그러면 기무라가 말하는 '불타의 진의', '불타의 생명관'이란

어떠한 것일까.

> "불타에 의하면, 우리들의 생명은 무한의 과거로부터 경험을 쌓아오고, 그 경험에 따른 성격에 의해 자기를 경영하고, 그 경영의 방식은 마침내 또 새로운 경험으로서 그 성격을 바꾸어 이렇게 무한히 상속하는 것이 소위 윤회이다. 그래서 그 성격과 그것에 따른 자기 창조와의 사이에 있어 필연적 규정을 업에 의한 인과라고 이름붙이는 것이다."
>
> _ 〈사실적 세계관〉 제4장 〈업과 윤회〉 3절 〈특히 업의 본질에 대하여〉

단 기무라에 있어 업과 생명의 관계는 부즉불리이다. 이 관계를 그는 잉크에 비유한다. 액체와 그것이 나타나는 색과 같은 것이다. 생명이 잉크의 액에, 업이 잉크의 색에 비유된다.

> "둘은 같으면서 다르고, 다르면서 같지 않은가. 이 잉크가 신진대사로서 끊임없이 흐른다고 하자. 이것이 곧 불교에 있어 유동적 생명을 비유한다."
>
> _ 기무라, 前揭書

> "그 잉크가 흘러가는 방향은 그 색에 의해 정해짐과 동시에 흘러가는 방향이 다름에 따라 잉크의 색이 달라진다고 생각해보자. 더욱이 그 색의 변화라는 것도 빨강에서 검정이나 노랑으로 변화할 때 빨강이 없어져 검정이나 노랑으로 되는 것이 아니라, 빨

강색도 가능성으로서 가지면서 검정이나 노랑이 되며, 동일하게 검정이나 노랑으로부터 파랑으로 변해 갈 때도 그것들이 없어지지 않고 가능성으로서 그것들을 보존하면서, 변해간다고 하자. 그러한 때 과연 업과 생명과 윤회의 관계에 가까운 개념이 얻어진다고 생각된다."

_ 기무라, 前揭書

하지만 이 연속적으로 유동하는, '색'=업에 물들며, 색상, 방향을 바꾸면서도 기체로서 계속 존속하는 '액체'=생명이란 아의 다른 이름이다. 실로 '생명'이 '당신'을 살리고 있는 상황이다. 그러나 이것은 불교의 무아론과 대립하는 유아론이지 않은가. 기무라는 우파니샤드적인 유아론과는 일선을 긋는 '유동적 생명'이라는 해석을 세우면서, 결국 기체로서의 생명이라는 형태로 개아個我, 아트만의 실재를 인정해버리는 것이 아닌가.

위의 인용문의 약간 뒤에서 기무라는 이것을 사실상 인정한다. 불교에 있어 업에 대하여 다음과 같이 말한다.

"불교에 있어서는 끊임없이 변화하면서 종전의 경험을 자기에게 담아 그것을 원동력으로서 하여 나아가는 창조적 진화엄격히는 창의적 윤화[輪化]라는 말이 적당할 것이다 그 자체이기 때문이다."

_ 기무라, 前揭書

미리 말해두지만, 기무라는 제2장에서 밝혔듯이 3세양중설과

| 불교 연기 논쟁 |

같은 고정적 윤회설을 인정하지 않는다. 자업자득의 업론도 마찬가지이다. 그가 윤회에서 찾은 것은 무시무종의 생명의 변화 양상으로, 그것은 업의 자기 전개 과정에 지나지 않는다.

이 생명관은 독특한 무명론과 관련된다. 그 생명의 편력인 윤회를 움직이는 것은 무명으로, 기무라에 의하면, 살고자 하는 의지, 맹목적 생존 욕구이다. 나아가 그는 무명이야말로 윤회의, 나아가 유지연기의 주체라고 주장하기에 이른다.

> "싫더라도 이미 윤회관을 연기관의 과제로 하는 이상, 거기에 윤회의 주체라고 할 무엇인가를 인정하지 않으면 수습할 수 없는 것으로, 그것의 수습을 위해서는 그리고 불교는 욕과 집착을 세간의 인으로 보는 일반적 입각지를 예상하여", "욕과 무명과의 표리관계를 고려하여, 여기에 12연기관의 출발점이 된 무명에 그 의의를 부여하려고 한 것은 내가 이것을 맹목 의지로 해석하여, 어떤 의미에서는 윤회의 주체를 나타내려고 한 의향이 있었던 것이다."
>
> _〈연기관의 전개〉하 3절

구스모토 노부미치楠本信道가 말하듯이 무명을 윤회의 주체라고 하는 이러한 소견은 '기무라에게서만 보이는 독특한 견해'《《구사론》에 있어 세친의 연기관》平樂寺書店이다.

그러나 이 독자의 생명관에 근거하는 '특이한 견해'는 대체 어디에서 유래하는 것일까.

04
—

'다이쇼 생명주의'의 파급

나는 제3장에서 야마오리 테츠오의 평론을 인용하면서 혹시 기무라가 불교의 연기관을 "인간에 있어 생명 발동이라는 다이나믹한 지평에서 재구성하려고 했다"라고 한다면, 당시 지식계를 석권하고 있던 '다이쇼 생명주의'의 영향을 무시할 수 없는 것은 아닌가 하고 추정했다. '다이쇼 생명주의'란 메이지 후기로부터 점차 동조자가 늘어나, 다이쇼기에 요원의 불과 같이 확산된 '생명'을 중심 개념에 둔 일종의 패러다임을 가리킨다.

'다이쇼 생명주의'라는 개념의 틀을 발견한 일본 근대 문학의 연구자인 스즈키 사다미鈴木貞美에 의하면, 본래 '생명'이라는 말이 널리 쓰이게 된 것은 메이지에 들어와서 이며 'life'의 역어로서 보급되었다《'生命'で讀む日本近代》NHKブックス고 한다. 마침내 이 '생명'을 원리에 둔 사상, 사조, 운동이 대두한다.

메이지 후기에는 쇼펜하우어나 니체를 선구로 하는 '생의 철학' 등에 의해 '생명'의 사상적 기초가 이루어지게끔 된다.

여기에서 말하는 '생명' 혹은 '생'은 경험, 체험이라고 하는 직접적인 실감과 밀접히 관련되어 있다. 생의 방식을 고정적·기계론적으로 이해하는 입장에 대하여, 끊임없는 움직임이나 연속적 생성 등 생의 다이나믹한 속성을 중시하여, 그 내적인 충일성充溢性에 주목함으로써만 진정한 구체성·전체성을 파악할 수 있다고 주장한다.

그리고 메이지의 마지막 해인 1911년 '다이쇼 생명주의'의 철학적 기초에 결정적 의미를 갖는 책이 출간되었다. 니시다 키타로의 《선의 연구》이다.

스즈키는 이 책의 핵심이 '생명주의 철학'에 있다고 본다.

> "'아의 사상', '애의 이념', '종교의 본질' 등에 관련해 니시다가 고찰한 내용은, 양명학과 선을 핵심으로 정토진종, 기독교 신비주의, 톨스토이의 종교사상 등의 영향을 받은 것으로, 그것들과 칸트에서 유래하는 독일 관념론의 흐름에 속하는 체계를 환골탈태시키며, 유전학·진화론 등의 생물학적 지식들을 일거에 통합하여 '순수경험'으로부터 '신과의 합일'에 이르는 개념의 체계화를 시도한 것이다."

그 체계는 "'우주의 진생명眞生命'과 그 현현으로서 인간의 '생명'의 본능이라고도 할 수 있는 관념"에 의해 유지되고 있다〈西田幾多郎 《선의 연구》를 읽음 - 생명주의철학의 형성〉《日本研究》第17集, 國際日本文化研究センター고 한다.

니시다의 논술에는 선 등으로부터 영향을 받은 흔적이 용이하게 나타나는 까닭에, 자주 불교사상과의 내재적 친화성이 거론되지만, 완전한 오산이다. 스즈키는 양자의 차이를 정확히 지적한다.

"니시다가 말하는 '순수경험', 주객미분, 주객합일, 주관상몰主觀相沒한 의식의 상태는, 이 '공'과 유사하지만 '공'과 같지는 않다. 용수에 있어서는 실재가 부정된다. 세계를 일단 '공'으로 돌린 자에게 있어 세계란 어디까지나 '가설'의 것으로서 관상된다. 니시다의 생각은 이것과는 다르다. 니시다는 '순수경험'이야말로 '진정한 실재'라고 한다."

"이 생각은 실증주의를 넘어선 실재론의 범주에 있다."

_ 스즈키, 前揭論文

이 니시다 저서의 영향도 있고, 지식계를 중심으로 '다이쇼 생명주의'가 시대 사조로서 흥륭하여, 통속적인 철학, 도덕론과 인생관뿐만 아니라 종교·교육·문학·예술에까지 급속하게 확산, 침투해 갔다.

학자인 마루야마 타카시丸山高司는 '다이쇼 생명주의'의 한 배경이 된 근현대 사조로서의 '생의 철학'을 빌헬름 딜타이의 테제를 사용해 다음과 같이 정식화한다.

"① 생은 '근본 사실'로서, '그 배후로 거슬러 갈 수 없다.' 환언하면 체험이 근원적 소여로서, 철학은 거기에서 출발하지 않으면 안 된다. ② 사유와 이성은 생의 기초가 될 수 없고 오히려 생을 기반으로 성립한다. 따라서 생을 이성의 법정에서 재단할 게 아니라 '생을 생 그 자신으로부터 이해하는' 것이 되어야만 한다. ③ 체험은 그 자신에 대한 직접지이다. 체험은 내면에서 알려진다. 이 직접지에 근거해 체험의 본래의 모습이 파악되지 않으면 안 된다. 단 ④ '생은 궁극적으로 규명하기 어렵다.' 생의 어두움과 깊이, 불가해성과 비합리성, 유한성과 역사성, 이러한 것이 있는 그대로 직시되지 않으면 안 된다."

_ 〈생의 철학〉《岩波 哲學·思想事典》岩波書店

기무라 타이켄은 업론을 설할 때 다음과 같은 붓다관을 표명하고 있다.

"불타는 어떤 의미에서는 경험자였다고 할 수 있다. 즉 우리들의 생명 활동주로 진리 활동이라는 것은 무릇 과거 경험의 축적으로서 온 것으로, 경험을 제외하고는 아무것도 아니라는 주장이다."
"경험을 중심으로 우리들의 생명 활동을 설하려고 한 점에 있어 적어도 일종의 경험론적 태도를 가졌다는 것은 의심할 수 없는 사실이다."

_ 〈사실적 세계관〉 제4장 3절

'생의 철학'과 기무라의 불교론과의 관련에 대하여 비교 사상을 전문으로 하는 한 연구자는 다음과 같은 지적한다.

"[기무라는] 12연기론 등의 설명에 자주 쇼펜하우어를 원용한다. 기무라는 불교적인 존재론의 배후에 공을 초월한 일종의 '형이상학적 실재론적 경향'을 보는 것으로, 이것은 도이센을 중심

으로 하는 당시의 쇼펜하우어 및 불교 해석의 유력한 경향으로,
기무라도 그와 같은 편향을 그대로 받아들이는 것이다."

_ 兵頭高夫 〈쇼펜하우어와 동양의 종교〉《ショーペンハウアー讀本》
所收 法政大學出版局

인용문 중의 도이센은 니체와 동시대인이자 친구이기도 했던
독일의 인도철학자 폴 야코비 도이센이다. 근대 불교학의 정초자의
한 사람이었던 아네사키 마사하루姉崎正治는 구주 유학시기 이 도이센
에게 사사했다.

기무라는 '형이상학적 실재론적 경향'에 대하여 이렇게 말하고
있다.

"붓다의 세계관은 말하자면 공론空論이지만, 과연 공에만 머무를
수 있는 것인가. 예를 들면 인연의 법칙은 공인가. 그렇지 않다.
'법성상주法性常住', '법성자이法性自爾'라고 하듯이, 불교에서 움직
일 수 없는 법을 가리키는 것이 있다. 그것은 오히려 불변부동이
라고 표현된다."

_ 〈사실적 세계관〉 제6장 〈존재의 본질에 대하여〉
제4절 〈형이상학적 실재론적 경향〉

법성, 다르마타dharmatā라는 것은 갖가지 사물, 갖가지 사상의
본질, 법의 법을 말한다. 통상적으로 실상, 진여, 법계, 열반과 동일시
되지만, 기무라는 이 말에 일반적인 의미를 부여한다.

294 | 불교 연기 논쟁 |

"그 법성이란 움직이는 것들 가운데 움직이지 않는 일정한 법칙을 가리키지만, 이것을 형이상학적 원리로서 본다면, 그것은 요컨대 모든 활동을 관통하고, 그 근저가 되며, 더욱이 그 자신으로서는 움직이지 않는 이념적 존재를 가리키는 것으로 볼 수는 없을까."

_ 방선 인용자, 기무라, 前揭書

모든 활동의 근저에 법성이라는 무상하지 않는 이념적 존재가 실재한다는 것을 인정하고 있는 것이다. 또 공의 경계境地에 대해서도 다음과 같은 이해를 보인다.

"지금 이 경계의 정신생활에 근거하여 그 세계관을 구성하는데 있어서 개념적으로 말하면, 이것을 필경공이라고 말할 수밖에 없더라도, 그 의의에 있어서는 단지 허무가 아니며 그것을 표현할 수 없는 형이상학적 실재, 달리 말한다면, 형이상력形而上力이라고도 할 수 있는 특유의 실재를 인정해야 하는 것도 자연스럽지 않은가."

_ 기무라, 前揭書

공은 물론 단지 무, 허무는 아니지만, 실체, 실재일 수도 없다. 기무라가 말하는 것과 같은 형이상학적 실체로서의 법성 등은 아닌 것이다.

원시불교에 한정해 말하면, 법성이라는 개념 자체의 모습이 본래 희박하다. 초기경전 전체를 살펴보면, 약간 법성의 용례가 보이지만, 그것들은 '결정'이나 '본래 갖추고 있는 성질' 정도의 의미로 사용되고 있다.平川彰,《平川彰著作集 第1卷/法と緣起》제2장, 春秋社

　　법성을 상주의 진실체로 간주하는 해석이 가능해지는 것은 적어도 대승불교의 전개를 기다려야만 한다. 예를 들면 대승불교 중관파의 개조 나가르주나의《중론》에는 "법성은 열반과 같이 불생불멸이다"라는 게가 보인다.

　　"[공성에 있어 언어적 다원성이 소멸할 때] 언어의 대상은 지멸한다. 그리고 마음의 활동 영역도 지멸한다. 왜냐하면 [제법의] 법성은 마치 열반과 같이 불생이며 불멸인 까닭이다."

_ 제18장 7게, 桂紹隆譯,《龍樹《根本中頌》を讀む》春秋社

　　이 '불생불멸의 법성'을 기무라와 같이 형이상학적 실재와 같은 것으로 파악하는 경향도 적지 않지만, 잘못된 독해이다. 이 게의 '불생불멸'이란, "자성으로서 생긴 것도, 소멸하는 것도 아니다"는 뜻으로, 법성의 항상적 실체성을 인정하고 있는 것이 아니다. '자성'이란 고유한 실체적 성질을 가리킨다. '공인 것'은 실재하지 않는다. 따라서 제13장 7게에서 이렇게 말한다.

　　"만약 공이 아닌 무엇인가가 존재한다면, 공인 것도 무엇인가 존재할 것이다. 그러나 [지금까지 말해왔듯이] 공이 아닌 것은 어떠한 것도 존재하지 않는다. 어찌하여 공인 것이 존재하겠는가."

또 앞서의 게제18장 7계에서 예로서 인용한 열반에 관하여 《중론》은 이렇게 말한다.

"윤회를 열반으로부터 구별하는 어떤 것도 없고, 열반을 윤회로부터 구별하는 어떤 것도 없다."

_ 제25장 19계 前揭書

"열반의 궁극은 윤회의 궁극이다. 이 두 가지 궁극의 사이에는 어떠한 간극도 결코 알려지지 않는다."

_ 제25장 20계 前揭書

이들 게송의 배경에는 아비달마불교에서 설해진 '법유론', 법의 실재론에 대한 근원적 비판이라는 전제가 있다.

따라서 기무라가 주장한 법성을 형이상학적 실재라고 하는 설은, 조심스럽게 말한다 해도 독특한 것으로 적어도 원시불교나 중관불교에는 타당하지 않다.

05

기무라 불교학에 있어 '절대적 생명'

'다이쇼 생명주의'와 관련하여 또 한 가지 지적해야 할 것은 기무라의 저서, 논문에 자주 등장하는 '절대적 생명'이라는 말이다. 물론 경전이나 논서에 이러한 단어가 보이지 않는 것은 아니다. 일부러 유사한 표현을 다른 곳에서 찾아본다면 니시다 키타로의 《선의 연구》에 나타나는 '진생명眞生命'이 가까운 표현이다.

예를 들면 《원시불교사상론》에 앞서는 《인도육파철학》에는 먼저 쇼펜하우어를 참조하면서 "살려고 하는 의지, 넓어지려는 의지가 모든 생활행동의 중추인 것은, 위로는 인류로부터 아래로는 작은 곤충에 이르기까지 일관하여 변하지 않는 현상"《木村泰賢全集 第2卷》이며, 특히 인간은 그 '생의지'가 일상적 현실적으로는 동물과 다르지 않는 본능적 욕구로서 나타나며 한편 이상적으로는 초시공超時空의 영적 생활에 대한 동경으로 나타난다는 이분설이 설해진다. 그리고 기무라는 이 둘에 대하여 "나는 전자를 현실적 생명의 요구라고 말하며, 후자를 절대적 생명의 요구라고 이름했다"라고 정의하고, 그 위에 다음과 같이 명언한다.前揭書

"모든 종교는 절대적 생명의 요구에 응하여 일어난 것이다."

_ 前同

직후에 "무한을 동경하고, 불사不死를 바라며, 절대적 자유의 경지에 도달하려고 하는 것은 모든 종교의 최종 목적이며, 더욱이 종교가 영원히 그 존재의 권위를 주장할 수 있는 유일한 근거이다"라고 부연하고 있기 때문에, '절대적 생명의 요구'란 영생永生에의 의지를 완수하고, 그 욕구를 채우는 것에 있는 것을 알 수 있다.前同

그러나 '절대적 생명'이란 구체적으로 무엇을 의미하고 있는 것일까. 같은 책에서 베단타 학파의 의의를 개괄하는데 있어 그 핵심적인 교의인 범아일여를 "전우주를 관통하는 절대적 생명과 우리들 자신의 생명이 근저에서 이어져 있다"前揭書라고 보는 해석이 붙어 있다. 절대적 생명이란 범, 브라흐만의 다른 이름이다. 후에 설하지만, 이 일절과 매우 유사한 문장이 《대승불교사상론》에도 나타나는 것은 주의할 필요가 있다. 그리고 《원시불교사상론》에는 나한羅漢의 수도론을 논한 일절에 다음과 같은 문장이 보인다.

"하열한 나한이라 하더라도 그 내적 생활에서는 한 번은, 말하자면 절대적 생명의 대영광大靈光에 접해 갱생更生의 자각을 체험한 사람이다."

_ 방선 인용자, 제3편 〈이상과 그 실현멸도제론〉 제5장 2절

인용문에 보이는 '나한'이란 이 문맥에서는, 초기불교에서 깨

달은 자를 의미하는 아라한의 약칭이 아니라, 단순히 출가수행자를 가리킨다. 그렇더라도 모든 '나한'이 한 번은 접한다는 '절대적 생명의 대영광'이란 대체 무엇일까. 원시불교에는 적합지 않는 신비적인 표현이다.

그러면 '절대적 생명'은 대승불교에서는 어떻게 위치하고 있을까.《대승불교사상론》《木村泰賢全集 第6卷》大法輪閣에 그 답이 엿보인다.

기무라는 그 책의 '자아란 무엇인가'를 묻는 절에서, 먼저 동심원으로 이루어지는 그림을 두 개 그려 보인다. 네 개의 동심원으로 이루어지는 첫 번째의 그림에서는 정중앙에 '자아'의 영역을 보이는 작은 원이 있고, 그 외측에 또 하나의 '진아'의 영역이 원으로 나타난

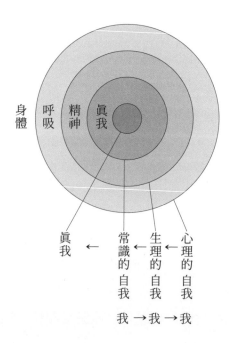

[도형 1]

　　　　　　　　　　　　　　　　　| 불교 연기 논쟁 |

다.[도형 1] 내측의 '진아'가 순수 주관, 순수 의사인 것에 대하여, 외측의 '진아'는 심리적 자아를 가리키는 듯하다. 이 두 개의 '진아'의 원을 감싸고 '정신'의 영역인 원이, 나아가 외측에 '호흡' 영역의 원이 묘사되며, 그 가장 외측에 있는 원의 외곽에 따라 '신체'가 표시되고 있다.제2편 〈대승불교 교리론〉 제6장 제3절 〈자아란 무엇인가〉《大乘佛教思想論》

두 번째의 그림도 네 개의 동심원으로 이루어지지만, 이번에는 '신체'를 핵심부로 하고, 점차 '가족'의 영역, '국가'의 영역, '전 인류'의 영역으로 원이 점차 확대해 가며, 가장 외측의 '전 인류'의 원의 외곽에 따라 '우주'라고 쓰여져 있다.[도형 2]

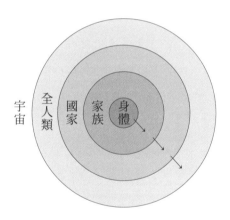

[도형 2]

기무라는 이 두 개의 그림에 대하여 "아는 육체를 중심으로 양극 쪽으로 퍼지는 것으로, 형식상에서는 거의 극대와 극소로 나뉘어진다. 그렇지만 여기에서 주의해야 할 것은 이 극대와 극소가 실제상에서는 도리어 일치한다고 하는 것이다"기무라 前揭書라는 해설이 붙어 있다.

즉 극대인 '우주'와 극소인 '진아'가 일치한다는 것이다. 아무리 보아도 우파니샤드 철학의 범아일여를 상기시키는 자아론이다.

이 자아론을 바탕으로 기무라는 '절대적 생명'을 기초로 하는 세계관을 피력해 간다.

"우리의 자아가 이러한 성질의 것이라면, 그 본체는 무엇인가라는 의문이 생긴다. 여기에서 우리들은 아무래도 최후의 가정으로서, 우리의 본성으로서의 소위 절대적 생명 또는 절대아의 존재를 허용하지 않으면 안 된다. 그렇지 않다면, 불과 5척의 신체와 70년의 수명을 갖는 우리가, 내적으로도 외적으로도 무한히 확장해가는 요구를 가질 수가 없기 때문이다. 우리의 생명 즉 자아가 시간적으로도 공간적으로도 무한의 방면으로 향해 나아가는 까닭은 그 본성이 원래 무한절대의 대아로 이어지는 까닭이라고 해석하지 않고서는 그 의미가 알 수 없게 된다. 더욱이 이 대아는 결코 실질상에 있어서 우리의 본성과 떨어져 있는 것이 아니라 오히려 그 근저라고 생각하지 않으면 안 된다."

"진여라고 하고, 법신이라고 하고, 불심이라고 하고 내지는 신명 神明이라는 것도, 실로 이 절대아를 가리키는 것에 지나지 않는다."

_ 제2편 〈대승불교 교리론〉 제6장 제4절 〈절대아〉《大乘佛敎思想論》

"따라서 이 견지에서 보면, 만유萬有는 남김없이 종극원인으로서

| 불교 연기 논쟁 |

의 절대아에 의존하면서, 풀잎 하나, 한 그루의 나무에도 절대적 의미를 생생히 나타내며, 특히 우리의 정신은 곧바로 그 대아大我에 도달할 수 있는 통로라고 말할 수 있다."

_ 前揭書

기무라의 특이한 불교관

자아, 생명, 우주가 일관된 것으로서 통괄되어 있다. 그것은 하나의 종교사상일 것이다. 그렇지만 힌두교적·외도적인 것으로, 과연 그것을 불교라고 부를 수 있을까. 도저히 그렇게는 생각되지 않는다.

브라흐만梵과 같은 양상을 드러낸 절대적 생명, 무한절대의 대아가 근본 실체로서 간주되고 있다. 하물며 그것은 우리들의 '진아', 아트만我의 근저일 뿐만 아니라 초목에도 그 의미가 깃들어 있다고 하는 것이다. 하지만 초목은 유정에 포함되지 않는다. 불교에서는 유정 즉 마음을 갖추고 동작하는 자 이외에는 성불의 가능성을 인정하지 않기 때문에, '초일엽 목일본草一葉 木一本; 풀잎 하나 나무 한 그루' 속에도 의미가 들어 있다고 하는 신념은 특수한 일본적 애니미즘이나 범신론일 수는 있어도 불교일 수는 없다. 더욱이 그 의미가 '절대아'에 의거하게 되면 점차 불교와는 더욱 멀어져 버린다.

이 사상에는 실질적으로 무아도 없고 무상도 없다. 아마도 진리諦도, 무명도, 지혜도, 번뇌도 그리고 연기조차, 원시불교에서 정립된 붓다의 가르침과는 전혀 별개의 의미라고 해도 좋을 것이다.

기무라는 제1차 연기 논쟁을 돌아보고, 참여자들의 원시불교

이해가 후대의 대승불교 교리에 영향을 받았을 가능성에 대해 시사하
고 있다.

> "내막을 말한다면, 우이, 와츠지 두 사람의 해석이 중관계의 사
> 고에 끌려있다고 한다면, 나의 그것은 유식 계통의 사상과 어느
> 정도의 관련을 가졌다고 할 수 있을 것이다."
>
> _ 〈연기관의 전개〉하 3절 《原始佛敎思想論》

하지만 앞에서 본 기무라의 불교관은, 붓다 사후 800년정도
지나 나타난 대승불교 유식사상에 있어서조차 긍정하기 어려운 것이
다.

이것은 인도印度적으로 재포장된 생명주의, 생명을 원리실체로
한 불이일원론不二一元論이다. 일단 불교의 용어가 사용되고 있지만,
그 뜻은 크게 벗어나 있다.

제2장에서도 지적했듯, 기무라의 유아론, 법유론으로의 치우침
은 《소승불교사상론》, 《대승불교사상론》으로 나아감에 따라 더욱 명
료해 진다. 더욱이 《원시불교사상론》의 단계에서도 그 소지는 엿볼
수 있다.

우이 하쿠주가 기무라설을 상정하여, 무명을 '세계 또는 인생
의 창조 발전의 근본 원리와 같이' 해석하는 것을 철저하게 논박하고
있다. 다시 한번 그 인용을 보기로 한다.

> "개념상 무명에는 활동성은 배재되어 있다. 고로 무명 그 자체로

서는 활동성은 없는 것이 아니면 안 된다."

"이미 무명 그 자체로서는 본래 활동성을 생각할 수 없는 것이라 한다면, 학자가 때로 무명이 세계 또는 인생의 창조 발전의 근본 원리와 같이 해석하여 따라서 12인연은 그 창조 발전의 과정을 나타내는 것으로 보아, 이것을 수론학파의 전변설을 설하는 25제와 비교 또는 25제의 영향으로 생긴 것이라고 하려는 설과 같은 것은 전혀 승인할 수가 없는 것이다."

_ 〈인연의 해석〉

앞에서 서술한 내용에서 '수론학파'란, 힌두교바라문교 정통 6파 철학중의 하나인 상캬학파를 가리킨다. '25제'란 이 학파가 상정하는 25개의 실체이다. 상캬학파에 대해서는 후술한다.

또 와츠지 테츠로가 "기무라씨 자신의 해석이 도이센풍으로, 너무나 많이 쇼펜하우어 사상을 원시불교에 집어넣고 있는 것을 불만으로 생각한다"〈木村泰賢씨의 비평에 답함〉《和辻哲郎全集 第5卷》所收 岩波書店라고 말하고 있는 것도, 기무라의 특이한 불교관의 귀추를 파악하고 있었기 때문은 아닐까. 글 속의 '도이센풍으로'란 조금 앞서 소개한 폴 야코비 도이센의 입장으로 불교를 '생의 철학'적인 색깔로 이해한 것을 의미한다.

이것이 제1차 연기 논쟁의 핵심적인 논점이었던 것이다. 이 요점을 모르고서 당사자인 기무라의 정리에 오로지 의존하여 주변적인 논전에 관심을 빼앗긴 연구나 평론은 정곡을 벗어나 있는 것이라고 말하지 않을 수 없다.

07

'다이쇼 생명주의'의 추종자로서 와츠지

하지만 여기에서 우리들은 언뜻 기묘한 사실에 눈을 돌리지 않을 수 없다.

기무라의 원시불교론 바탕에 놓여 있는 실체론적 지향과 유아론적 편향, 생명주의와 '생의 철학'에 치우침을 예리하게 밝혀 비판의 도마에 올린 와츠지 테츠로였지만, 일찍이 그 자신이 '다이쇼 생명주의'의 추종자였다는 사실이다.

그 경향은 제1차 논쟁이 일어나기 10여 년 전 와츠지의 저작가로서의 데뷔작인 《니체연구》에 가장 잘 나타난다.

다시 스즈키 사다미鈴木貞美의 고찰을 참조한다. 먼저 《니체연구》의 앞부분, 〈본론 제1 신가치 수립의 원리 제1장 권력 의지〉를 읽어보자.

"진정한 철학은 개념의 축적과 정리가 아니라 가장 직접적인 내적 경험의 사상적 표현인 것이다. 직접적이며 순수한 내적 경험이란, 존재의 본질로서 살아있는 것을 의미한다. 인식하는 주체와 인식되는 객체가 있어, 그 사이에 인식의 형식에 의존하지 않는 직접적인 본질의 감득感得이 있다는 것이 아니다. 직접적인 내적 경험을 만약 직각이라고 부른다면, 이 직각은 '생명 그 자체'로서 살아있는 것이다. 본래부터 '우주 생명'은 부단의 창조인 까닭에 직접적인 내적 경험도 또 창조적으로 활동한다. 자기 표현은 이 창조 활동이다. 예술과 철학은 모두 여기에서 생겨난다. 하지만 그 재료가 되는 감각 사유 등도 또 동일하게 근본력의 창조 활동에서 생겨난 것인 까닭에 복잡다양하게 생을 빛내고 있지만, 그 스스로는 상징으로서 생의 본질을 암시하는데 지나지 않는다."

_ 〈니체연구〉《和辻哲郎全集 第1卷》所收

"[진정한 철학은] 관념과 사상에 영구한 가치를 부여하는 것이 아니라, 가치의 근원인 것의 한층 완전한 표현-본질로서 살아있는 '자기'의 한층 강대한 표현-으로 노력하고, 관념과 사상을 통하여 항상 유동하고 성장하는 자가 걷는 새로운 길을 여는 것이다. 인생을 속박하고 고정시키는 것이 아니라, 생의 유전을 옹호하면서 점차적으로 인생을 강렬하게 하는 것이다."

_ 〈니체연구〉 前揭書

스즈키에 의하면, 《니체연구》에서 와츠지의 사상적 입장은 "'직접적인 내적 경험'이 '직각'에 의해 파악된다고 한다면, '생명 그 자체'이며, 그 '생명 그 자체'는 '우주 생명'을 근원으로 하는 세계관"으로 일관하고 있다.《〈공동연구보고〉和辻哲郎의 철학관, 생명관, 예술관 - 《니체연

구》를 둘러싸고〉《日本硏究》第38集, 國際日本文化硏究センター- '니체 철학은 그 일 례로서' 주제가 되고 있다.

> "니체가 말하는 '자기'는 곧 이 권력 의지이다. 인식의 형식을 초월한 인격의 정점은 단지 '자기'로서만 이해된다. 거기에는 부분과 전체의 관계는 인정되지 않는다. 개인의 자아와 절대자의 관계는 부분과 전체로서의 관계가 아니다. '자기'란 직접적으로 우주의 본질이다."
>
> _〈니체연구〉《和辻哲郎全集 第1卷》所收

그러면 와츠지가 해석하는 니체 사상에 있어 '우주의 본질'이란 무엇인가.

> "여기에 영구한 유동적 생명, 정복과 창조의 권력 의지가 긍정되고, 이 긍정에 의해 강고强固·건전·쾌활한 세계가 나타난다. 모든 과거는 새로운 생으로서 부활하고, 현재는 영구한 가치를 가지며, 미래는 한없이 깊고 신선한 것으로서 현재 속에 있다. 부단한 유동인 현실이 그대로 영구한 것이다."
>
> "현재 그대로 영구한 것을 시인하는 것이 영구회귀 사상의 근저이다. 모든 응고와 타락을 씻어낸 권력 의지에 있어서만, 이 깊은 사상은 이해된다. 지식, 도덕, 종교 등 모든 자유로운 생을 억압하는 것을 물리치고, 영구한 혼돈, 투쟁, 정복, 창조인 권력 의지를 적나라하게 긍정하고, 이 순수한 생으로서 곧 우주의 본질과

합일한 생으로서 살아있는 곳에 이 생의 영구함이 있다."

_〈니체연구〉前揭書

순수한 생을 덮고 있는 모든 진에나 더러움을 제거하고, 권력의지로서의 자기의 본래성에 되돌아왔을 때, 생은 '우주의 본질과 합일한 생'이 되고, 영원이 된다는 것이다. 도덕론에서도 비슷한 내용이 반복된다.

"니체의 도덕은 우주 생명으로서의 자기가 스스로를 실현시키기 위해 안으로부터 스스로를 속박하는 것이다. 그 도덕의 최고의 의의는 여기에 있다."

_〈니체연구〉前揭書

일독하면 알 수 있듯이 기무라 타이켄의 불교론을 구성하고 있는 어휘와 같거나 혹은 유사한 말로서 독특한 니체론이 전개되고 있다. '유동적 생명'이나 '맹목적인 권력 의지', '우주의 본질과 합일' 등과 같은 말이다.

08
—
편향된 니체관

와츠지에 정통한 철학자 유아사 야스오湯淺泰雄는《니체연구》 간행 직후부터 정리해둔 〈메모〉 노트에 일찍부터 불교에 대한 관심과 니시다 키타로 철학의 영향이 엿보인다고 말하고 있다.

> "거기에는 니체의 권력 의지설과 베르그송의 순수경험론을 불교와 결부시켜 이해하려고 한 점이 주목된다. 그 내용은 불교에서 말하는 '열반'을 '생명'의 순수한 활동이라고 해석하여, 이것을 주객대립의 지적知的 자아의식에 선행하는 인간 본성의 발현이라고 이해하려고 하는 점이다."

> "와츠지의《니체연구》에는 니시다 키타로의《선의 연구》나《자각에 있어서 직관과 반성》과 유사한 발상이 발견되지만, 이 〈메모〉 중의 '인식론직각의 연구의 플랜'이라고 제목한 부분에는 베르그송의 직각에 대해 기술한 뒤에, '니시다씨의 지력적 직관의 설이란 어떠한 것인가'라는 한 구절이 쓰여져 있다. 이 구절로부터도《니체연구》에 있어 와츠지의 해석에는 니시다의 사상이 어느

정도 영향을 끼쳤던 것을 알 수 있다.”

_ 湯淺泰雄,《和辻哲郎》ちくま学芸文庫

사상사가인 가루베 타다시苅部 直는 와츠지의 니체론에 대하여 '가벼운 자아주의자 야만적인 본능론자'의 부류라는 종래의 피상적인 평가와는 달리 '인격주의자'로서 위상을 세운 점에 안목이 있다고 평가한다. 하지만 와츠지에 있어 니체는 어떠한 의미에서 '인격주의자' 인가.

"와츠지는 니체의 '권력 의지'를, 인간 의식 심층의 '근본 생명'이라 설명한다. 그리고 그것은 주관·객관의 구별을 초월한 '영구적인 생성'이며, 표상된 세계의 깊은 내면의 '신비한 현실'을 이룬다고 설한다. 예술가의 창작 활동은 이 유동적인 '생명'을 '상징'으로서 작품 속에 결정結晶시키는 것에 다름아니다.”

_ 苅部,《光の領國 和辻哲郎》岩波現代文庫

그러나 스즈키씨는 와츠지의 니체관을 의아스럽게 보고 있다.

"'우주 생명'이라는 관념은 니체와는 무관하다.《짜라투스트라》의, 아니, 니체의 작품군 어디에도 등장하지 않는다. 왜냐하면 와츠지 테츠로 자신이 쓰고 있듯이, 니체는 세계든 자기든 활동 그 자체, 생성, 유동이 전부이며 어떠한 '실체'나 '실재'도 허구에 지나지 않는다고 하기 때문이다.”

"와츠지 철학이 원리로 삼는 '우주 생명'이라는 관념은 생의 활동성 그 자체를 원리로 하고, 실체관념을 거부하여, 일체의 개념을 '사물화'라고 생각하는 니체의 철학에는 어울리지 않는다."

_ 스즈키 *前揭論文*

기무라 타이켄은 개별적 생명의 근저에 '절대적 생명'의 실재를 상정했고, 젊은 날 와츠지 테츠로도 또 직각에 의해 파악되는 생명 그 자체의 근원에 '우주 생명'의 실재를 발견한다. 아주 유사한 표현으로, 어느 쪽이나 생명주의를 배경으로 한 관념이라고 말하지 않을 수 없다.

09

남아있는 실체론

그러면 왜 《니체연구》로부터 10여 년이 지나 와츠지는 갑자기 기무라의 생명주의적 불교론에 반기를 들게 된 것일까.

하나는 자료의 실증적 연구를 통하여 본래의 불교를 접하고, 그때까지의 불교관을 수정했을 가능성이다. 와츠지의 세계관은 여기에서 큰 변용을 겪은 것이 된다.

확실히 《원시불교의 실천 철학》에서는 '우주 생명'을 거론하는 것과 같은 분명한 '생명주의'는 제창되지 않는다. 하지만 실체론적 지향과 신비주의적 경향이 완전히 없어졌다고 할 수 있을까.

그렇게는 생각되지 않는다. 적어도 근원적인 의미에서 자신의 설을 바꾼 것은 아니다. 제3장에서도 언급했듯이 와츠지는 '존재의 법'인 색수상행식의 5법과 '존재와 존재의 법을 구별하는 법'인 무상·고·무아의 법은 무상이 아니라 상주이며 보편적이라고 기술하고 있다. 이 '두 층의 법'은 실유라고 한다. 다시 와츠지의 텍스트를 확인하고, 거기에 보이는 법유론의 배경을 탐문해 보기로 한다.

먼저 와츠지는 원시불교에 있어서 현실 존재인 법이, 일상생활적 경험의 소박 구체적인 현실 속에 있어, 그 소박한 현실을 인식하

고, 동시에 그것을 가능케 하는 범주를 가리킨다고 몇 번이나 강조한
다.

여기에서 소박한 일상생활적 경험의 세계에 대치되는 것은 순
수한 자연의 세계, 자연과학적 세계이다. 자연과학적 세계관에 있어
서는, 예를 들면 꽃은 혹은 이성은 일반적이고 객관적인 인식 대상으
로서 파악된다. 하지만 일상생활적 경험세계에서는 '어떠한 경우에도
느껴지고 바라게 되는 것 즉 가치에 관계하는 것'으로서 파악된다. 따
라서 불교에는 서양 철학에서 나타나는 '존재의 학'과 '당위의 학'의
엄밀한 구별은 없다. 일부러 말한다면, '고차의 당위'뿐인 것이다.

동일하게 주관·객관의 구별도 없다. 소박 구체적인 의식은 존
재와 가치가 결합된 조직으로, 그 복합체를 상정한 위에, 보다 고차의
당위, 근본 범주를 설정하는 것이야말로 원시불교의 전회轉回, 신기축
新機軸이라고 와츠지는 말한다.

여기에 또 기무라 타이켄에 대한 비판이 고개를 내민다. 와츠
지는 '이 전회'를 칸트의 범주론에 '가까이 가서는 안 된다'라고 안이
한 유추에 못을 박은 뒤 더욱 비판을 가한다.

"우리들은 칸트로부터 나온 쇼펜하우어에 가까워지는 것도 신
중하지 않으면 안 된다. 범주에 의한 인식이 단순히 현상의 인식
에 지나지 않고, 진정한 인식이 단지 직관적 인식으로서만 존재
한다는 견해에는 원시불교와의 유사성이 어느 정도 인정은 된
다. 그러나 이 직관적 인식의 대상이 형이상학적인 세계의 본질
이라고 할 때, 이 입장은 원시불교의 철학이 극력 배척하려고 한

바로 그 입장과 일치해지는 것이다."

_ 〈실천 철학〉〈제1장 근본적 입장 제2절〉《和辻哲郎全集 第5卷》 所收

하지만 이 비판은 《니체연구》에서 취한 자신의 입장으로 향해진 것은 아닐까. 와츠지는 거듭 다음과 같이 말한다.

"원시불교에 있어서 유일한 인식이 대상으로 삼는 것은 오온육입연기와 같은 실로 경험을 가능케 하는 '법'이었다. 그래서 이 '법'의 인식이야말로 자연적 입장보다도 차원 높고 새로운 입장의 설정이었다. 여기에서는 '아'는 존재하지 않는다. 하물며 아의 본질이나, 아의 본질보다도 추론에 의해 알려지는 세계의 본질도 말할 것은 없다. '세계는 나의 표상이다'는 것은, 모든 '나'를 제거한 원시적 불교의 입장과 근본적으로 다르다. 경전 가운데는 맹목적 의지의 형이상학과 같은 것은 전혀 없음에도 불구하고, 행과 행 사이에, 또 분명하게 다른 개념 속에, 하물며 이 형이상학을 읽어내려고 하는 일체의 시도는, 원시불교철학의 올바른 이해라고는 말할 수 없다."

_ 와츠지, 前揭書

와츠지에 의한 이 기무라의 '형이상학적 실재론'으로서의 불교론에 대한 비판은 정곡을 찌르고 있다. 하지만 다른 한편에서 걱정스러운 것은 와츠지가 '보다 높은 입장', '자연적 입장 보다도 차원 높고 새로운 입장' 등으로 부르는 고차의 입장, 고차의 당위에 관한 것이다. 제3장에서 논평했듯이, 이 '보다 높은 입장'이라는 것은 통상의 가치관에 있어서 한층 높음을 의미하지는 않는다. 존립 규칙이나 자기 인식도 포함하는 전 존재 영역을 대상화할 수 있는 것과 같은 메타레벨로 이해해야 할 것이다.

좀 더 부연해 둔다면, 인용문의 '자연적 입장'이란 범부의 관점이다. 보통 사람들의 일상적 경험에 근거한 상식적이고 소박한 세계관이라고 바꾸어 말할 수 있다. 실각을 의심치 않고, 언어 표현을 사물의 진상으로 착각하고, 생존 욕구의 충족을 구하러 방황하는 생의 방식이다.

> "범부의 입장 즉 자연적 입장에서는 내가 있어 세계와 마주하고 있다. 그 세계는 공간적으로 넓어지고, 시간적으로 변해가는 것이다. 나는 직접적으로 그 세계를 보고, 경험한다."
> "이 세계는 '물질의 세계'일 뿐만 아니라, 미추, 쾌고, 선악과 같은 가치의 성질을 띠며 또 실용적인 의미를 갖는 세계이다."
> _ 〈제1편 제1장 무아의 입장〉,《佛教倫理思想史》,《和辻哲郎全集 第19卷》所收

이 '자연적 입장에서의 지식이 무엇을 의미하는가에 대한 인식이야말로 진정한 인식' 등으로, 이 '진정한 인식'이라는 상위 형태의 설정이야말로 원시불교의 '결연한 전회점'으로서 인정된다고 와츠지는 말한다.방선 인용자, 〈실천 철학〉, 〈제1장 근본적 입장 제2절〉)

10

무상한 존재의 외부에 항상한 법이 있다

그리고 와츠지에 있어, 이것보다 높은 관점에서의 인식이나, 근본 범주로 간주되는 '존재의 법'은 무상이 아니라 실유이다.

와츠지는 한역 《잡아함》의 오온에 관한 일절을 인용한다. 팔리 경전의 대응 부분은 마스다니 역을 보기로 한다. 붓다가 비구들에게 묻는다.

> "그러면 무상·고로서 바뀌고 변화하는 것을 보고, '이것은 나의 소유이고, 이것은 나이며, 이것은 나의 본체이다'라고 하는 것은 옳은 것인가."
>
> _ 增谷編譯 《阿含經典 1》ちくま学芸文庫

와츠지는 이 인용문의 '바뀌고 변화하는 것'을 '변역법變易法'이라 부르고 있다. 원뜻은 '변화의 법', '바뀌고 변하는 속성[이 있는 것]', '변화하는 성질의 것'인 까닭에 '변역법'이라 해도 좋다.

하지만 이 '변역법'에 대하여 와츠지는 교묘한 해석을 하고 있다.

"'색 등 오온은 무상이며, 변역법이라고 하는 것은 무엇을 의미하는가.' '여기에서는 오온을 단지 우리들이 경험할 수 있는 일체의 것이라 해석한다.' '그 중에는 소위 나와 세간도 포함되어 있을 것이다.' '무상anicca이라 불리는 것은 불변이 아니고, 변역하는 즉 시간적으로 존재한다는 뜻이다. 일체가 무상이라는 것은 시간적으로 존재하지 않는 것은 어떠한 것도 없다는 것이다. 모든 존재는 추이하는, 유전하는 즉 변역법이다. 이렇게 시간적으로 존재하는 것으로서 일체를 특징지우는 것으로부터 일상생활적 경험의 현실로부터는 초시간적인 일체의 것이 배제된다."

_〈실천 철학〉, 〈제1장 근본적입장 제3절〉

여기까지는 불교의 무상관을 그대로 따른다고 할 수 있을 것이다. 하지만 와츠지는 '그렇긴 하지만……'이라는 무상의 열외를 세운다.

"그렇긴 하지만 '일체는 무상이다'라는 명제가 나타내는 의의 그 자체는 과연 무상일까. 이 의의도 시간적으로 있는 것有者이라고 한다면, 그것은 추이하고 전변하며, 불설佛說의 법으로서 모든 시대에 타당할 수는 없을 것이다. 경전에서는 '법'을 이러한 것으로는 보지 않았다. 붓다는 세간무상이라는 '법' 밖의 것은 따로 세우지 않았지만, '법' 그 자체는 초시간적으로 타당하다. 이것이 경전이 나타내는 확신이다. 여기에서 우리들은 존재의 영역에 대하여 '법'의 영역이 확정되어 있는 것을 인정하지 않으면 안 된

다. 오온이 '변역법'이라고 할 때, 이 변역하는 것은 법 자신이 아
니라 시간적 존재이다. 변역법은 '변역하는 존재'의 '변역하지 않
는 법'의 의미가 없어서는 안 된다."

_ 와츠지, 前揭書

즉 '색 등 오온은 변역법이다'라는 경전의 문구는 양의적으로,
다음의 두 가지 레벨을 달리하는 사상이 동시에 언급되는 것이라고
와츠지는 말한다.

제1 레벨: '모든 존재'는 시간적인 것이고, 무상이며, 변역한다.
제2 레벨: '모든 존재'는 바뀌고 변하지만, 그 속성을 확정하는
　　　　　　법칙인 '존재의 법'은 상주이며, 불역不易이고 초시
　　　　　　간적으로 타당하다.

정말로 기묘한 논법이 아닌가. 이것이 얼마나 무리한 해석인지
철학자 야지마 요기치矢島羊吉는 솔직하게 그 의문을 던지고 있다.

"색 등은 무상하다고 보라는 간단한 표현이, 과연 모든 존재하는
것이 무상하다는 것과 모든 존재하는 것이 색 등을 법으로서 존
재하는 것이라는 두 가지의 사상事象을 나타내려고 하는 것일까.
색 등이 변역법이라는 것은 색 등이 변역하는 것의 변역하지 않
는 법이라는 것을 나타내려고 하는 것일까. 색 등은 무상이라고
할 때 단순히 색 등 자체의 무상을 의미하는 것으로 이해하는 것

이 자연스럽지 않을까. 색 등이 변역법이라고 하는 것은 색 등 자체가 변역하는 법이라고 해석할 수밖에 없지 않을까. 색 등이 법이라고 생각된다면, 그것은 법으로서의 색 등이 무상이며, 변역하는 것을 나타내는 것으로 받아들일 수밖에 없지 않을까."

_《無常法》以文社

와츠지가 시사하듯 '일체는 무상이다'라고 말한 경우, 이 명제 자체는 '일체'에 포함되는가, 환언하면, '일체가 무상이다'라는 주장 자체가 무상인가라는 물음은 물론 성립한다. 이것은 철학에서 '상대주의의 패러독스'로서 알려진 난문과 구조적으로 일치한다.

'상대주의의 패러독스'라는 것은, 만약 상대주의 핵심적 주장이 '모든 존재는 상대적이다'라고 한다면, 그 명제 자체는 상대적인가라는 물음과 관련된 패러독스이다. 만약 상대적이 아니라고 한다면 '일체는 상대적이다'라는 해당 명제는 붕괴되며, 만약 상대적이라고 한다면 상대주의가 절대적인 것의 존재 가능성을 포함하게 되어, 역시 '모든 존재는 상대적이다'라는 전칭명제는 붕괴되어 버린다. 피상적으로 추론하면, 이 패러독스는 불교의 무상론에도 해당하는 것처럼 보인다.

11
—
'무상'이라는 고의 근원

그러나 제4장에서도 서술했듯이, 불교에 있어서 무상은 실제로 '개념'이 아니라 단지 우리들의 고의 근원이다. 무상에는 논리적 근거가 없고, 논리 조작의 대상도 아니다. 무상은 '사고, 추론의 영역에는 없는' 것이다. '무상'이라는 말은 가설假設일 수밖에 없다. 따라서 나가르주나는 《공칠십론》에서 "일체는 무상이다"라는 말의 상주불역을 명확히 부정하고 있다. 다시 한번 교증으로서 인용해 둔다.

> "'일체는 무상이다'라고 하지만, 이 경우, 설하고자 하는 것을 알아야만 한다. 왜냐하면, 무상한 것도, 항상한 것도 어떠한 것도 없기 때문이다. 만약 존재가 있다면, 항상한 것인가 무상한 것인가의 어느 것이겠지만, 그것들의 존재가 어디에 있겠는가. 어느 곳에도 없다고 설한 것이다."
>
> _ 瓜生津隆眞譯 〈空七十論70시송의 공성론〉《大乘佛典14 龍樹論集》中公文庫

엄밀하게는 무상은 언어로 표현할 수도 없다. 그렇지만 그것은 느낄 수 있는 것이다. 인도철학자인 무라카미 신칸村上眞完은 말한다.

"색 등을 객관적인 외적인 방식으로 상정한 것에 와츠지의 오해가 있었던 것이다. 이 오해는 우리들의 일상적인 상식에 근거하고 있다. 예를 들면, 먼발치의 산은 멀리 보이고, 자신의 손은 가깝게 보이는 것이 당연한 것으로, 산이나 자신의 손도 다름 아닌 자신의 눈에 비친 것에 지나지 않다는 것은 시각 기관의 지식과 그 반성의 소산에 지나지 않는다. 그렇긴 하지만 외부의 경치도 자신의 마음속에서 순식간에 변하고 있는 즉 무상이라는 것은 경험할 수 없는 것은 아니다. 누구라도 경험할 수 있고 알 수 있는 것이다. 이렇게 무상한 색 내지 식도, 이론이 아니라 자신의 몸으로서 알 수 있고, 느낄 수 있는 것이다."

_〈지각체험에 근거하는 불교인가, 이론이성에 근거하는 불교인가 –
和辻哲郎을 단서로 하여〉, 印度學宗教學會編, 《論集》第36号

　　무상은 단지 우리들에게 던져진 상황이며, 고의 근본 원인으로 현전하고 있을 뿐이다. 그리고 그 무상이라는 위기적인 시간을 살 수밖에 없는, 유보가 없는 자각이야말로 불교의 시작이다. 따라서 '일체는 무상이다'라는 명제도, '일체는 무상이 아니다'라는 명제도 존재하지 않는다. 단지 '일체는 무상이다'라는 위기적인 자각이 있을 뿐이다. 이러한 논증이 필요치 않는 자각을 만약 신앙이라고 한다면, 이것은 실로 신앙인 것이다.

12

손잡이 없는 계단을 오름

그 '일체는 무상이다'라는 자각 그 자체도 무상이며, 항상 위기적이다. 그것은 변질할 수 있고 소멸할 수 있다. 그것은 무한이라고도 생각할 수 있을 만큼 길며, 손잡이 없는 계단을 올라가는 것과 같다. 현재 불교사에 국한해 살펴보아도, 철저한 무상에 대한 인식이 관철되고 있는 것은 그다지 많지 않다. 사람들은 항상 실체적인 관념에 기우러진다. 무의식적으로 '손잡이'를 구하려 한다. 본능과 언어로 규정된 실각이 우리들을 실체 지향으로 유도해 가는 것이다.

번거로워 상세한 것은 생략하지만, 예를 들면 유력한 부파인 설일체유부는 연기에 의해 생멸하는 무상한 존재의 카테고리인 '유위법'에 대하여 허공虛空, 택멸擇滅; 열반과 같음, 비택멸非擇滅로 이루어지는 '무위법'이라는 진실재眞實在의 카테고리를 상정했다.

또 부파불교에서는 '무위법'과는 별도로 연기와 무상, 색 등의 오온의 '법'을 진실재로 보는 논의도 있었다. 팔리삼장의 논장에 수록된 《논사論事》카타밧투/p라는 상좌부계의 문헌에는 파리닛판나/p에 관한 논의가 보인다. 이 논건에 대해서는 미야시타 세이키의 〈진실로 실재하는 것parinipphanna-상〉《佛教學セミナー》第93号에서 상세히 논술한다. 미

야시타는 이 '파리니판나'라는 술어를 '진실로 실재하는 것'이라고 해석하고 있다. 《논사》에서는 '진실로 실재하는 것'의 성질과 관련하여, 와츠지의 '2층의 법'론과 유사한 논의가 이루어지고 있다.

　　이것에 대하여 나가르주나는 《중론》 제7장 33게송에서 "생기·지속·소멸의 3상이 성립하지 않기 때문에 유위법은 존재하지 않는다. 유위법이 성립하지 않을 때 어떻게 무위법이 성립할 수 있겠는가"라고 비판하고 있다.^{桂紹隆譯, 《龍樹 《根本中頌》を讀む》 春秋社} 그리고 이어지는 34게송에서 진실재가 전체적으로 부정되고 있다. "생기도, 지속도, 소멸도, 환상과 같고, 꿈과 같고, 신기루와 같다고 [모든 부처님은] 설하셨다."^{前揭書}

13

'공'의 전체주의

그런데 와츠지는 무상의 존재 영역에 대하여 상주로서 구원久遠의 법의 영역이 확정되어 있다고 말한다. 논적인 기무라 타이켄과 동일하게 '움직이는 것 가운데 움직이지 않는 일정한 법칙'을 찾으려고 하고 있다.

기무라는 그 움직이지 않는 것을 '법성'으로 파악하고, 형이상학적 실재라고 했다. 와츠지는 '법성'이라는 말은 사용하지 않지만 '존재의 법'과 '존재와, 존재의 법을 구별하는 법'을 항상하는 실재라고 했다. 무라카미 신칸은 와츠지가 말하는 법을 '법성'이라고 해석할 수 있다고 말한다.

> "만약 본질이 존재하는 것法에 내재하는 성질·본성이라고 한다면, 법성dharmatā인 것이 된다. 이와 같이 재해석해 본다면, 불전의 용어법이 될 것이다. 더욱이 법이 개념에 지나지 않는 경우에도, 불변의 개념이 아니라 임의假의 개념으로 무상한 것은 피할 수 없다."
>
> _〈지각체험에 근거하는 불교인가, 이론이성에 근거하는 불교인가〉前揭

마츠모토 시로松本史朗는 와츠지의 '법상주설'을 비판한 뒤에 총괄적으로 다음과 같이 말하고 있다.

"오온이든 12지이든 그것들이 제법 즉 가멸可滅의 속성이라는 점에서는 어떤 변동은 없다. 법은 확고불변한 것이 아니라 반대로 실로 불안정한 위기적인 존재이다. 우리들의 생에 존재론적 근거 등은 어디에도 없다. 우리들은 이 불안정한 위기적인 제법의 시간적 인과 계열로서만 존재하고 있다. '제법이 현현한다'는 것은 우리들의 생이 완전히 불확고한 것으로서, 위기적이고 가멸적인 제법의 연속으로서 보여진 것에 다름 아니다. 연기의 이법이 보여진 것도 아니고, '형태없는 순수생명'이 보여진 것도 아니다."

_ 〈연기에 대하여〉,《緣起と空》所收, 大藏出版

이 비판은 와츠지 뿐만 아니라 기무라 타이켄의 불교론에도 통하는 것이다.

기무라는 일찍 운명해 제2차 세계대전을 경험하지 않았다. 와츠지는 전시에도 살아남고, 전후의 부흥으로부터 고도 경제 성장까지를 지켜보았다. 일본이 개전開戰에 임하기 4년 전, 그는 〈보편적 도덕과 국민적 도덕〉이라는 논고를 이와나미 서점의 《사상思想》지 상에 발표한다. 거기에는 다음과 같은 문장이 보인다.

"무한한 전체성 즉 '공' 앞에 일체의 개인을 소멸시킨 불교에 있어서 인간의 공동태共同態는 각각의 단계에 있어서 이 절대적 전체성을 실현시키는 장면이다."

"대승불교의 뛰어난 특징 중의 하나는, 가족보다도 처음으로 국민 전체에 이르기까지의 생존 공동체가, 그대로 절대적 전체성의 실현일 수 있는 것에 대한 승인이었다. 생활의 공동은 각각의 정도에 있어서 자타불이의 실현이다. 구체적인 생의 공동으로서 실현된 것을 제외하고는 자타불이는 '공'에 지나지 않는다. 이렇게 보면 유한한 인간의 전체성은, 무한한 전체성 즉 '공'에 있어서 성립하며, 그 전체성이 우리를 나타내는 필연적인 도道로서, 가장 근원적인 의의를 획득한다. 그것은 인간의 무차별에 대한 실현으로서 즉 '공'의 구체적인 실현으로서 최고의 도덕이다. 불교의 이상이 우리들 조상의 정신적 열정을 일깨웠을 때, 그들이 그것을 초국민적인 교단과 같은 것으로 실현하지 않고, 사회주의적 국민사회의 조직으로서 실현시킨 것은, 그 현저한 증거이다. 불교에 의한 보편적 도덕의 실현이 그 최대의 스케일에 있어서는 단지 국민으로서의 전체성에 있어서만 실현되었다고 우리들은 말할 수 있다."

_《和辻哲郎全集 第23卷》所收, 岩波書店

이것은 공성에 대한 나쁜 이해에 근거하는 분명한 전체주의 이외에 어떠한 것도 아니다. 스에키 후미히코는 이와 같이 혹평한다.

"여기에서는 원시불교의 해석에서 보여준 예리한 논법은 보이지 않는, 너무나 안이한 결론이라고 말하지 않을 수 없다. 불교의 '공', '무아'가 간단하게 '국가', '국민'과 결부되어 진다. 여기에도 또 와츠지 뿐만 아니라 근대 일본의 불교 해석이 빠진 하나의 함정이 감춰져 있다고 말하지 않을 수 없다."

_ 〈와츠지 테츠로의 원시불교론〉《近代日本と佛敎 近代日本の思想·再考 Ⅱ》
トランスビュー

신랄한 비판은 당연하지만, 스에키는 '근대 일본의 불교 해석이 빠진 하나의 함정'에 대하여는 말하지 않는다. 와츠지가 어떠한 '함정'에 빠졌는지가 분명히 밝혀지고 있지 않다.

14
—
언어의 함정

    내 입장에서 보면, 법과 법성 그리고 공성까지도 실체적으로 파악해버린 것이 '함정'에 빠진 원인이다. 예를 들면 공성의 개념화에 대한 과오에 대하여 나가르주나는 먼저 《중론》 제13장 8게에서 확실하게 못을 박고 있다.

> "무릇 공성이라는 견해를 가진 사람들[이 있어], 그들을 치유하기 어려운 사람들이라고 [여러 승자들은] 말했다."
>
> _ 三枝充悳譯注,《中論(中)》第三文明社 レグルス文庫

더욱이 제24장 11게 12게에서 보다 확실히 한다.

> "공성은, 잘못 이해하면, 잘못 잡은 뱀과 같고 또 잘못 되뇌인 주문과 같이, 어리석은 자를 파멸시킨다."
> "따라서 이 [공성의] 가르침은 어리석은 자들이 이해하기 어렵다고 생각해 모니牟尼는 그것을 설하는 것을 주저하셨다."
>
> _ 桂紹隆譯,《龍樹《根本中頌》を讀む》春秋社

동일한 훈계가 대승경전인 《보적경》〈가섭품〉에 보다 상세하게 설해져 있는 것을 보기로 한다. 비구와 보살들이 다수 모인 영취산에서 붓다가 장로 카샤파^{마하캇사파}에게 '공을 개념화해서는 안 된다'는 훈계를 내린다.

> "카샤파여, 만약 어떤 사람들이 공성이라는 개념을 만들어내어, 그 [관념적인] 공성에 귀의한다면, 카샤파여, 나는 그들을 이 가르침으로부터 소외되고, 파괴된 자라고 부를 것이다. 실로 카샤파여, 공성이라는 관념^{공견}을 토대로 생각을 일으키는 자보다는, 수메르산 만큼이나 큰 개아의 관념^{아견}에 의거하고 있는 자의 쪽이 차라리 낫다. 그것은 왜인가. 카샤파여, 개아의 관념을 신봉하는 자를 [자유로운 경지로] 출리시키는 것이 공성인 것인데, 그 공성의 관념에 고집한다면, 그는 무엇에 의해 출리할 수가 있겠는가. [그것을 치료하는 약은 없다.]"
>
> "카샤파여, 그와 동일하게 관념에 고집하는 자를 모두 [자유로운 경지로] 출리시키는 것이 공성이다. 그런데 카샤파여, 만약 그 공성을 관념화하는 자가 있다면, 그야말로 치유할 수 없는 자라고 나는 부른다."
>
> _〈釋葉品 카샤파의 장〉《大乘佛典9 寶積部經典》中公文庫

15

근대적 지식인의 한계

　　와츠지 테츠로가 빠진 함정은 어떤 의미에서는 놀랄 만큼 단순한 것이었다. 동시에 거기에는 놀랄 만큼 미묘한 장치가 설치되어 있다. 아무리 세심한 주의를 기울여도, 인간의 사고에 침입하고, 지각의 영역에도 파고들어, 마침내 집착을 확립해버리는 언어 개념이라는 함정이다.

　　기무라나 와츠지로 하여금 원시불교에 있어서 개인주의적 성격을 무시하여, 자아의 영역을 가족으로부터 공동체, 국가로 확장하여 최종적으로는 대우주의 스케일까지 팽창시킨 원흉은, 그들이 실체성·항상성의 집착을 마지막까지 불식시키지 못했다는 점에 있다. 특히 지식인의 레벨에 있어서 항상 문제가 되는 것은 언어에 대한 비판적 의지의 허약함이다. 자아의, 자의식의 현존성이 언어에 의해 지탱되는 것을 꿰뚫어 본다면, 가족이든 공동체든 국가든 언어가 가져오는 허구 즉 '희론'에 지나지 않는 것은 불을 보듯 명확한 일이다. 그것을 머리로는 일단 이해하면서도, 지성은 왕왕 이 '함정'에 빠져 버린다. 안다는 것의 운명일지도 모른다.

　　'절대적 생명'이든 '형이상학적 실재'든 '법성'이든 '자타불이의 공'이든 자칫하면 기무라 타이켄이 만든 동심원의 그림과 같은 '자아 확장'이나 와츠지 테츠로의 국가사회론과 같은 것이 된다. 그들이 빠져든 함정이란 옛날부터 불교가 문제로 삼아온 당체였던 것이다.

하지만 와츠지는 불교에 있어 '언어라는 문제'에 대한 관심을 전혀 갖지 않았던 것은 아니다.

예를 들면 12지연기의 한 지분이기도 한 명색의 의의에 대하여, 와츠지는 먼저 우파니샤드에 보이는 명색의 명을 언어로 파악하고, 색을 마음으로 파악하는 용법을 고찰한다.〈실천 철학〉〈제2장 연기설 제4절〉 이 명색관은 '명'을 정신적·심적인 것, '색'을 물질적·신체적인 것으로 간주하는 불교의 전통적 해석과는 크게 다르다. 그것을 바탕으로 그는 다음과 같이 명색론을 전개한다.

> "'명'은 언어라고 한다. 그러나 여기에서 단순히 언어의 음音이나 표상이 의미되는 것이 아니라, 그 표출되는 '의미'가 드러나는 것이 명확하다."
>
> "예를 들어 꽃이라고 할 때, 이 명은 어떤 특정한 사물의 파악을 의미한다. 장미의 꽃이라고 할 때, 이 명은 더욱이 특수한 사물의 파악을 의미한다. 명이 없는 것은 파악되지 않는 것, 없는 것이다. '없는 것', '알려지지 않는 것'과 같은 것이다. 이와 같이 명은 일체를 아우르는 것이지만, 사물 그 자체는 아니다. 꽃이라는 명에 의해 파악되는 것은 그 명을 충족하는 바의 명은 아닌 것 즉 색이다. 명이 없는 것은 있을 수 없더라도, 명을 붙일 수 있는 것으로서 명이 아닌 것은 색으로서 존재한다. 그리하여 이 명이 아

닌 것은 반드시 명을 가진 것이 아니면 안 된다. 명 속에는 색에 의해 충족되지 않는 명 즉 비색非色인 법이 있지만, 색으로서 명이 없는 것은 파악되지 않는다. 따라서 여기에서 색에 충족되는 것을 필요로 하지 않는 순수한 명을 제외하고 생각하면, 일체의 것은 명색이다. 명 없는 색은 없고, 색 없는 명은 없다."

_〈실천 철학〉〈제2장제4절〉

이 글을 읽으면, 와츠지에 있어서 언어라는 것은, 사람들의 지각에까지 파고들어, 인식과 사고를 널리 통제하고, 나아가서는 정치와 사회, 경제의 기층 형성에 깊이 관여하는 시스템의 성가심이 어느 정도 의식되고 있는 것을 알 수 있다.

붓다도 고층으로 분류되는 《상유타 니카야》의 〈유게편有偈篇〉에 실린 《명칭경名稱經》이라는 제목의 경에서 동일한 가르침을 남기고 있다.

"명은 일체의 것을 이긴다. 명보다도 더 많은 것은 존재하지 않는다. 명이라는 단지 하나의 것에 일체의 것이 종속한다."

_中村元譯,《ブッダ 神々との對話 サンユッタ ニカーヤ I》岩波文庫

16

제1차 연기 논쟁의 실상

와츠지에 있어서도 언어를 언어에 의해 대상화하고, 비판하려고 하는 것의 곤란성은 이해되었을 것이다. 그렇긴 하지만 역시 '색에 의해 충족되지 않는 명, 즉 비색인 법', '색에 충족될 필요가 없는 순수한 명'이라는 예외를 설정하고 있다. 와츠지에 의하면, '둥근 사각형'과 같은 논리적으로 있을 수 없는 허사조차 '결합하기 어려운 두 개의 명의 집합'을 표상하는 것으로서 명색의 범위 속에 넣고 있다.와츠지, 前揭書 그런데 '비색인 법', '순수한 명'은 명색의 열외인 것이다.

'법색수상행식 5법'이나 '법의 법무상고무아의 법'을 아무리해도 존재의 영역 즉 무상의 세계로부터 제외시킬 수밖에 없는 것이 와츠지의 강한 신념이었다. 선별된 '법'은 플라톤이 말하는 이데아와 같은, 영원히 변멸하지 않는 절대의 실재 즉 실체로서 안치安置된다.

기무라 타이켄은 '다이쇼 생명주의'라는 시대의 사조와 불교를 결합시켜, 불설에 반하는 유아론·법유론을 용인하고, 최종적으로는 우주적인 대아와 개인의 진아와의 일여까지도 설하기에 이르렀다.

이 기무라의 '생의 철학'에의 경도를 엄격히 비판한 와츠지 테츠로도 '법'과 '법의 법'을 변하지 않는, 무상하지 않는 관념적 실체로 규정해, 마침내 공성도 실체적으로 파악하고, 전쟁기에는 공에 의해 공동체나 국가를 절대적 전체성의 현실태로서 긍정하는 과오를 거듭했다.

'다이쇼 생명주의'에 기초하는 니체 해석이 와츠지의 철학자로서 출발점이었다. 그는 원시불교의 원전 연구를 통하여 그 사상을 받아들여 '생명주의'나 '생의 철학'에 일정한 거리를 두었던 것같이 보였지만, 언어 비판이 불충분하고, 색에 의해 충족되지 않는 순수명사로서의 '법'이라는 영원불멸의 관념적 실재를 상정해 버린다. 실체론에의 지향을 결코 극복할 수 없었던 것이다.

이것이 제1차 연기 논쟁의 실상이다. 확실히 논점은 분명했고, 현대의 불교나 불교학이 등한시하는 듯한 본질적 의제가 진지하게 논해졌다. 우리들은 여전히 거기에서 많은 것을 배울 수 있을 것이다.

하지만 논쟁자들을 구속하고 있던 당시의 시대 양상에서 자유롭게 된 현재로부터 보면, 제1차 논쟁 참가자들이 서 있던 자리는, 특히 격하게 대립한 기무라와 와츠지에 있어서조차, 그렇게 서로 떨어져 있지 않았다. 그들의 불교 이해 특히 초기불교 연기설의 이해는 시대의 한계 속에 있어서 세간의 흐름을 거스르거나 혹은 세간의 흐름을 뛰어넘는 일은 없었다.

17

상대주의의 대두와 사이구사의 위기감

    마지막으로 제2차 연기 논쟁에 있어 사이구사 미츠요시의 '초조'와 시대 상황에 대하여 약간 고찰을 해보기로 한다.

    이 논쟁에서 사이구사의 필봉이 예리하지만 매우 초조감에 찬 것처럼 보인 것은 제4장에서 지적했다.

    1970년대부터 80년대 초두에 걸쳐서, 지식 세계의 일대사조이었던 마르크스주의의 쇠미가 현저화되고, 거의 시대를 같이 해 현실 세계의 기초적 사고이었던 과학적 합리주의에도 회의적인 시선이 쏠리게 되었다.

    사회과학에서도 일반 이론의 부재가 상식화되고, 단지 경제학만이 부분 개량적 정책 기술로서 살아남았다.

    보편성과 일반성에 대한 지향이 사라지고, 논리성과 실증성은 경시되고, 모든 것은 수사修辭와 해석의 양상에 지나지 않는다는 상대주의가 세력을 얻고 있었다.

    이러한 속에 불교학이라는 영역에서, 완고할 정도로 자료 문헌의 실증성에 입각해 타설을 배척해온 사이구사의 태도는 이상스러운 모습으로 비쳐진 것이다. 논쟁에 임한 그의 의도를 다시 한번 인용해 본다.

> "개념의 규정이 불철저하면, 무엇이나 하나가 되어 버려, 소위
> 불교보자기론에 의해, 각각의 것이 애매모호한 상태로 하나의
> 보자기에 싸여져버릴 위험성이 있어, 그것은 불교 독특한 사상
> 의 다양성과는 전혀 비슷하지도 않다는 것을 충분히 고려하지
> 않으면 안될 것이다."
>
> _ 三枝〈10〉[3] /《中外日報》1980年 3月 4日字

　　그 중에서도 12연기설과 같은 매우 세련되고 강력한 이론은 많
은 사람들을 자극한다. 더구나 이 연기설에는 해석상 어려운 점이 있
어, 그런 까닭에 역사를 돌아보아도 다양한 해석이 나타났다. 이러한
것을 고려하면, 문헌학적 실증의 상대화를 방치하면, 불교의 혼돈을
초래해 버릴 것이 분명하다는 위기감이 사이구사의 심리에 넘쳐 있었
다고 추정된다.

　　하물며 포스트모던류의 '해석의 유희'에 맡겼을 때, 그것이 종
교사의 암흑에서 무엇을 불러낼지를 알 수 없다는 까닭 없는 불안도
있었다고 생각된다.

18
—
옴 진리교의 12지연기 해석

　　1995년 도쿄의 지하철에서 사린이라는 신경가스가 살포되어 승객 승무원을 비롯해 다수의 사람들이 살상된 일본사상 최악의 테러가 일어났다. 실행한 사람은 옴 진리교라는 요가 계통, 불교 계통의 신흥 종교 교단이었다.

　　옴 진리교는 아사하라 쇼코麻原彰晃, 본명 마츠모토 지즈오松本智津夫를 교조로 하여, 1987년에 발족한 종교 단체이지만, 그 전신인 요가도량 '옴 신선神仙의 회'가 개업한 것은 1984년이었다. 제2차 연기 논쟁의 종결로부터 5년도 지나지 않은 시점이었다.

　　옴 진리교는 다양한 불교 교리를 독자적으로 해석하여 바꾸었고, 12지연기설도 유용流用하고 있다. 무아설이나 공관은 받아들이지 않은 아사하라이지만, 12지연기에는 상세한 해석을 가하여 교의로 받아들이고 있다. 아사하라의 저작 《생사를 넘는다》증보개정판, 옴出版, 《타타가타 아비담마 제1송품 대우주의 실상》옴出版 등에 상술되어 있어 개략을 보기로 한다.

　　먼저 불교에서 말하는 순관은 다음과 같은 과정으로 되어 있다.

① **무명**비신비력 → ② **행**경험의 구성 → ③ **식**식별 → ④ **명색**심의 요소-

形狀·容姿 → ⑤ **육처**여섯가지 감각요소와 대상 → ⑥ **촉**접촉 → ⑦ **수**감각

→ ⑧ **애**갈애 → ⑨**취착**집착 → ⑩ **유**생존 → ⑪ **생**출생 → ⑫ **고**괴로움

무명은 비신비력非神秘力이라고 해석하고 있다. 이 비신비력을 조건으로서 다음의 지분인 행이 생기하는 기제를 아사하라는 "내측의 신비적인 것 즉 절대 자유·절대 행복·절대 환희가 아닌 것에 대하여 향하는 까닭에, 3구나로서 간섭한다. 그리고 그것은 진아가 독존위로 되기 이전의 경험구성이라는 것을 생기시키는 것이다"《タターガタ アビダンマ 第1誦品 大宇宙の實相》オウム出版라고 설명하고 있다.

내면에 깃든 '진아'의 신비적인 힘을 감추고 있는 무명비신비력으로 인해 더러워진 현세현상계에서의 모든 경험이 구성된다는 의미일 것이다.

3구나 즉 트리구나란 인도 '6파철학' 중의 하나인 상캬학파 교리의 핵심이 되는 개념의 하나이다. 이미 서술한 대로 상캬학파는 한문에서는 수론[학]파로 불리며, 두 개의 실체 즉 정신과 물질의 2원론에 근거하고 있다. 기무라 타이켄도 12지연기의 해석에 있어서 참조하고 있다.제2장, 제3장 참조

이 학파의 교리에 의하면 3구나는 근본원질인 프라크리티의 구성 요소로서, 삿트바純質, 라자스激質, 타마스暗質로 구성된다. 프라크리트는 물질적 전개의 '질료인'으로 간주된다. 이 세계가 전개하기 전, 삿트바, 라자스, 타마스의 3요소는 평형을 이루어 정지 상태에 있었다. 하지만 순수정신神我인 푸루샤가 이 3요소를 관조하는 것으로,

그것들 사이에 확립된 평형이 깨어져 세계 전개의 운동이 시작되었다고 한다.

상캬학파는 동일한 6파철학의 일파인 요가학파와 밀접히 관련하여 상호 보완적 관계에 있다. 상캬학파가 주로 이론적인 면을, 요가학파가 주로 실천적인 면을 담당하여 표리일체를 이루고 있는 관계이다. 아마도 아사하라는 요가를 배우던 중 상캬의 교리를 알고, 그것을 받아들였을 것이다.

19

옴 진리교의 건강부회

푸루샤는 옴 진리교에서는 오로지 진아라고 불리어, 원초적으로 '완전번뇌파괴계_{마하 니르바나}' 등의 상위 세계에 있어 '절대 자유', '절대 행복', '절대 환희'를 향수하고 있다고 한다. 이 진아가 3구나의 간섭을 받아 본래의 모습을 잃고 상위 세계 착각에 빠져 버린다. 그래서 하위 세계의 '코자르계_{코자르 세계, 비형상계}', '아스트랄계_{아스트랄 세계, 형상계}'에 하강하고, 최종적으로 '현상계_{애욕계}'로 전락한다. 이 진아가 퇴락한 모습이 유정이고 인간인 것이다. '코자르'나 '아스트랄'이란 신지학神智學에서 유래하는 용어로, 오컬트나 정신세계, 요가의 서적에도 자주 보이는, 이질적이며 불가사의 세계나 신체에 붙여 사용된다.

아사하라에 의하면, '코자르계'는 광우위光優位의 개념 세계로, 상방으로 갈수록 투명도가 증가하고 빛이 정보로서 존재하며, 동시에 먼 과거로부터 더 먼 미래에 이르기까지의 데이터가 존재하고 있다. 이 점 신지학에서 말하는 '아카시크레코드'에 가깝고, 아사하라도 그 관련을 인정하고 있다. '아스트랄계'란, 음, 바이브레이션 우위의 미세한 물질로 이루어진 이미지의 세계. '현상계'는 열우위의 조잡한 물질로 이루어진 세계. 현재 우리들이 살고 있는 것이 이 '현상계'로, 불교에서 말하는 6도도 이 '현상계'에 포함된다고 한다.

중요한 것은 옴 진리교에 있어서, 이 근대 신지학에 유래하는 '코자르계', '아스트랄계', '현상계'가 의도적으로 불교에 있어 3계와 대비되고 있다는 점이다. '코자르계'가 무색계, '아스트랄계'가 색계, '현상계'가 욕계에 각각 붙여지고 있다.

또 진아의 하강, 전락의 과정도 12연기에 의해 설명하고 있다. 퇴락으로 거듭 쌓여진 까르마, 관성이 되어 버린 집착을 요가의 수행에 의해 멸진시키고, 진아독존의 상태 즉 절대 자유·절대 행복·절대 환희의 경지로 귀환하는 것이, 옴 진리교에 있어서 '최종 해탈'인 것이다.

본래 불교의 12연기설과는 무연의 개념, 무연의 교의이다. 옴 진리교의 가르침은 원시불교나 초기불교에는 없는, 근대 신지학이나 힌두교, 후기 밀교 그리고 다양한 신비 사상의 개념을, 이와 같이 해석의 이름하에 견강부회하여 구축된 것이다.

20

불교학자나 승려가 이끌렸던 것

불교의 역관에 해당하는, 고를 소멸하는 과정의 쪽는 실로 독자적이며, 완전히 12지연기로부터 떠나, '신信'으로부터 시작해 '해탈'로 끝나는 10개의 단계가 설정된다. 이 과정은 다음과 같다.

① 신믿음 → ② 열悅, 환희, 제1정려 → ③ 희喜, 제2정려 → ④ 경안輕安, 정적, 제3정려 → ⑤ 락樂, 제3정려 → ⑥ 삼매三昧, 사마디, 제4정려 → ⑦ 여실지견如實知見, 여실정통견해 → ⑧ 원리遠離, 현세부정 → ⑨ 이탐離貪, 이애착 → ⑩ 해탈解脫, 離解脫

이것에 관해 다음과 같이 해설한다.

"'연기의 법'의 첫째 포인트는 사람이 인생의 전체를 '고'라고 느끼는 것이 해탈에의 제1조건이라고 하는 것이다. 상세한 것은 뒤에서 설하기로 하고, 대체적인 흐름을 서술해보기로 한다. '고'를 느끼는 것, 지푸라기라도 잡는 마음에서 해탈하고 싶다는 강한 생각이 생긴다. 이것을 '신앙'이라고 한다. 신앙이 있으면 해탈에

의 '수행'을 하게 된다. 수행을 하면 '쿤달리니가 각성'한다. 쿤달리니가 각성하면 '열'이 생긴다. 그것이 사하스랄라 차크라에 도달하면 '희'가 생긴다. 희가 사하스랄라 차크라에 가득차면 '경안'이 생긴다. 경안이 몸에 가득차면 '락'이 생긴다. 정신적으로도 육체적으로도 락으로 가득차면 강한 정신집중을 얻을 수 있다. 그것에 의해 '삼매'에 이른다. 삼매에 의해 모든 것을 완전히 알 수 있다. 이것을 '여실지견'이라고 한다. 모든 것이 이해될 때, 이 세상이 환영인 것을 깨닫고, '원리遠離'한다. 원리하면, '이탐'한다. 이탐함으로서 '해탈'한다. 스스로도 해탈했다는 납득이 생긴다."

_《生死を超える 增補改訂版》オウム出版

인용문의 '쿤달리니'란, 신체에 잠재하여 평소에는 미골尾骨, 선골仙骨 주변에 잠자고 있다고 하는 생명의 에너지이다. 쿤달리니 요가는 이것을 각성시키는 심신기법이라고 한다.

종교학자인 나가사와 테츠永澤哲는 아사하라의 12연기로부터 해탈의 프로세스에 대하여, "그는 12연기에 대하여 체험에 즉한 살아 있는 해석을 하였고 동시에 해탈에 이르는 프로세스를 쿤달리니 요가의 심화로서 통일적으로 표현했다"〈우리 이웃 아사하라 쇼코 – 영적실천에 있어서 기술과 포에시스〉, 中澤新一責任編輯,《イマーゴ 1995年 8月号 臨時增刊号/オウム眞理敎の深層》所收 靑土社라고 평가하고 있다.

"근대 불교학에서, 쿤달리니 요가가 불교 가운데 본격적으로 수

행하게 되는 것은 8세기에 시작되는 후기 밀교부터이며, 그것도 힌두교의 요가에 영향을 받은 것이라는 사고가 지배적이다. 실제 현재 미얀마나 스리랑카에 전해지는 샤카모니 붓다의 가르침에 가장 충실하다고 생각되는 상좌부불교에서는 좌법과 호흡법의 제어에 의해 쿤달리니를 각성시키는 수행법은 볼 수 없다. 하지만 그는 야만적이게도 이 불교학의 '상식'을 쿤달리니의 체험으로부터 깨끗이 뒤집어버린 것이다. 그것은 아주 오리지날한 사고방식을 보이는 것이다."

_ 나가사와, 前揭論文

그리고 이 절 다음에 나오는 나가사와가 시사하는 것은 충격적이고 매우 중요하다.

"그것만이 아니다. 이 도정론도의 과정론은 8정도나 지관의 명상만으로 과연 해탈할 수 있을까 하는 유럽에서 발달한 근대 불교학의 발상에 성차지 않는 생각을 가지고 있던 소수의 불교학자들의 의문에 체험적 근거를 제시하는 것같이 보인다는 점에서 아주 매력적이다. 아사하라 쇼코는 이 발상을 그 후에 더욱 전개시켜 샤카모니 붓다의 가르침을 인도의 요가 전통 전체 속에 새롭게 위치시키는 한편, 원시불교의 〈아함경전〉에 대하여, 극히 독자적인 해독을 나타내 보였다. 전통불교의 수행 형태나 형해화한 교학에 강한 불만을 가지고 있던 선종이나 진언종을 비롯한 각종 종파의 승려들이, 옴 진리교에 접근해 아사하라 쇼코의 가

| 불교 연기 논쟁 |

르침을 받은 배경에는 '초능력'의 매력과 함께 이 '해탈' 도정론이 하나의 이유로서 작용하고 있었다고 생각된다."

_ 나가사와, 前揭論文

나가사와는 예외적인, 소수의 불교학자들이란 누구인가를 분명히 하지는 않는다. 하지만 근대 불교학을 뛰어넘어 '포스트모던의 불교' 구축을 목적으로 하는 연구자나 승려의 사이에서, 그러한 일탈을 선호하는 경향이 있었던 것은 사실일 것이다.

예를 들면 제4장에서 인용한, 후에 아사하라 쇼코에게 큰 영향을 주었다고 하는 라마 게첸 상포·나카자와 신이치 《무지개 다리》의 초판이 평하출판사로부터 출간된 것은 1981년이다. 이 책에는 인용문에 나타나는 비교적 정통의 중관파 교설과 함께 티베트밀교 닝마파의 명상술이 매우 상세하게 소개되어 있다. 확실히 당시 '8정도나 지관의 명상'으로는 성에 차지 않던 불교 연구자 가운데 책에 나오는 밀교적인 요가의 가행법加行法에 어떤 류의 '활로'를 발견한 자가 있었다고 해도 부사의하지 않다.

하지만 4제, 8정도의 교의나 지관의 수행법에 한계를 느꼈다고 하는 불교학자들은 정말로 실망할 만큼 초기불교의 가르침이나 수도에 정통하고 있었던 것일까? 그 명상실천인 관행비파샤나 명상, 지행사마타 명상을 충분히 닦고 있었는지는 크게 의문이다.

불교학자나 승려가 이끌렸던 것

347

21

전도된 아사하라의 수행법

또 아사하라에 의한 〈아함〉, 〈니카야〉의 해석도 언뜻 보면 그
럴듯하게 쓰여 있지만, 정독하면 조잡하고 아전인수적인 것이 눈에
띈다. 적어도 '독자적인 해석'이라고 하는 부분도 단순한 허튼소리로
밖에 보이지 않는다.

나가사와도 팔리 경전, 예를 들면 《디그하 니카야》 제22경 《대
염처경》에 설시되어 있는 '4염처'라는 관상법을 다음과 같이 평가하
고 있다.

"설일체유부 이후 점차로 체계적으로 정비된 4념처의 명상은,
자신의 몸이나 감각의 작용, 마음의 움직임, 외부의 물질세계에
대한 집착을 점차로 약하게 함으로써, 고요한 공空의 경지에 들
어가게 하기 위한 것이라고 생각할 수가 있다. 먼저 최초의 '나의
몸은 부정하다', '수는 고이다'라는 명상은 언어의 부정적인 힘에
의해 신체나 감각에 대한 집착을 약하게 하는 작용을 가지고 있
다. 그리고 세 번째의 '마음은 무상하다'와 네 번째의 '법은 무아
다'를 테마로 분석을 깊게 해 감으로써 자기나 다양한 외계의 현

상으로서 나타나는 것에도 실체가 없다는 것을 자각하고, 최종
적으로는 자기와 타자, 내부와 외부라는 2원론적인 세계관을 해
체해 갈 수가 있다."

_ 나가사와, 前揭論文

그런데 아사하라 쇼코가 말하는 수행의 과정에서는, 본래 자타
의 해체로 향해야할 과정이 역전되어 있다.

"하지만 '생사를 초월한다'는 '네 가지 기억수습'에서는, 실체로
서의 진아의 존재를 전제로 한 뒤 그 진아와 그 진아를 유혹하는
마음에 생겨나는 현상과 관념, 이미지특히 사회적 상식를 구별하고,
나아가 진아 이외의 것을 부정해 가는 것에 중점이 놓인다. 진아
는 자기와 그것 이외의 것을 구별하기 위해 열심히 애쓰면서 무
로 향하는 힘으로서 존재를 만들어내는 세계를 파괴하는 긴장
구조 속에 놓인다."

_ 나가사와, 前揭論文

아사하라는 붓다의 가르침을 '인도의 요가 전통 전체 속에 새
롭게 위치할' 목적으로, 진아를 실체로 간주하는 상캬적 실재론을 무
리하게 불교에 접목시켜 왜곡되고 기괴한 교리 체계를 만들었다. 수
습의 면에서도 불교의 명상을 왜곡시켜 신도들을 잘못된 길로 이끌었
던 것이다.

22

종교 테러를 키운 요람

무엇이 옴 진리교를 키웠는가. 1970년대 말부터 80년대 후반에 걸쳐 일어난 지적 세계의 동요, 포스트모던 상대주의의 대두의 여파가 종교계에도 미친 결과, 미디어나 학계도 옴 진리교를 용인해 버렸다. 그것들은 아사하라에게 있어 따뜻하고 부드러운 요람이기도 하였다.

당시 팝문화의 세계에는 각종 오칼티즘, 초심리학, 초고대사, 종말론, 음모론 등이 만연하고 있었다. 가치의 상대화는 곧바로 가치의 문란으로 전락하고, 보편적인 리얼리티는 무질서한 '차이의 유희'로 치부되었다.

그 조류가 불교나 불교학의 세계에도 흘러들어 밀교 붐boom이나 티베트 붐을 이끌게 되었다. 이러한 상황 아래 초기불교를 힌두교의 상캬학파와 후기 밀교, 그노시즈주의 등의 신비 사상, 신지학 등과 '습합'시키려는 구상은 극히 자연스러운 것으로 받아들여졌다.

사이구사 미츠요시는 이와 같은 끝없는 상대화의 조류에 감연히 대항하려고 한 것은 아닌가. 자료와 문헌을 방패로서 자의적인 해석론과 실증적 근거를 결한 교리론을 구축하는 것으로 엄격한 교학의 수준을 사수하려고 했다.

물론 옴 진리교와 같은 컬트 출현도 예상하고 있었던 것은 아닐 것이다. 하지만 그러한 교단의 교의에 설득되고 매료된 전문가가 속출될 수 있는 지적 상황에 대한 우려를 당연히 가졌을 것이다.

그래서 12연기를 붓다 깨달음의 내용이라고 하는 것을 정면으로 부정하거나, 연기는 '무상·고·무아'의 전체나 개별과는 아무런 관계도 없다고 단정하는 논쟁적으로 받아들일 수 있는 논의를 전면적으로 전개했다. 이리하여 제2차 연기 논쟁이 야기된 것이다.

사이구사의 시도는 반은 성공, 반은 실패했다. 문헌학적, 실증적인 방법에 의한 연구는 점차 불교학의 주류를 차지해, 사사키 시즈카佐々木閑와 같은 학계 밖에서도 영향력을 갖는 유력한 연구자에게 이어지고 있다. 사상과 철학에 초점을 맞춘 비문헌학적인 불교학은 한 시기 강한 영향력을 가졌던 '비판불교'를 예외로 하고 점차 쇠퇴해 간다. 또 일본 테라바다불교협회 설립을 계기로, 다양한 모습으로 상좌불교의 본격적인 전도가 이루어지게 되었다. 근년에는 명상 리트리트나 마인드풀니스 세미나 등을 통해 주로 상좌부계의 초기불교 수습법이 성황리에 지도되고 있다.

하지만 사이구사는 옴 진리교의 테러리즘을 억지할 수 없었다. 일부의 불교학자나 종교학자, 승려가 아사하라 쇼코에 접근하거나 옴 진리교에 빠지거나 하는 것을 막을 수 없었다.

23

포스트모던 불교의 함정

야마오리 테츠오는 지금까지도 몇 번이나 인용해온 제1차 연기 논쟁을 주제로 한 논고에서, 논리와 실증에 중심을 둔 근대 불교학이 잃어버린 것에 대하여 이렇게 말한다.

"그것은 불타의 명징스럽고 빛나는 신체의 깊은 내면에 놓여 있어야 할 생명의 세계였다. 불타의 신체적인 표층의 껍질을 뚫고 그 심층으로 하강해 가는 방법과 문제의식이 방기된 것이다. 불타의 내부 생명의 근저에 카오스의 불길이 솟아 오른 것을 잊어버렸다고 해도 좋다. 그와같은 카오스의 불길로부터 원시불교의 에너지가 솟아올랐다는 것을 모르고 지나친 것이다."

"실상을 말하면, 이 표층으로부터 심층에의 회로를 열려고 한 것이 기무라 타이켄이었다고 생각한다. 그의 무명 – 맹목 의지론이야말로 그 시도를 가동시키는 불가피한 핵심 개념이었다고 나는 생각한다. 달리 말하면 기무라는 불타의 종교 체험의 저편에 데몬이 부르는 소리를 듣고자 한 것이다. 그리고 그 데몬의 소리는 불타라는 존재를 뛰어넘어 역사의 시원의 어둠으로부터 들려

오는 큰 메아리라고 그는 생각한 것이다."

_〈말라빠진 불타〉《近代日本人の宗教意識》岩波現代文庫

이 논문의 초출은 1987년이다. 야마오리의 이 인용문에 보이는 기무라에 대한 평가는 논거가 분명치 않아 그 옳고 그름을 판단할 수는 없다. 또 글 가운데 '종교 체험'에 대한 견해도 어떠한 경중을 제시하고 있지 않다. 따라서 붓다의 '명징스럽고 빛나는 신체의 깊은 내면에 놓여 있어야 할 생명의 세계'라고 말하더라도 해석론조차 없이 단순히 야마오리가 그렇게 느끼고 있다는 얘기인 것이다.

하지만 당시 불교의 상황을 둘러싼 논설이 학계 주변에 있어서조차 '불타라는 존재도 뛰어넘어' 역사의 어둠으로부터 '데몬'을 소환하는 시도에, 일정 이상의 평가를 내리고 있었던 것을 확실히 알 수 있는 글이다.

인도철학자인 가츠라 쇼류桂紹隆가 2000년 발행의 학회지에서 인정했듯이 '옴 진리교는 불교가 아닌가'라는 물음에는 '다양한 불교의 존재를 인정하는 입장에서 보면, 옴 진리교도 불교이고 혹은 불교일 수 있다고 대답하지 않을 수 없는'〈옴 진리교는 불교인가 - 인도불교 연구에 관한 방법론적 반성〉《日本佛教學會年報》第66号 것이다.

24
—
허구에 집착하는 자들

이것이 옴 진리교 사건 전후의 '포스트모던 불교'의 실정이다.

그렇긴 하지만 본서의 제1차 연기 논쟁에 대한 고찰, 평설로 분명해진 것은 근대 불교학의 중흥의 조로 간주되는 기무라 타이켄, 와츠지 테츠로의 불교관으로부터 보아도 '다이쇼 생명주의'를 비롯한 시대의 사조에 강한 영향을 받아 반불교적인 실체론 내지 실재론적 사고에 빠져 있었다는 사실이다.

기억하시길 바란다. 범천권청의 설화에서, 붓다가 세상 사람들에게 가르침을 설하는 것을 주저한 이유를 밝히는 장면에서, 그는 확실히 다음과 같이 말한다. "집착을 좋아하고, 집착을 즐기며, 집착을 기뻐하는 사람들은 소위 '이것을 연으로 하는 것, 연기'라는 도리를 보기 어렵다"〈성스러운 것의 탐구 - 聖求經〉《原始佛典 第4卷 中部經典 I》春秋社라고.

여기에서 '집착'은 원어로 ālaya/p이다. 본래의 의미는 '사물을 저장하는 장소, 저장고'이다. 여기에서는 사람이 지금까지 축적해온 경험에 기초한 관습을 의미하며, 그 속에는 당연히 언어라는 근원적 습관도 포함되어 있다. 불교는 이 언어 습관이나 언어 표현을 일관되게 비판해 왔지만, 그 이유는 언어가 사물 사상을 실체시하는 것을 조장하고, 촉진하기 때문이다. 예를 들면, 사물이 마침내 깨어지고 부숴지는 것은 경험적으로 알 수 있지만, 사물이 언어로 바뀔 때, 그것의 손괴를 경험적으로 알 수 없다. 곧 '저 책상'은 마침내 부숴지고 또 실상은 끊임없이 변화하고 있지만, '책상'이라는 말로 표현된 개념이 바뀌거나 없어지는 일은 없다.

언어로서 분절된 개념과 관념은 사물 사상을 실체로서 고정하려고 하는 본능을 강화하고, 직접적인 지각의 범위를 훨씬 넘어 실체시하는 것을 가능케 한다. 보거나 듣거나 냄새 맡거나 맛보거나 만지거나 할 수 없는 허구조차, 예를 들면 신이나 국가, 생명 혹은 천계나 지옥계 등도 언어에 의해 실체적으로 파악하는 것이 가능해 진다.

유발 노아 하라리의 《사피언스 전사全史》에 의하면, 언어의 획득이야말로 호모 사피엔스가 이렇게 번식하고, 번영을 이룩한 결정적 원인이었다.

7만 년 전부터 3만 년 전, 사피엔스에게 '인지 혁명認知革命'이 일어났다. 그들은 다른 동물이 사용하는 전前 언어적인 의사소통이나 정보 전달의 수단과는 비교할 수도 없을 만큼 복잡한 표현이 가능하고, 유연성이 풍부한 언어를 구사하게 되었다. 이 고도의 언어에 의해 현전하는 것뿐만 아니라, 현전하지 않는 것, 현실로는 존재하지 않는 것을 상상하고, 표출할 수 있게 되었다. 예를 들면 가공의 산물, 가상적 개념, 추상적 사고 그리고 허구나 이야기를 표현하고 전달할 수 있게 되었던 것이다.

이 고도의 언어에 의해 가능케 된 허구야 말로, 대규모 집단의 형성, 유지, 발전의 장치로서 기능하였다.

> "근대 국가든, 중세 교회 조직이든, 고대의 도시이든, 태고의 부족이든, 인간의 대규모적인 협력 체재는 무엇이든, 사람들의 집합적 상상 속에만 존재하는 공통의 신화에 근거하고 있다."
>
> _《サピエンス全史》上卷, 河出書房新社

언어에 의해 형성된 사회와 원본적 소외

고대 사회의 부족 토템으로부터 더욱이 적지 않은 영향력을 남기고 있는 국가 종교나 이데올로기까지, 모든 언어에 의해 이루어진 허구이었다. 내셔널리즘이나 데모크라시도 메스미디어도 허구라면, 인권도 화폐도 시장도 그리고 과학에의 신뢰도 허구이다. 근대적인 정치 경제의 기반은, 원리적으로, 고대의 애니미즘이나 건국신화를 선택할 여지는 없다. 그것들은 대규모적인 공동체를 원활히 통합하고, 제어하기 위한 장치이다. 즉 허구인 것이다. 그러나 그것들은 사피엔스의 생존과 번영에 필요불가결한 허구, 기제였다. 언어에 의해 만들어진 세간로카은 허망은 아니지만, 허구라고 하는 것은 이런 의미에서이다.

하지만 허구는 허구인 것이다. '현실'은 고라는 형태로, 언어가 갖는 허구에 의거하는 인간을 향해온다. 허구는 집단으로서 인간을 번영으로 이끄는 동시에 개별로서 인간을 소외시킨다. 불교가 생식과 번영의 의의를 상대화하고, 생존을 염세적으로 보고, 언어를 비판하는 것은 이 '필요불가결한 허구'가 고라고 하는 원본적 소외를 촉진시키는 원인인 것을 알고 있기 때문이다.

예를 들면 하라리는 소비사회의 신화성을 이렇게 묘사하고 있다.

"소비주의는 행복해지기 위해서는 가능한 한 많은 제품과 서비스를 소비하지 않으면 안 된다고 우리들에게 명한다. 무엇인가가 부족하게 느껴지면, 아마도 우리들은 제품자동차, 새로운 옷, 자연식품 등이나 혹은 서비스가사, 대인관계요법, 요가클라스를 사거나 받거나 할 필요가 있다. 어떤 텔레비의 광고도, 무슨 제품 혹은 서비스를 소비하면 인생이 나아진다고 하는 작은 신화인 것이다."

_ 하라리, 前揭書 上卷

이러한 소비주의는 개인에 있어서 보면 단적으로 소외이며, 불교적으로 말하면 고에 지나지 않는다. 생존욕에 근거하는 사회경제의 유지·발전에 기여하는, 언어에 의해 잘 짜여진 '신화' 즉 유용한 허구인 것이다.

더구나 언어는 시차적示差的인 체계, 불교에서 말하면 '상호의존의 연기'적인 체계를 이루고 있다. 예를 들면, '형'은 '동생'과의 차이에 있어서 '형'일 수 있는 것이고, 동시에 '형'은 '동생'에 의존하여 '형'일 수 있는 것이다. 그런데 '형'인 실체는 없다. 따라서 '동생'인 실체도 없다. 다른 경우에도 '형'이나 '동생'과 같은 동일한 구조 속에서 표상되는 가구假構에 지나지 않는다. 사상가 가라타니 코진柄谷行人이 말하듯 "언어는 언어에 대한 언어이다"〈형식화의 제문제〉《隱喩としての建築》講談社 언어 체계는 자기 참조적參照的인 닫힌 시스템이다.

| 불교 연기 논쟁 |

26
—
끝없는 정리의 탐구

　그렇긴 하지만 언어가 지각과 전혀 무관계한 것도 아니다. 지각에 의한 자극이 언어의 분절화를 환기하는 계기가 될 수 있고, 또 본래 우리들은 자주 언어적 분별을 직접 지각으로 착각하고 있다. 언어는 지각의 영역에 속해 있다.

　하지만 제4장에서 개관한 야마구치 즈이호山口瑞鳳의 불교적 시간론에서도 시사된 바와 같이, 직접적인 순수지각과 언어적 분별의 사이에는 큰 틈이 있다. 불교논리학의 거장인 디그나가나 다르마키르티는 "직접 지각은 분별을 떠나 있다"라고 주장했다. 분별이란 언어의 분절화, 사물의 개념화에 지나지 않기 때문에, 그런 점에서는 이해가 된다. 언어는 자기언급적이고 자기완결적인 허구의 체계인 것이다. 하지만 무분별의 직접 지각도 고정적은 아니지만, 실체도 아니어서, 언어란 질이 다른 허구일 가능성을 잊어서는 안 된다.

　지적 세계의 생산은 대부분이 언어를 매개로 실현된다. 언어에 의해 눈에도 찬란한 태피스트리를 짜고, 언어에 의해 우러러 보는 대가람을 건축한다.

　언어에 대하여 비판적인 지식인이더라도 자칫하면 그 성가신

성질을 잊고, 어느 순간 언어에 사로잡혀 마침내 언어에 지나지 않는 개념적 사유를 실체로 착각하는 함정에 빠져버린다. 불교사에서도 예외는 아니었다. 기무라 타이켄이나 와츠지 테츠로도 그 함정에서 벗어나지 못했던 것이다.

사람은 "알라야를 좋아하고, 알라야를 즐기고, 알라야를 기뻐한다." 이와 같이 연기의 이치는 '체현'하기 어려운 것이다.

본서 제1장 전반에서 "'연기란 무엇인가'를 둘러싸고 전개된 논쟁이 불교 교리의 역사를 움직여왔다고 해도 꼭 틀렸다고는 할 수 없다"라고 썼다. 하지만 그것은 단순한 토론, 단순한 토의에 머무르는 것은 아니었다. 붓다의 교설이 크게 왜곡되거나, 정리를 벗어난 해석론이 범람하거나, 불설이 쇠퇴할 조짐이 번지려 할 때, 불교도는 정도正道를 회복하고 가르침을 재흥코자 쟁론에 임하는 것이다. 여러 번 확인한 바와 같이 불교에서는 붓다가 발견하고 설한 '진리'라고 해도 상주는 아니다. 그 영원성은 보증되지 않는다. 위기적이며, 가멸적인 것이다. 그렇기 때문에 불교도는 불교에 있어 정리正理란 무엇인가를 일체의 실존을 걸고 탐구를 계속해 가는 것이다.

대세가 무지에 현혹되고, 근본번뇌에 굴복해 실체론, 실재론에 기울고 있는 상황에서도, 신심 돈독한 불교도는 반드시 정통의 연기설·무상론·무아설로 돌아가, 그 입장으로부터 잘못된 추세를 고쳐갔다. 그 끊임없는 문답과 질의, 성찰의 반복이 불교를 단련시켜 지적으로 세련될 수 있게 한 것이다.

저자 후기

생각해 보면 연기란 부사의不思議한 것이다. 불교의 핵심적 교의라고 하면서도 그 내용은 확정되어 있지 않고, 단순한 원리를 나타내고 있는 것처럼 보이지만 실제로는 복잡하고 오묘한 모습을 드러내고 있는 것 같기도 하다.

티베트 불교 겔룩파의 창시자인 쫑카파가 지은 《연기찬緣起讚》이라는 일련의 시송이 있다. 네모토 히로시根本裕史에 의하면 "불교의 근간인 연기설을 밝히면서 그것을 처음으로 가르친 최고의 교사로서 불타를 찬탄한 작품"이며 "현재에 이르기까지 티베트 사람들은 《연기찬》을 통해 연기와 공사상의 기초를 배우고 있다"根本 《ツォンカパの思想と文學》平樂寺書店라고 한다. 제2게송은 이렇게 되어 있다.

"세상 사람들의 모든 고통의 근원은 무명이다. 그것을 물리치기 위한 수단은 연기를 보는 것이라고 설해진다."

_ 前揭書

여기에서는 연의 생기 즉 연기의 순관과 연의 소멸 즉 연기의 역관이 설해지고 있다. 본문에서 논한 '유정수연기'가 설시되어 있는 것처럼 보인다.

한편 제14게송에는 이렇게 쓰여져 있다.

"다른 것에 의존하지 않은 것은 공화空華와 같다. 따라서 다른 것에 의존하지 않은 것은 존재하지 않는다. 사물이 본성本性에 근거해 성립한다면, 그 성립이 인연에 의존한다는 것은 모순이다."

_ 前揭書

이 게송偈頌에서는 모든 사상은 예외없이 연기하고, 다른 것에 의존한다고 설해지고 있다. '일체법인연생의 연기'의 설시라고 할 수 있다.

그런데 흥미롭게도 제24게송과 25게송에는 다른 불교도에 대한 비판이 보인다.

"무자성으로 이끄는 입구 가운데서도 최고의 것이 연기라고 한다. 그렇지만 자성이라는 말에 사로잡혀버린 그 사람을", "최고의 성자들이 올바로 걷는, 다른 것에 필적할 수 없는 다리로, 당신이 기뻐할 그 멋진 길로, 어떤 방법으로 인도하면 좋겠는가."

_ 前揭書

이 표현은 공성의 관념화, 공의 실체시를 끊기 어려운 착오라고 비난한 《중론》에서 나가르주나의 말을 상기시킨다. 네모토는 "연기설을 받아들이면서도 일체가 무자성이라는 것을 이해하지 못하는 불교도에 대한 비난의 말"로 해석한다. 즉 모든 사물이 연기한다는 것은 모든 사물이 무자성인 것에 다름 아닌 것인데, "실재론의 입장에선 불교도는 '모든 사물이 연기하기 때문에 자성을 갖는다'라는 생각에 사로 잡혀 버린다"는 것이다.前揭書 그런 사람들에게 처방할 약은 없다고 쫑카파는 한탄하고 있다.

이것에서도 알 수 있듯이 연기설의 역사는 외도外道 즉 다른 종교나 사상과의 다툼 이상으로 불교의 내부에 들어와서 뿌리를 내리고 둥지를 튼 실재설, 실체론과의 투쟁의 연속이라는 측면이 짙다.

그만큼 실체나 실각實覺에 대한 지향성은 인간에게 있어서는 근본적이며, 마음의 병을 열어 제쳐 완전히 제거하는 것은 극히 곤란하다. 그 수술은 곧 생명진화에 대한 반역을 의미하기 때문이다. 하지만 그런 반역 없이 사람은 고통에서 해방되지 않는다고 붓다는 단정하고 있다.

본서는 그러한 불교의 부단한 비판의 전통을 잇는 것으로, 그 대상은 일본 근대 불교학으로부터 현대의 포스트모던 불교에 이른다.

더욱이 실유實有나 실체의 관념, 상주론常住論이나 유아론有我論을 불교에 도입하려는 지향은 쇠퇴하지 않고, 특히 현대 사상이나 문예 평론의 방면에서는 더욱 활발해지고 있다. 예를 들면 오카쿠라 텐신岡倉天心, 미나카타 쿠마구스南方熊楠, 니시다 키타로西田幾多郎, 스즈키 타이세츠鈴木大拙, 이즈츠 토시히코井筒俊彦 등의 '철학'에 불교적인 의의를 끌어드리려는 논의는 끊이지 않고 있다.

지금 우연히 손에 넣은 문예지의 〈평론문〉에서는, 범아일여梵我

一如에 근거한 베단타 학파의 불이일원론不二一元論과 불교의 여래장사상이 같은 구조를 가지고 있고, 그것들은 모두 인도에서 고대부터 전해져온 공동 유산이라고 쓰여져 있다. 더구나 대승불교의 해탈은 영원의 우주원리브라흐만와 합일하기 위한 입구에 지나지 않는다고 하고 있다.

너무 놀라 비판의 말조차 나오지 않는다. 힌두교 정통 철학의 모든 파와 대승불교의 중관파나 불교 논리학파의 오랜 논쟁사로부터 근년의 '비판불교'파에 의한 여래장사상 비판까지, 마치 없었던 것 같은 표현이다. 사상의 현실성을 측정하는데 적합한 옴 진리교의 교리 문제에 조차 아무런 관심을 두지 않는다. 아마 알지도 못하고 알고 싶지도 않을 것이다.

일본의 문단이나 논단과 관련된 위치에 비하면, 외국의 연구자는 전공이 불교가 아니더라도 훨씬 진지하며, 지적知的으로 정직하다. 예를 들면, 역사가인 유발 노아 하라리는 세계적 베스트셀러《사피엔스 전사全史》에서 불교를 이렇게 평가하고 있다.

"2500년에 걸쳐 불교는 행복의 본질과 근원에 대하여 체계적으로 연구해 왔다. 과학계에서 불교철학과 그 명상의 실천의 양방향에 관심이 높아진 이유도 거기에 있다."
"행복에 대한 생물학적인 탐구 방법에서 얻어진 기본적 식견을 불교도 받아들이고 있다. 즉 행복은 외부 세계의 일이 아니라 신체의 내부에서 일어나고 있는 과정에 기인한다는 인식이다. 하지만 불교는 이 공통의 식견을 출발점으로 하면서도 완전히 다른 결론에 이른다."

불교는 외부의 환경만이 아니라 내부의 자아의 움직임도 부정하는 것이다.

"우리들의 감정은 바다의 파도와 같이 시시각각 변화하는 한순간 마음의 움직임에 지나지 않는다. 5분 전에 기쁨과 인생의 의미를 느꼈더라도, 지금은 그러한 감정은 사라져 슬퍼지고 의기소침해 있을지도 모른다."

"불교에 따르면 고통의 근원은 고통의 감정에서도, 슬픔의 감정에서도, 무의미한 감정에서조차도 없다고 한다. 오히려 고통의 진정한 근원은 한 순간의 감정을 이와 같이 끝없이 공허하게 계속 찾는 것이다."

"행복이 외부의 조건과는 관계없다고 하는 점에 대해서는, 붓다도 현대의 생물학이나 뉴에이지 운동과 의견을 같이하고 있다. 그렇더라도 붓다의 통찰 가운데 보다 중요성이 높고 훨씬 심원한 것은, 진정한 행복이란 우리 안에 있는 감정과는 관계가 없다는 것이다. 사실 자신의 감정에 중점을 두는 만큼 우리는 그러한 감정을 더욱 강하게 갈애하게 되고, 고통도 커진다. 붓다가 가르쳐 준 것은 외부 성과의 추구만이 아니라, 내면 감정의 추구를 그치는 것이다."

_ 방선 인용자,《サピエンス全史》下卷 河出書房社

본문에서 언급했듯이, 하라리는 호모 사피엔스의 번영의 원인을 진단했다. 그것은 언어라는 집단적, 공동적인 허구를 가능하게 하는 능력의 획득이었다. 언어는 사피엔스의 생존과 번식, 제패에 필수적인 기능을 했지만, 본질로서 공동적이며 현상으로서는 가현假現적으로, 개인을 소외시키고, 개인의 고苦를 증폭시키는 성질을 가지고 있다.

그 언어를 근본적으로 비판하고, 나아가 생존으로부터 가치를 용서 없이 벗겨낸 것이 불교였던 것이다.

그러나, 지각知覺의 습성, 언어의 관습 그리고 본능적인 생존 욕구로부터 사람이 자유로워지는 것은 보통의 일이 아니다. 나태한 자는 바로 "알라야를 좋아하고, 알라야를 즐기고, 알라야를 기뻐한다" 실각에 지배되는 것이다. 사고의 영역을 초월한 사고의 추구에 지쳐버리고, 언어를 부정하기 위한 언어를 제대로 찾지 못하며, 끝없는 성찰을 견디지 못하며, 생존의 의미와 행위의 근거를 성급하게 찾고자 한다.

이러한 악견을 타파하고 불설의 정리를 나타내 보이는 것이야말로 불교의 전통인 것이다.

본문에서는 충분히 논할 수 없었지만, 와츠지 테츠로의 '2층의 법' 논은 나가르주나의 중관사상에 비추어 보아도 의문점이 남는다. 기무라 타이켄은 와츠지의 초기불교론에 '중관계의 사고방식'과의 관련성을 인정했지만, 《불교윤리사상사》의 〈용수의 철학〉第2篇 第1章을 읽는 한, 상반된 부분도 적지 않다. 와츠지의 나가르주나에 대한 이해가 정확한 것인지 어떤지는 제쳐 놓고라도, 가령 그것이 정확하다 해도 양자의 사이에 차이점이 눈에 띈다.

예를 들면, 와츠지는 《중론》 제2장 〈관거래품〉을 해석하여, '지나가는 일'과 '지나가는 것'이란 '상호 조건 지워지는 개념'으로, 각각 "그 자신에 있어서 존립하는 것an sich은 있을 수 없는" 것이 이치로 증명된다고 한다.〈제2편 제1장 제2절 용수의 변증법〉《佛敎倫理思想史》《和辻哲郞全集 第19卷》所收 岩波書店

그런데 《원시불교의 실천 철학》에서는 '지나가는 것'과 '지나가는 일'의 엄격한 구분을 말하며, 더욱이 '지나가는 것'은 법으로, 변하거나 소멸하지 않는 실체라고 하고 있다.〈실천 철학〉 제1장 3절 와츠지가 어느 쪽을 불교의 근본 뜻으로 파악하고 있는지는 확실하지 않다.

와츠지의 중관불교관에 대해서는 아직 충분한 비판이 이루어지지 않은, 후에 좀 더 생각할 과제이다.

본서는 근대 불교학상의 논쟁을 소재로 한 글이지만, 동시에 일본 근대 사상사에 대한 비판적 고찰이기도 하다. 근대 사상으로서의 불교[학]를 주제로 한 책은 많지만, 두 차례에 걸친 연기 논쟁을 다룬 책은 거의 없다. 마치 지적인 승리가 이루어진 논전에 사상사적 의의가 인정되지 않은 듯한 처우이다. 그런 구멍을 메우는 것이 본서 목적의 하나이다.

최후로 현대에 있어 12지연기관에 대해 생각해 보기로 한다. 본문에도 기술한 바와 같이 이것을 인식과정으로 보는 해석이 대두하고 있다. 《우다나》 등에 보이는 붓다의 내관內觀으로 회귀하는 것이라고 말할 수 있을지도 모른다. 한층 거슬러 올라가면, 〈니카야〉 최고층의 《숫타니파타》 제4장의 〈투쟁편〉에 보이는 인식 생성의 순서에서 그 원형을 찾을 수 있다.

태국 상좌부의 최고 학승으로 알려진 포 오 파유트에 《불법佛法》이라는 체계적 텍스트가 있다. 이것의 제1부 제4장에서는 십이지 연기가 상세히 설명되어, 삼세양중설에 기초한 전통적인 해석과 함께 윤회를 전제로 하지 않는 해석도 제시되고 있다. 전통설이 인용하고 있는 것과 '동일한 내용의 부처님의 말씀을 재해석한 것'이라고 한다. 요약해 보자.

① 무명無明: 있는 그대로 알고 보는 것如實知見이 없다. 실상을 알
  지 못한다. 세속의 교시에 미혹한다.
② 행行: 사고思考, 의도意図. 깊이 생각하고, 목표를 결심하고, 결
  의한다. 의사를 행위로 나타내는 것. 편향, 관습, 쌓여진 마음
  의 다양한 특성에 따라 진행하는 사고의 과정.
③ 식識: 다양한 소연所緣을 인식하는 것 즉 보고, 듣고, 냄새 맡
  고, 맛보는, 신체로 느끼며, 마음속에 있는 소연을 아는 것으
  로부터 그 때의 마음의 근본의 상태에 이르기까지를 아는 것.
④ 명색: 사람의 인식 가운데 있는 정신적인 것과 물질적인 것.
⑤ 육처: 그 다양한 상황과 일치하여 작동하는 것에 관계하는 처
  의 상태
⑥ 촉: 외부의 세간과 지식의 접합
⑦ 수: 쾌적하고, 마음에 들고, 또는 고통, 불쾌, 또는 느끼지 못하
  거나, 불고불락不苦不樂등의 감각
⑧ 갈애: 즐거움을 가져다 주는 것을 구하고자 하는 것, 고통을주

는 것을 회피하는 것.

⑨ 취: 좋아하고 싫어하는 수에 집착하여, 그 수를 스스로에게 결부시키는데 도움이 되는 갖가지 것과 살아가는 상태에서 벗어나지 않는 것.

⑩ 유: 갈애와 취에 부응하기 위해 표현하는 모든 행위의 과정業有과 자아 혹은 그 행위의 과정과 취와 일치하여 어떠한 형태를 취하는 자아生有를 위한 생명의 상태.

⑪ 생: 그 살아가는 상태 속에 있는가 없는가. 그와 같은가 아닌가 라는 자아에 자각이 생기는 것.

⑫ 노사: 그 삶의 방식에서 자아가 절단, 일탈 혹은 이탈한다는 생각, 두려움. 그래서 수비고우뇌愁悲苦憂惱의 모든 고통이 생긴다.

_ 파유트《佛法 テーラワーダ佛教の叡智》, サンガ

이것을 재해석하여 12지연기를 언어의 습득, 숙달을 주축으로 한 인식과정론으로 다시 구성하면 다음과 같다.

① 무명은 두 개의 본능에 대한 근원적 무지이다. 하나는 타고난, 생물적, 유전적인 본능. 또 하나의 본능은 타고난 본능을 증강하는 사람의 고유한 무명으로, 언어에 의해 자기와 세계를 인식하는 것을 가리킨다. 언어 관습, 언어 표현은 '제2의 본능'이 된다. 인간은 이 두 개의 본능이 자신아이덴티티과 세계소시알리티라는 허구를 만들어 내고 있는 것을 모른

다. 무지이기 때문에 그런 허구에 집착해서 맹목적 생존욕을 불러일으키게 한다. 이 무지에 의해 인간은 행위에 대한 의지를 일으킨다. 이 의지를 행이라고 한다.

② 행에 의해 식이 생긴다. 행에 촉발되어 '분별해 아는' 행위가 개시된다. 식이란 사물을 분별하는 작용. 이것에 의해 자기의식과 세계 인식도 생겨난다. 언어에 의한 분절화로 향하는 근원적 움직임. 언어 관습의 기원

③ 식에 의해서 명색이 생긴다. 자기의 분절화와 외부 세계의 분절화가 이루어져, 그것들은 명과 색, 명칭과 그 대상으로 나누어진다. 명은 언어 표현으로서 내적으로 고정된 모든 사상. 색은 언어에 의해 분별되고, 대상화된 모든 사물.

④ 명색에 의해 육처가 생긴다. 이 육처란 안·이·비·설·신·의의 심신의 인식 기관 및 인식 기능을 가리킨다. 안·이·비·설·신이 감각기능이며, 의意가 의사 작용이다. 이들 기관의 부위部位로서의 식별 또한 분별의 소산이며, 동시에 이것들에 의해 심신 내외의 데이터가 모아져 언어에 의한 분별이 교묘히 이루어진다.

⑤ 육처에 의해 촉이 생긴다. 여섯 개의 인식 기관이 개별적이고 구체적인 대상색·성·향·미·촉·법에 접촉한다.

⑥ 촉에 의해서 수受가 생긴다. 접촉한 인식 대상이 수용되고, 헛되이 구성된 주체에게 모든 사물의 집적으로서의 세계가 '있는 대로' 존재한다는 것이 인지된다.

⑦ 수에 의해 애愛가 생긴다. '있는 대로' 존재한다고 감수된 모

든 사물에 대해 애착이 생긴다.

⑧ 애에 의해 취取가 생긴다. 애착은 마침내 취 즉 모든 사상에 대한 맹목적인 집착으로 바뀐다.

⑨ 취에 의해 유有가 생긴다. 자기를 포함한 세계의 집착으로부터 지금 자기가 여기에 존재하고 있다는 감각과 계속 존재하지 않으면 안 된다고 하는 확신이 생겨난다.

⑩ 유에 의해 생生이 생긴다. '있는 대로'라고 한 자기의 실존감은 끊임없는 생존의 욕망, 영생에 희구를 가동시킨다.

⑪ 생에 의해 노사老死가 생긴다. 영생의 욕구는 노사의 공포, 불안, 노사의 고苦를 생기게 한다. 거기에서 근심, 슬픔, 고통, 실의, 고민愁悲苦憂惱의 모든 고가 파생한다.

이상이 인식과정론으로서의 12지연기의 대략적인 스케치이다. 본문에서도 언급한 12지연기를 '심리작용 발전의 경과'로 상정한 키무라 타이켄의 문제의식을 계승하는 것이라고 할 수 있다. 단지 이론적인 정비가 세밀하지 않고, 교리적 논증도 충분치 않다. 앞으로 좀더 다룰 여지가 있는 작업가설 정도라고 말해두기로 한다.

앞서 출간된 저서 《속이지 않는 불교ごまかさない佛敎》佐々木閑와 共著, 新潮社의 제1쇄에는 와츠지 테츠로가 우이 하쿠주와 함께 상의상대의 연기를 주창했다는 기술이 보인다. 이것은 말할 것도 없이 잘못되었으며, 본문에서도 거듭 설명한 바와 같이 와츠지는 12지연기의 각 지분 관계를 논리적인 인과연접으로 해석하고 상호의존설을 채택하지 않았다. 전면적인 상의성을 인정하기에 이른 것은 우이 뿐이다. 단

순한 교정 실수로, 2쇄 이후는 정정했지만, 다시 여기에서 사의를 표하며, 제현諸賢의 주의를 촉구한다.

치쿠마 서점의 이시지마 히로유키石島裕之, 아르타 브레인의 야마시타 아키라山下明良, 마스야 유키코舛屋有紀子의 아낌없는 조력에 충심으로 감사한다.

미야자키 테츠야

환지본처還至本處!

"다시 본래의 자리로 돌아오다"라는《금강경》의 한 구절이, 본 역서《불교 연기 논쟁》을 번역하는 내내 머릿속에 맴돌았다. 이제 번역을 마치고 원고를 넘기는 단계에 왔으니 앞의 말도 머릿속을 떠날 게 분명하지만, 그렇더라도 그간 많은 시간 정성을 들였던 불교의 연구 내용을 새롭게 돌아볼 계기가 된 것은 분명한 듯하다. 왜냐하면 본 역서로 인해 그간 역자의 불교 연구를 지속시킨 초발심의 원점으로 다시 돌아 왔기 때문이다. 이러한 저간의 사정을 먼저 밝히는 것이 수순일 듯하다.

대표 역자로서 임한 본 역서《불교 연기 논쟁》원제:《佛敎論爭-'緣起'から本質を問う》, ちくま新書1326, 筑摩書房, 2018. 5은 일본의 불교 평론가로 활약하는 미야자키 테츠야宮崎哲弥 씨가 일본의 근대기인 1920년대에 있었던 제1차 연기 논쟁과 1970년대 후반에 이루어진 제2차 연기 논쟁의 전말을 상세하게 밝힌 책이다. 미야자키 씨는 1962년생으로 게이오慶應대학 사회학과에서 공부를 하였고,《속이지 않는 불교ごまかさ

ない佛敎》공저, 《지적 유불론知的唯佛論》공저 등 불교 관련 다수의 책을 저술하며 불교의 정곡을 찌르는 평론가로서 활약하고 있다. 사실 2020년 1학기, 역자가 원래대로 대학의 연구년을 일본에서 수행했다면 제일 먼저 만나고 싶었던 분이 미야자키 씨였다. 하지만 실제 코로나의 세태로 가지는 못했으나 본서의 출간이 향후 좀 더 깊은 인연으로 이어지길 기대해 본다. 본서는 불교사상의 핵심 개념인 연기의 개념에 대한 철저한 고찰을 바탕으로 두 차례의 연기 논쟁의 사정과 그 논쟁이 지니는 의미와 가치를, 방대한 자료의 섭렵을 토대로 세밀하게 정리한 미야자키 씨의 역저力著라 할 수 있다.

제1차 연기 논쟁은 근대기 일본의 불교학을 세계의 불교학으로 발돋움시킨 대표적인 불교학자로서 기무라 타이켄, 우이 하쿠주, 와츠지 테츠로가 등장해 논전을 펼치는 중요한 역사적 사건에 기인한다. 그렇지만 이 제1차 연기 논쟁이 더욱 큰 의미를 갖게 된 것은 1987년 10월 《계간 불교》 창간호에 수록된 야마오리 테츠오山折哲雄의 〈말라빠진 불타-근대 불교 연구의 공죄를 물음やせほそった〈佛陀〉-近代佛敎研究の功罪を問う〉의 글이 일본불교계를 강타한 것에 유래한다.*

이 논문의 글에서 야마오리는 마치 중국의 삼국지에서 나타나는 활극과 같이 도쿄의 기무라 타이켄, 센다이의 우이 하쿠주, 교토의 와츠지 테츠로 이 3인에 의한 불교 논쟁을 드라마틱하고 명징明澄하게 그려내고 있다. 특히 기무라에 대해 우이와 와츠지가 같은 편인 듯

....

* 야마오리 씨의 논문은 이후 《近代日本人の宗敎意識》(岩波書店, 1996. 5) 속에 실려 출간되었고, 이 책은 《근대 일본인의 종교 의식》(야마오리 데쓰오 지음, 조재국 옮김, [한림신서 일본학총서 92], 한림대학교 일본학연구소, 2009. 3)으로 번역·출간되었다.

한 소설같은 재미를 더해 근대 불교학의 공과에 대한 시비를 제기하였던 것이다. 이 글을 접한 것이 역자가 일본의 유학길에 올랐던 1988년이었으니, 그 시점에서 야마오리의 글을 흥미롭고 열성적으로 읽었던 기억이 생생하다.

사실 역자로서 필자가 일본에 유학을 마음먹었던 것도 대학 재학 중에 만났던 기무라 타이켄과 우이 하쿠주의 책들에 연유한다고 해도 틀린 말은 아니다. 대학 도서관에서 만났던 기무라와 우이의 다수의 책들이 어떤 연유에서 저술된 것인지가 자연스런 의문이 되었고 또한 그들이 어떠한 삶을 살았는지도 관심의 대상이 되었다. 그러한 관심이 한창 요동칠 즈음 유학이 현실로 다가왔고, 막상 도착한 일본에서 기무라와 우이가 주인공이 되는 생생한 글을 접했을 때 그 기분은, 지금 생각해 보아도 실로 묘하면서도 가슴의 일부분이 충족되는 만족감을 느낄 수 있었다. 그렇기에 그러한 감동을 잊지 않으려고 귀국 후 학회지 《인도철학》제5집, 인도철학회, 1995. 11에 〈근대 일본 불교학의 공과〉라는 제목으로 번역을 기고하였고, 편집진의 호의로 다행히 실릴 수 있었다. 1994년 4월 귀국한 상황에서 야마오리 씨의 번역논문은 역자에게 있어 불교 연구의 첫걸음을 알리는 중요한 일보였음은 말할 것도 없다. 그런 까닭에 야마오리 씨의 논문의 내용이 철저히 검증되고 비판되는 본 역서 《불교 연기 논쟁》은 가히 역자로 하여금 불교 연구 원점의 자리로 회귀시킨 것과 다름없다고 해도 무리는 아닐 것이다.

이렇듯 역자로 하여금 근대의 제1차 연기 논쟁과 관련된 내용은 언제나 불교학의 열정을 깨우던 생생한 자극제였기에 미야자키 씨의 책은 역자에게 귀중한 책으로 다가왔다. 그렇지만 미야자키 씨의 본서의 내용은 역자가 생각한 이상으로 중요한 문제를 제기하고 살 피고 있어 더욱 소중함을 느낀다. 곧 역자로서 야마오리 씨의 논문에 서 얻은 명징적인 내용이 근대 불교학의 일단이라 생각한 것은 단지 일단에 불과한 것으로, 실제 미야자키 씨는 근대 불교학의 실상으로 서 제1차 연기 논쟁의 실체가 무엇인지를 거듭 고찰해, 그 근저에 놓 여 있는 불교학자들의 실체론적 지향, 유아론적 편향, 생의 철학에 대 한 경도 등을 예리하게 밝혀간다. 그리고 제1차 연기 논쟁에 이어 본 서의 제4장에서 논하는 제2차 연기 논쟁도 현대 일본 불교학계의 사 정을 반영한 철저한 문헌학적 해석이 근간을 이루는 것으로, 그 주인 공의 역할을 담당한 사이구사 미츠요시의 시대적인 불안을 깊이 있게 추적하고 있다.

따라서 실제 번역에 임해 역자는 전체 5장과 마지막 〈후기〉를 끝내는 순간까지 손에 땀을 쥐었으며, 역자가 알 수 없었던 근대 불교 학의 미묘한 상황과 시대적 영향 그리고 기무라나 우이, 와츠지의 사 상적 편력 과정 등을 상세히 알 수 있었다. 아울러 미야자키 씨가 사 이구사의 시대적 소명에 근거한 철저한 불교문헌학적 고찰의 시대적 배경을 살핀 것은 물론 이와는 상반된 일본의 신흥 종교 옴 진리교의 연기 해석을 비판하고 있는 것은 불교 평론가로서 뿐만 아니라 시대 를 바라보는 사회 평론가로서의 입장을 드러낸 것이라 생각된다. 더 욱이 본서의 말미에서 연기적인 사유와 상반하는 실체론의 입장을 '언어에 지나지 않는 개념적 사유를 실체로 착각하는 함정'으로 논증 하는 것은 미야자키 씨의 깊은 사색력과 연구력을 반영하는 것으로 실로 찬탄이 아깝지 않다고 생각된다. 그렇기에 본역서의 〈대표 역자 후기〉를 쓰는 이 순간은 실로 행복한 일순一瞬임은 말할 것도 없다.

　　2018년 9월초 도쿄의 도요東洋대학에서 개최된 '인도학불교학회'에 참석차 갔을 때 본서를 우연히 산세이도三省堂 서점에서 발견하였다. 도쿄에 가면 늘 들리던 책방에서 전혀 생각지 않았던 갓 출간된 본서를 발견한 순간 전율이 느껴졌던 기억이 생생하다. 1987년 야마오리 씨의 글이 출간된 이후 30년 이상의 세월이 지났음에도 제1차 연기 논쟁의 진실을 밝히려는 노력의 열정이 피부에 와 닿았기 때문이다. 또한 역자로서는 그간 궁금했던 제1차 연기 논쟁에 대한 다양한 평가나 평론을 일시에 알 수 있게 된 기쁨도 말할 수 없이 컸다. 그렇기에 애지중지하며 조금씩 읽어 나갔지만, 아마도 《고경古鏡》의 조병활 편집장의 번역에 대한 권유가 없었다면 출간은 당연 무리였을 것이다. 본서의 일부를 《고경》에 실을 기회를 준 것이 본 역서 출간의 직접적인 계기되었던 것으로, 본서의 출간 동기를 만들어준 조병활 박사에게 이 자리를 빌려 감사와 늘 건승하길 기원하는 마음을 전하고 싶다.

　　본 역서의 번역에 있어 함께 힘써준 위덕대학교 대학원의 제자 이명숙에게도 감사를 전한다. 애초에 단독으로 번역을 하였지만, 번역 도중 본서의 양적인 면과 질적인 면을 혼자서는 도저히 감당할 수 없는 상황에 처하였다. 따라서 이명숙에게 제1장과 제5장의 번역을 부탁하였고, 어려운 일본어였음에도 불철주야 과감하게 번역을 해준 덕에 이렇게 출간이 가능케 되었다. 공동 역자로 이름을 올리는 것은 당연한 일로서, 분명 본 역서가 학계에 유익한 도움이 될 것을 확신하며 함께 출간을 축하하고 싶다.

그리고 본서의 출간에 애써준 올리브그린의 오종욱 사장님께도 감사를 드린다. 본서의 저작권의 해결에 있어 일본의 출판사인 치쿠마서방筑摩書房의 세세한 질의에도 잘 대처해 주어 본 역서가 무사히 출간될 수 있는 환경을 마련해 주었다. 본서의 깊은 내용이 알려지기까지는 시간이 걸리겠지만, 두고두고 좋은 내용의 책이 출간될 수 있게 해준 데 다시 한번 감사드린다. 역자로서 '환지본처'의 의미가 있는 책을, 그간 개인적으로 인연이 있었던 올리브그린에서 출간하는 것도 더욱 의미가 있는 일이라 느껴진다. 출판사의 발전으로 이어지길 기원한다.

본서의 내용이 우리 불교계의 발전으로 이어지고 또 불교가 우리 사회에 더욱 중요한 사상적 지침으로 작용하는 데 도움이 되기를 기원한다.

2021년 5월 15일
대표 역자 이태승 識

지은이

미야자키 테츠야(宮崎哲弥)
후쿠오카현에서 1962년 출생했다. 게이오기주쿠(慶應義塾)대학 문학부 사회학과를 졸업했다. 현재 TV 라디오 등의 매체를 통해 정치철학, 생명윤리, 불교론, 문화비평 등을 행하는 평론가로서 활동하고 있다. 저서로는 《속이지 않는 불교(ごまかさない佛敎)》(공저), 《미야자키 테츠야 불교 교리문답》(공저), 《지적유불론》(공저), 《외로움과 작별 회의(さみしさサヨナラ會議)》(공저) 등이 있다.

옮긴이

이태승(李泰昇)
강원도 영월에서 출생했다. 동국대학교 인도철학과를 졸업하고, 일본 고마자와(駒澤)대학에서 불교학 박사 과정을 밟았다. 현재 위덕대학교 불교문화학과 교수로 후학을 양성하고 있다. 저서로는 《샨타라크쉬타의 중관철학》, 《지성불교의 철학》, 《페불훼석과 근대 불교학의 성립》 등과 번역서로는 《근본중송》, 《티베트불교철학》(공역), 《근대일본과 불교》(공역) 등이 있다.

이명숙(李明淑)
경상북도 김천에서 출생했다. 위덕대학교 불교문화학과를 졸업하고, 동대학 대학원 불교학과 박사 과정을 수료했다. 현재 '인도 초기 대승불교의 보살'을 주제로 연구하며, 대한불교조계종 포교사·한국미술협회 회원으로 활동하고 있다. 석사학위 논문은 〈《대지도론》 초품의 보살관 연구〉이다.

불교 연기 논쟁
불교 연기 논쟁 연기, 그 본질에 관한 질문들

1판 1쇄 펴낸날 | 2021년 12월 13일

지은이 | 미야자키 테츠야
옮긴이 | 이태승·이명숙

펴낸이 | 오종욱
펴낸곳 | 올리브그린
주소 | 서울특별시 종로구 삼일대로 32길 49-4
전화 | 070 7574 8991
팩스 | 0505 116 8991
E-mail | olivegreen_p@naver.com

ISBN 978-89-98938-40-6 03220
값 18,000원